—— 根据江西省导游考试面试大纲编写 —

全国导游人员资格考试面试专用教材（江西

导游服务能力

—— 现场导游考试 ——

（修订版）

李志强 / 主编

万　恺 / 主审

湖南师范大学出版社

·长沙·

图书在版编目（CIP）数据

导游服务能力：现场导游考试／李志强主编. —长沙：湖南师范大学
出版社，2020.9（2023.9 修订重印）

ISBN 978 - 7 - 5648 - 3970 - 3

Ⅰ.①导…　Ⅱ.①李…　Ⅲ.①导游—旅游服务—资格考试—教材
Ⅳ.①F590.63

中国版本图书馆 CIP 数据核字（2020）第 173920 号

导游服务能力：现场导游考试

Daoyou Fuwu Nengli：Xianchang Daoyou Kaoshi

李志强　主编

◇组稿编辑：李　阳　王　涛
◇责任编辑：李健宁　李　阳
◇责任校对：彭　慧　吴鸿红
◇出版发行：湖南师范大学出版社
　　　　　　地址／长沙市岳麓山　邮编／410081
　　　　　　电话/0731 - 88873071　88873070　传真/0731 - 88872636
　　　　　　网址/http://press. hunnu. edu. cn
◇经销：新华书店
◇印刷：长沙超峰印刷有限公司
◇开本：787 mm×1092 mm　1/16
◇印张：12.25
◇字数：280 千字
◇版次：2020 年 9 月第 1 版
◇印次：2023 年 9 月第 2 次印刷
◇书号：ISBN 978 - 7 - 5648 - 3970 - 3
◇定价：49.80 元

凡购本书，如有缺页、倒页、脱页，由本社发行部调换。
本社购书热线：0731 - 88872256　13975805626
投稿热线：0731 - 88872256　微信：ly13975805626　QQ：1349748847

编辑委员会

主　任

熊伯坚

主　编

李志强

副主编

揭震昆　刘传喜　李雅霖

张良生　李佩佳

前　言

导游是我国旅游人才队伍的重要组成部分，是旅游服务的提供者和旅游形象的展示者，是传播中华优秀传统文化、弘扬社会主义先进文化、促进社会主义精神文明建设的重要窗口，在提升旅游服务质量、维护旅游市场秩序、推动旅游业高质量发展方面发挥着重要作用。导游资格考试是导游职业准入的唯一方式，是把好导游入口关的关键环节，对于促进导游人才素质的整体提升有重要意义。"导游服务能力"是全国导游人员资格考试的现场考试部分，是考生的必考环节。为帮助广大考生更好地通过考试，引领其从事导游职业，编写组特组织有关专家编著此教材。本教材具有以下四大特点：

第一，服务考试。作为一本考试教材，为考试服务是教材编写的主要宗旨。本教材以全国导游考试大纲为依据，紧贴大纲要求拟定教材框架、突出考核重点、编写相关内容。在问题设置部分，为方便相关部门组织考试，考题编写遵循考官易问、学生易答、考官易评"三易"原则。

第二，科学规范。科学规范是评价一本合格教材的最基本指标，本教材力求突出结构科学、表达规范。在教材结构方面，做到三个内容的科学区分：严格区分笔试与面试内容、科学划分规范与应变问题、合理界定江西概况讲解与景点讲解内容。在编写规范方面，根据国家有关政策文件、标准的精神，书中的术语全部统一使用规范的表述，比如导游人员、导游员等统一规范用"导游"表述，全程陪同导游人员、地方陪同导游人员等统一使用"全陪""地陪"等表述。

第三，立足基础。编著此教材，时间短、任务重、要求高，为此，我们立足原有知识基础进行教材编写创作。一是依托主编李志强博士十多年来编著的历次版本的导游考试面试教材以及导游服务研究论文；二是依据来自旅游业内一线专家和学者丰富的实践经验与前期的知识积累。

第四，引领考生。作为导游入行的早期学习材料，本教材不仅有利于帮助考生通过导游人员资格考试，也能够引导考生步入导游行业，并为其今后的导游工作提供重要参考。因此，本教材秉持"授人以鱼"与"授人以渔"并重的原则，在导游词创作、导游带团方法和技能、导游应掌握的知识等方面引领考生进一步学会学习。

本教材主要供参加江西省导游资格考试的考生使用，也可作为相关院校旅游管理专业的《现场导游》《模拟导游》《导游业务》等课程教材或有关导游服务机构的培训教材，同时还可以作为旅游爱好者的旅游读物。

编写组

2023 年 7 月

目　录

第五章　导游服务中常见问题及处理 / 157

第一章
面试概述

‖ 一、考试目的 ‖

"导游服务能力考试"，又称现场导游考试，是全国导游人员资格考试的重要组成部分，是考生必考的环节。本科目主要考查考生对导游词的创作技巧、导游语言技能、讲解技能、规范操作技能、应变能力、文明旅游引导能力的掌握程度；同时考查考生对导游应具备的职业道德素养的认识和在导游实践中的体现；还会考核考生对导游综合知识的掌握程度和发挥水平。

现场导游考试将为江西省旅游产业选拔适合从事导游职业的优秀人才提供保障，还能帮助考生提前进入职业角色，为他们走向导游职业岗位提供一次实战演练机会。

‖ 二、考试内容及要点 ‖

现场考试内容包括讲解和知识问答两部分。中文、外语类考生讲解的景点数量一样，外语类考生还需进行口译测试。

（一）讲解内容与要点

包括江西概况讲解和景点讲解。考生必须先讲解江西概况，然后由现场考试系统从江西省 14 个国家 5A 级旅游景区中随机抽取其中一个进行讲解。

1. 江西概况讲解

包括江西历史文化、地理环境、交通状况、旅游资源、旅游土特产品、旅游产业发展等内容。讲解的要点包括江西省人口、面积、行政区划、名称由来、历史、地理、经济状况、民俗文化、旅游资源、旅游土特产、旅游交通、食宿设施、相关政策等内容。

2. 景点讲解范围

九江市庐山风景名胜区、吉安市井冈山风景旅游区、上饶市三清山旅游景区、鹰潭市龙虎山旅游景区、上饶市婺源江湾景区、景德镇古窑民俗博览区、宜春市明月山旅游区、瑞金市共和国摇篮旅游区、抚州市大觉山景区、上饶市龟峰景区、南昌市滕王阁旅游区、萍乡市武功山景区、九江市庐山西海景区、赣州市三百山景区。景区讲解的要点包括景点概况、主要特色、历史沿革、代表性景观或重点人物、关键事件、历史典故、有关传说，以及所蕴含的历史、文化、科学、艺术价值等。

鼓励考生从中选择部分要素，自创富有新意、个性化、有感染力的导游词。

（二）语言表达及仪表礼仪要点

1. 语言表达

主要考查考生的语言能力，包括语言表达的准确性、流畅性、逻辑性、生动性、感染力、说服力及身体语言的运用等，具体包括：

中文类考生：普通话标准，语音适度、语速适中、语调富有变化，语言表达流畅、生动。讲解思路清晰、逻辑性强，修辞手法和导游讲解技巧等运用得当。

外语类考生：考生吐词清晰、语音适度、语速适中、语调富有变化、语法正确、语句流畅，修辞手法和导游讲解技巧等运用得当，讲解效果好。

2. 仪表、礼仪

主要考查考生的仪容、仪表和对礼节、礼仪的运用等。具体包括：穿着得体、用语礼貌、举止（目光、手势、表情）规范、形象（含个人卫生）较好。

（三）知识问答内容及要点

1. 导游服务规范（考生回答 1 道题）

主要考查考生对导游服务规范以及工作程序的掌握和应用能力，具体要点如下：

（1）导游服务程序与标准

团队服务程序与标准。主要包括：地陪导游服务准备、迎接服务、住店服务、核对商定日程安排、参观游览服务、其他服务、送站服务、处理遗留问题及工作总结；全陪导游服务准备、首站（入境站）接团服务、住店服务、核对商定日程安排、各站服务、途中服务、离境服务、处理遗留问题及工作总结。

散客导游服务程序与标准。主要包括：散客接站服务、途中导游服务、送站服务的程序与标准。

景点导游服务程序与标准。主要包括：景点导游服务准备、景点导游服务、送别服务的程序与标准。

（2）导游带团技巧与讲解方法

导游带团技巧。主要包括：导游带团风格的塑造、协调各相关旅游接待人员之间及各环节的关系、旅游者心理与个性化服务、导游的旅途才艺、乘坐各种交通工具的服务技巧。

导游讲解方法。主要包括：导游语言、导游讲解的要求、导游讲解的技巧、旅游审美行为的引导。

2. 应变能力（考生回答 1 道题）

主要考查考生处理突发事件和特殊问题的能力。具体要点如下：

（1）旅游者个人问题的预防及处理。主要包括：旅游者走失、患病、伤亡、犯错、犯罪、不当言行以及常见个别要求等问题的预防及处理。

（2）旅游者携带财物问题的预防及处理。主要包括：旅游者重要财物、证件丢失、要求转递物品和信件等问题的预防及处理。

（3）旅游接待问题的预防及处理。主要包括：旅游线路或日程的变更，延长或缩短在一地的游览时间，取消一地的活动，由某一活动取代计划中的活动，漏接、误机（车、船）等问题的预防及处理。

（4）旅游安全事故的预防及处理。主要包括：交通事故、火灾事故、治安事故、其他重大旅游安全事故；地震、泥石流、海啸、雷电、洪水、台风、公共卫生等突发事件等的预防及处理。

（5）特殊游客接待问题的处理。主要包括：活泼型、忧郁型、稳重型、急躁型等不同性格的游客，以及小朋友、老年人、妇女等不同年龄、性别的游客接待问题的处理。

（6）导游自身问题的处理。主要包括：导游出现工作差错、导游与他人发生矛盾、导游产生自卑心理等问题的处理。

（7）特种旅游形式要注意的问题。主要包括：导游带领游客在漂流、攀岩、自驾、野营等野外旅游时应注意的问题。

3. 综合知识（考生回答 1 道题）

主要考查考生对全国特别是江西省重要景点知识的掌握程度以及对时政、经济、文化、社会、生态及旅游法规等方面的综合知识是否全面了解。要点如下：

（1）当前国内和国际重大时政事件，熟悉国内、国际宏观经济形势和我国经济建设的重要成就。

（2）国内和国际文化、社会、生态发展现状，熟悉我国文化事业发展和社会发展重大成就。

（3）我国关于旅游业发展的重大战略、方针、政策。

（4）我国有关旅游者和旅游业的法律、法规。

4. 文明旅游引导（考生回答 1 道题）

考查考生是否了解文明旅游的意义，熟悉相关的文明旅游公约，掌握应对个别旅游者的不文明言行的基本原则和处理方法。要点如下：

（1）开展文明旅游活动对维护我国的国家形象、维护游客及相关利益方合法权益的意义。

（2）导游在促进文明旅游活动中应发挥的作用和承担的义务。

（3）《中国公民出境旅游文明行为指南》《中国公民国内旅游文明行为公约》和《游客不文明行为记录管理暂行办法》的主要内容。

（4）应对个别旅游者不文明言行的基本原则和处理方法。

（5）导游自身的文明服务水平和对游客文明旅游的引导能力。

5. 口译测试内容（仅限外语类考生）

主要考查考生在中文和所报考语种之间口语互译的能力和听力水平，考生用所报考的语种回答"中译外""外译中"各 1 道题。口译要点主要使用旅游服务接待的日常用语，包括"中译外""外译中"。

▍三、考试方式 ▍

现场考试采取机考方式进行。考生在考试计算机上按系统随机显示的题目，用所报考语种现场录制讲解和回答问题的音频、视频。考试结束后，评审考官采用多阅方式交叉评分。

中文类考生每人考试时间不少于 15 分钟，时间分配大致为：讲解约 10 分钟（江西概况讲解 2~3 分钟、景区讲解 7~8 分钟），知识问答约 5 分钟。

外语类考生每人考试时间不少于 25 分钟，时间分配大致为：讲解约 15 分钟（江西概况讲解 2~3 分钟，景区讲解 10~12 分钟），知识回答约 5 分钟，口译测试约 5 分钟。

‖ 四、评分标准 ‖

（一）中文类现场考试

现场考试满分 100 分，其中语言和仪表、礼仪占 10%，景点讲解占 50%，导游服务规范问答占 10%，应变能力问答占 10%，综合知识问答占 10%，文明旅游引导问答占 10%。评分表如表 1-1 所示。

表 1-1　全国导游资格考试江西省现场考试评分表（中文类）

考试内容	评分标准	标准分	实际得分	备注
景点讲解 （50 分）	地理位置、历史演变、景点成因、主要特色、所获荣誉等概况	20 分		
	分景点介绍	10 分		
	讲解思路清晰、逻辑性强	10 分		
	修辞手法和导游讲解技巧等运用得当	10 分		
语言和仪表、礼仪 （10 分）	语音准确、吐字清晰、语速适中、语言流畅、有感染力	5 分		
	精神饱满、礼貌用语、行站得体、穿着适宜、态势语规范	5 分		
导游服务规范问答 （10 分）	答对要点	6 分		
	条理清晰	4 分		
应变能力问答 （10 分）	答对要点	6 分		
	条理清晰	4 分		
综合知识问答 （10 分）	答对要点	6 分		
	条理清晰	4 分		
文明旅游引导问答 （10 分）	答对要点	6 分		
	条理清晰	4 分		
总计得分				
考官签名				

（二）外语类现场考试

现场考试满分100分，语言和仪表、礼仪占10%，景点讲解占50%，导游服务规范问答占5%，应变能力问答占5%，综合知识问答占5%，文明旅游引导问答占5%，口译占20%（中译外，外译中各占10%）。评分表如表1-2所示。

表1-2 全国导游资格考试江西省现场考试评分表（外语类）

考试内容	评分标准	标准分	实际得分	备注
景点讲解（50分）	地理位置、历史演变、景点成因、主要特色、所获荣誉等概况	20分		
	分景点介绍	10分		
	讲解思路清晰、逻辑性强	10分		
	修辞手法和导游讲解技巧等运用得当	10分		
语言和仪表、礼仪（10分）	吐词清晰、语音适度、语速适中、语调富有变化、语法正确、语句流畅	5分		
	精神饱满、礼貌用语、行站得体、穿着适宜、态势语规范	5分		
导游服务规范问答（5分）	答对要点	3分		
	条理清晰	2分		
应变能力问答（5分）	答对要点	3分		
	条理清晰	2分		
综合知识问答（5分）	答对要点	3分		
	条理清晰	2分		
文明旅游引导问答（5分）	答对要点	3分		
	条理清晰	2分		
中译外（10分）	表达准确、意义完整	6分		
	语言顺畅、迅速灵活	4分		
外译中（10分）	表达准确、意义完整	6分		
	语言顺畅、迅速灵活	4分		
总计得分				
考官签名				

第二章
应试技巧

‖ 一、做好充分准备 ‖

作为我国旅游行业唯一的职业准入考试，考生必须高度重视，并做好充分的心理准备、时间准备、形象准备①。

（一）心理准备

和其他考试一样，在导游资格考试面试时，不少考生会心情紧张，甚至产生心理恐惧，严重的还会在考试过程中全身发抖，并出现脑子里一片空白的情况，这主要是考生没有做好心理准备所导致的。所谓心理准备是指考生在考前进行相关的适应性心理训练，以达到考试时能够轻松、自信的目的。比如：考生在考前可以抓住一些机会，自己对着手机录制视频、音频，然后不断改进；请培训教师或老导游当考官，现场模拟面试；也可以到一些面试涉及的景点（区）内，面对陌生游客为其进行现场模拟讲解。

---

① 李志强. 导游人员资格考试面试技巧［N］. 中国旅游报，2012－09－03（10）.

（二）时间准备

在考试准备时间分配上，由于笔试准备有规可循，所以考生会花较多的时间在笔试准备方面，而面试较为灵活，不少考生不知如何着手，只是在考前一个月左右的时候才开始准备。这么短的时间，要熟悉所有讲解内容，创作恰当的导游词，回答导游过程中可能遇到的各种问题确实有些难度，对非旅游专业的考生来说就显得更加困难了。考生在考前一定要合理准备好时间，由于笔试内容和面试内容不可避免会存在重合的部分，且笔试内容相对较多，因此建议在笔试准备中穿插面试复习，在时间分配上以2∶1的比例为宜。

（三）形象准备

在导游考试面试现场，我们经常能见到这样的场景：男生头上打上发胶往后梳，身上西装，脚下皮鞋；女生化浓妆，戴着项链、戒指、耳环，穿上时髦的衣服。他们以为这就是做好了形象准备，其实这是一个误区。导游面试所说的形象准备，必须符合导游的工作身份。一般来说，导游考试的形象准备主要包括两个方面的内容：一是外在形象的准备，包括仪容、仪表、服装准备等，考生要呈现出"准导游"的感觉，发型简单，不化浓妆，服装整洁、舒适、搭配合理；二是内在形象的准备，包括礼节、礼貌及表情、目光、手势等，考生自始至终都应该把机考设备当成面试考官，面对机考设备保持微笑，并能够恰到好处地使用礼貌用语，如"您好、谢谢、再见、请"等，讲解时要注意根据摄影头调整好角度、眼神的交流以及计算机设备的声音调控等细节问题。不论是外在形象准备还是内在形象准备，始终记住不能太过，要做到适度。

‖ 二、创作好导游词 ‖

大多考生在面试复习时习惯拿着教材上的导游词直接背诵，以为这样不仅可以省去创作之苦，而且还可以节省不少的时间。然而，面试考查的是考生的讲解能力，即不仅要"讲"好，而且还要"解"好，这种拿来主义的做法无法达到较好的讲解效果，充其量只能证明考生"背功"很好。因此，考生必须根据面试导游词的特点，结合自己的语言习惯创作导游词。这就要求考生认真收集资料，做好文字创作，并进行机考模拟演练。

（一）收集写作资料

导游词是导游讲解的基础，精彩的导游词可以拨开景物的历史尘封，提高景物的艺术性、文化性，加深游客对景点的了解，净化游客的心灵，引起游客的共鸣。要写出一篇应试导游词，前期的资料收集工作必不可少。考生在开始写作之前，应该先通过各种渠道获取相应的讲解资料，为后期的写作奠定材料基础。

1. 资料来源

（1）依据大纲编写的教材。应试导游词必须以面试大纲为依据，以依据大纲编写的教材为主要资料来源。本教材是严格依据面试大纲编写的，为考生搜集了大量信息编写了示范性导游词，可以成为考生创作导游词的核心资料。

（2）行业专家提供的资料。在严格依据大纲的基础上，考生还可以向有关行业专家收集导游词创作资料。这些人由于工作需要会积累相当丰富的景点资料，考生向他们请教，可以很好地弥补景点说明词和书籍介绍词中的不足，增加写作时的可选择性。收集资料时要注意去伪存真，有所取舍，不可随意引用。

2. 资料范围

由于考试时导游词讲解的时间有限，因此，并不是所有的景点和江西概况内容（以下简称景点内容）都必须由考生做出介绍，因此，考生在写作导游词之前收集的资料要有一定的选择性，要有所取舍，精于提炼，具体范围包括：

（1）考试大纲中规定的讲解主题词范围。比如江西概况讲解，重点介绍江西历史文化、地理环境、交通状况、旅游资源、旅游土特产品、旅游产业发展等内容。庐山风景名胜区，主要讲解庐山地质地貌（自然景观）、宗教文化、书院文化、建筑文化、政治事件、历史名人等关键词所涉及的内容。考生就需要依据这些主题词从资料中提炼出相关内容，为导游词创作打下基础。

（2）景点主要涉及的内容。包括：第一，景点直观属性资料。指的是旅游景点的地域、范围、规模、结构、色彩等方面的资料。这些是旅游景点对游客产生的直接感官刺激，也往往是导游词中最基本的内容。第二，景点文化内涵资料。指的是旅游景点的历史沿革、景观类型、形成原因、相关人物与典故等方面的资料。这些资料能够给游客以无法从感官上直接获得的信息，增加旅游景点的吸引力。第三，景点背景知识资料。指的是旅游景点所包含的思想意识、美感特色、人文风情等方面的资料。导游词中如果能够将这些资料融入对景点直观属性和文化内涵的介绍之中，就可以大大提高导游词的质量。这是高水准导游讲解的点睛之笔，也是一篇出类拔萃的导游词与一篇勉强合格的导游词最关键的区别所在。第四，景点相关知识资料。指的是与旅游景点相关的科学概念、专业理论、名人名言等。这些资料并非所有游客都愿意接受或能够接受，收集这些资料的目的是迎合部分高素质游客的需求，在写作导游词时可以斟酌使用。

考生只有在掌握丰富资料的基础上，经过科学系统地加工整理，并不断修改、丰富和完善，才有可能形成具有自身特色的导游词。

（二）做好文字创作

与一般导游词不同的是，应试导游词是考生为引导评阅录制视频和音频的考官而对游览对象所作的说明、讲解、推介词。考生要找准自己讲话的切入点，充分考虑讲解对象的特点，有针对性地做好导游词创作。

1. 重视开篇引入

"万事开头难"，写文章开头最难，创作导游词要起一个好头同样不是一件容易的事情。合格的应试导游词开篇应该能够达到三个效果：调动游客（考官）兴趣、了解景点概况、点明主题思想。同时，开篇部分在语言上应该符合逻辑性，顺理成章地引导游客（考官）接下来的欣赏。应试导游词开篇部分通常有以下几种：背景介绍式、诗歌朗诵式和故事讲述式等。

例：白洋淀导游词开头：游客朋友们，大家好！很高兴与您相识在白洋淀景区，我是您的导游，今天就由我随大家一起泛舟白洋淀、回归大自然、体验碧水清波无边芦苇荡、重温红色记忆烽火岁月天……

这属于背景介绍式的开篇。它先给游客灌输一些与景点有关的背景材料，使游客先了解景点的主要特色，之后游客对导游人员所讲解的内容就可以理解得更准确一些。这种背景介绍式的开头适合于大多数旅游景点，尤其对讲解一些具有较深文化内涵的景点更加有效。

例：秦皇岛祖山导游词开头：游客朋友们，我们现在所在的是祖山的东门。祖山分为五大景区，它们各有其独特美妙之处。祖山将泰山之雄、黄山之奇、华岳之险、峨眉之秀兼容一身，这里有举世难觅的奇异飞瀑，有原始遗留的稀有花卉，有风格迥异的明代长城……

这属于诗歌朗诵式的开篇。这种开篇形式能够很快地调动起游客的情绪，在精神和心理状态上更好地投入对景点的欣赏之中，比较适合于唯美景观和爱国史迹的讲解。

例：黑龙江五大连池导游词开头：游客朋友们，你们好！欢迎大家到中国矿泉水之乡、国家级自然保护区——五大连池观光旅游。关于五大连池的矿泉水，有一个美好的传说。相传很久以前，一位鄂伦春猎人寻找射中的一只鹿：鹿带着伤在前面跑，猎人循着血迹在后面追，这只鹿不往深山里跑，却进一个池子里，猎人觉得有些稀奇，站在岸边观看。只见鹿在水里一边洗刷伤口，一边用舌头舔，上岸后，血不流了，健步跑进深山，猎人到泉边用手捧起喝了一口，顿觉精神振奋。以后，猎人只要有点小病小灾，就到泉边饮水治疗，都是水到病除。从此，人们把这泉水奉为"圣水"。

这属于故事讲述式的开篇，让游客充分放松心情，适用于风格较为轻松的旅游景点的讲解。

除了以上这三种主要的讲解开篇形式之外，有的导游词以"猜"开篇，有的导游词针对游客的职业或国籍开篇，还有的导游词以"笑话"开篇，都可以达到很好的效果。不管是以哪种形式开篇，导游词都应该能够迅速抓住考官的注意力，自然而然地引入对景点具体内容的讲解之中。

2. 科学设计内容

一篇应试导游词的内容构成可以总结为四个字。

（1）"名"，也就是名称，景区名字之由来，历史沿革或自然成因等。

比如：黄山原名"黟山"，因山峰和岩石遥望青黑而得名。又因传说轩辕黄帝曾在此采药炼丹、得道成仙，唐玄宗于是在天宝六年（公元 747）改"黟山"为"黄山"。千余年来，黄山积淀了浓郁的黄帝文化，轩辕峰、炼丹峰、容成峰、浮丘峰、丹井、洗药溪、晒药台等景点都与黄帝有关。

（2）"形"，也就是形状、轮廓，泛指景区的面积、结构、性质等。

比如：峨眉山位于四川盆地西南部，西距峨眉山市 7 公里，东距乐山市 37 公里，总面积 623 平方公里，最高海拔 3079.3 米。峨眉山包括大峨、二峨、三峨、四峨四座大山，相传是四个修道的仙女石化而成。整个山体由石灰岩、花岗岩、玄武岩等多种地貌组成。景区由高、中、低三大主题游览区组成，景点分为传统十景和新辟十景。

（3）"色"，也就是色彩，泛指景区审美特色和评价地位等。在编写导游词时，必须找准景区的"色"，并围绕其展开对"韵"的梳理。

如："庐山天下悠""三清天下秀""龙虎天下绝"；井冈山被誉为"中国革命的摇篮"；南昌起义打响了武装反抗国民党反动派的第一枪，揭开了中国共产党独立领导武装斗争和创建革命军队的序幕。

（4）"韵"，也就是神韵，涵盖景区各类故事、神话、传说、事件、人物，也是具有文化底蕴的内容。一篇导游词的"韵"要围绕"色"来展开。比如：

羊狮慕的色"中国福山、五福胜境"，下面的"韵"就围绕福山来刻画各类神话故事、编撰美丽传说、找寻关键人物及事件，并突出四美景观："神峰、奇石、瀑布、云海"这一胜境神韵。

"名""形""色"为宽度和广度，这些信息一般比较稳定，不易改变。"韵"为深度，是一篇导游词当中最重要的部分，是经过提炼的点睛之笔，是可以进行展开讲述美丽传说，是可以变化的。

"名""形""色""韵"四个字组合得当就能形成厚度。撰写一篇有厚度的导游词，"名""形""色"宜少用、精用，点到为止，一般用于概括性介绍，约占篇幅的1/4；应尽可能将"韵"用到极致，尽可能展开。大凡好的导游词，都在"韵"字上下足了功夫，约占篇幅的3/4。"名""形""色""韵"并非孤立不变，在实际应用中，常常是名中有韵、形中有韵、色中有韵。

江西乡村导游词①

游客朋友们，大家好！

我是导游……，我的家乡在秀美的江西乡村。咱们村里有热腾腾的糍粑，姥姥做的清明粿，二叔打得喷香的爆米花，村口吱呀吱呀的水碓，还有家家户户腌制的腊鱼、腊肉、腊肠。

作为农业大省的江西，有80%的旅游资源集中在乡村地区，16个国家级历史文化名村、125个中国传统村落、126个乡村旅游点，他们就像五颜六色的花朵盛开在16.69万平方公里的美丽的赣鄱大地。

彩色晒秋，晒出最美中国符号。

挂在山崖上的婺源篁岭古村，这里地无三尺平，农作物只能晒在自家挑窗前，造就了独一无二的"晒秋"景观。山区天气湿润，房前屋后成了竹晒匾的世界，晒秋可不是只有秋天才有，春晒茶叶、夏晒茄子、秋晒稻谷、冬晒腊肉。现在我们村民还晒幸福，他们把对祖国的这份爱也晒了出来。

在婺源古村，谷雨尝新茶、端午吃气糕，中秋迎草龙，元宵闹花灯，绚丽多姿的年俗、婚俗、茶俗成为村民生活的一部分，傩舞、徽剧、龙尾砚、徽派三雕、抬阁、豆腐架、灯彩等一大批非物质文化遗产在这里得到复兴和传承。

---

① 此导游词创作者为苏扶摇及其教练团队，凭借此导游词及出色发挥苏扶摇荣获第四届全国导游大赛单项奖第2名。

这些延续千年传承不息的乡村民俗，把中国传统文化根植在故乡的沃土上，她对每一个游子深情呼唤，让乡愁找到寄托。

彩色斑斓了故乡的梦，而黄色装点着乡村最美春天。

每年3月中旬，黄油油金灿灿的，一望无际的油菜花田正向着太阳微笑，与青砖黛瓦相映衬。游客们穿过古村悠长的小道，在明清古宅中品味历史，观赏江西春天的绝美画境。

如果说，每一片土地都有属于自己的颜色，那么红色无疑是这里最亮丽的一抹色彩。

跟随习近平总书记的"红色足迹"，在中央红军长征出发地赣州于都探索如何走好新时代的"长征路"。在井冈山茅坪村和茨坪村聆听革命前辈的英雄事迹，重温井冈山革命根据地的峥嵘岁月。

红色已经深深烙印在老区人民的骨子里，红色基因正在这片神奇的土地上传承，激荡起深厚的爱国力量。

如今，江西红色文化正在大力推动乡村绿色发展，打造乡村旅游扶贫样板。

战争年代，井冈山是中国革命的奠基石。新时期，井冈山在脱贫攻坚中又是领头羊。

记得2016年习近平总书记第三次登临井冈山时，对神山村的殷殷嘱托："在扶贫的路上，不能落下一个贫困家庭，丢下一个贫困群众。"

井冈山广大党员干部不负总书记重托，2017年井冈山市在全国率先脱贫摘帽。三年过去，乡村脱贫攻坚战役在这片光荣的土地上捷报频传，他们把农民嵌入产业，通过旅游＋乡村的方式，描绘"美丽中国"江西样板，勤劳的江西人民正带着笑容、带着憧憬走向富裕、走上小康。

马上就是中秋佳节，每个人的心中都有忘不了、抹不掉的乡愁。我的家乡就是望得见山，看得见水，记得住乡愁的文明美丽乡村。讲好中国故事，让我们从江西乡村开始。

我的介绍到此结束，谢谢大家！

这篇导游词描绘了江西乡村的主要旅游资源，给游客展示了一幅"黄色""红色""绿色"交汇的"彩色"画卷，"名""形""色""韵"俱全，名中有韵、形中有韵，色中有韵，"韵"味十足，对从未来过江西的游客产生了很强的吸引力，因此成为一篇十分出色的导游词。

3. 植入讲解方法

在导游词的创作过程中要注意植入一定的讲解方法。导游讲解方法数量众多，常见的可直接植入导游词的方法主要有：分段讲解法、突出重点法、触景生情法、虚实结合法、问答法等。

比如对庐山等5个主要景区的介绍，可以采用分段讲解法，先概括地介绍此游览点的基本情况，包括历史沿革、占地面积、欣赏价值等，使游客对即将游览的景点有个初步的印象。然后，导游人员再带团顺次参观，边看边讲，将游客引入审美对象的意境。

4. 融入感情色彩

在每年的导游考试中，都能碰到不少考生花了大量的时间背诵导游词，然后在考场上，像小学生背课文一样一字不漏地背诵导游词，这种读书的精神是值得肯定的，但方法不值得提倡，因为背诵是很难有感情注入的。而导游的过程实际上是人与人之间情感的交流过程，只有感情的注入，才能够生动、持久。

因此我们建议考生在考试过程中投入感情来获得考官的认同。考生可以从以下几个方面着手。首先，把自己的考试场景设想为今后工作场合的实地导游场景，把考官设想为游客，不要认为他们是专家。其次，面试时，大多数人都不太可能抽到自己家乡熟悉的景点，但建议考生景点讲解时，把景点设想为自己家乡热爱的景点，用主人翁的角色来担任讲解。再次，不要把面试当作是一种任务、负担来完成，而是要把它当作是展现自我风采的一个机会。最后，在创作导游词时应该尽量使用富于描绘性和感情色彩的语句，使考官在听导游讲解的同时，脑中浮现美景，心中涌起感慨。出色的描绘和优美的抒情，能使导游词具有很强的感染力，打动考官的心灵，赋予导游讲解一种时代感。

5. 体现讲解层次

一篇好的导游词一定是结构严谨、重点突出，层次分明的。创作的导游词要体现层次感主要有两种方式。一种是直接分出段落层次。即将导游词的内容依据性质归属分出若干段落，下面的江西书院导游词就属此类。

江西书院导游词

尊敬的各位嘉宾：

大家好，我是……，来自江南灵秀之地"江西"。江西位于长江中下游南岸，历史悠久、人文荟萃，自古就有"物华天宝、人杰地灵"的美誉。江西历史开端于四五万年前的旧石器时代，在浩瀚的历史长河中，涌现出众多璀璨辉煌的文化，如农耕文化、陶瓷文化、书院文化、儒释道文化、客家文化等等。今天，我将重点与各位分享的是引领中国书院文化潮流的江西书院。

书院是应科举制度产生的一种教育机构，由私人或官府设立，具有藏书、供祭和讲学的三大功能。江西自古重视教育，是古代书院的发祥地，唐代陈崇家族在江西德安创办了中国最早的私家书院——东佳书堂，树一代读书新风；江西境内书院资源丰富，建置数量居全国首位。唐代以来，江西共建1071所书院，约占全国总数的七分之一。近年来，江西大力发展文化与旅游产业，促进文化与旅游的融合，大量的古代书院资源被开发出来，成为研学旅游最佳的选择。

这里有"天下书院之首""海内书院第一"的白鹿洞书院。位于庐山的白鹿洞书院，创办于南唐升元年间，与金陵秦淮河畔的国子监齐名。南宋淳熙六年，我国著名理学家朱熹自兼洞主，亲自制定洞规："博学之，审问之，慎思之，明辨之，笃行之"，这些院规成为全国书院治学的典范，从而把白鹿洞书院推向当时中国教育的中心，使之与岳麓、睢阳、石鼓书院并称为宋代天下"四大书院"。自此，白鹿洞书院成为理学传播中心；影响了中国书院文化近千年。如今的白鹿洞书院已恢复书院建制，成为研学旅行的佳境胜地。每天都有许多来自全国的学生到此研学、培训。

这里有开创理学争鸣先河的鹅湖书院，它位于上饶市鹅湖镇。南宋时，朱熹与陆九龄、陆九渊兄弟相聚鹅湖寺，展开激烈自由的鹅湖之辩，成为中国哲学史上堪称典范的一次学术讨论会。（朱学主张"格物致知"，陆学强调"明心即理"）虽然双方各抒己见，不合而罢，但此次辩论开创了书院会讲的先河，开启了学术争鸣的新时代。而见证了此次理学大辩论的鹅湖寺后来成了鹅湖书院，继而成为历代统治阶级培养士子之所，享誉海内外。

这里有人才辈出，延续办学七百余年的白鹭洲书院。吉安白鹭洲书院是江西庐陵文化的象征，由南宋爱国名丞江万里创办。南宋宝祐四年，书院有39人同登进士金榜，文天祥名列榜首，一时轰动朝野，宋理宗赐额"白鹭洲书院"。至今这座书院还在办学，近千年书声不断。

江西还有周敦颐所筑的濂溪书院、陆九渊创办的象山书院、为纪念谢枋（bǐng）得而创办的叠山书院等一大批著名书院。

朋友们，书院是中华优秀传统文化的瑰宝。习近平总书记强调，"中华优秀传统文化是我们最深厚的文化软实力，也是中国特色社会主义植根的文化沃土"。欢迎大家到文化深厚的江西做一次书院之旅，研学之行，让中华书院文化薪火相传，渗入魂灵、化作基因。

这篇导游词在总述江西书院之后，从三个各具特色的著名书院入手传播江西的书院文化，然后以传承基因来收尾，整个介绍逻辑性强，层次分明，深入浅出，让游客能够充分感受到江西书院文化的博大精深，是一篇非常优秀的导游词。

另一种是采用过渡语言和方位指示语言来分层。比如：在讲解完一个主要景点时，通常会安排给游客一定的欣赏和逗留时间，这时在导游词中应当加入一些过渡语言，例如"好了，大家如果不信的话，可以靠近一些仔细欣赏一下""这么美妙的景色要是能够带回家就好了，那么接下来我们在这儿停留几分钟，赶快将您的照相机拿出来吧""走了这么久，大家可能也累了，我们就在这儿歇歇吧，养精蓄锐，待会儿还有更精彩的风景呢""请大家随我下楼参观"这样的一些过渡语言，可以较好地体现讲解的逻辑层次性。

在讲解具体景观时，导游词中也要注意使用一些方位指示语言，如"请大家朝着我手指的方向看过去""朋友们请注意抬头看下""在我们前面道路的左边"。尽管在实际讲解工作中，导游人员往往会用自己的肢体动作来指示方位，但如果在语言上也能配合使用一些方位指示语言，讲解的层次感效果会更好。

多年导游考试面试实践表明，采用过渡语言或方位指示语，不仅可以增加导游讲解的层次感，而且也可以消除考生的紧张情绪，是一种非常有效的讲解技巧。

6. 做好收尾工作

上面5点内容实际上均是导游词谋篇布局的开头、正文部分，在完成上述任务之后，还需要做好收尾工作。元代散曲家乔梦符说过："作乐府亦有法，曰凤头、猪肚、豹尾六字是也。"写作导游词也如同作乐府一样，既要起得漂亮，也要结得精彩。作为应试导游词整体的一个组成部分，结尾应当配合全篇内容，与开篇呼应，再次点明主题思想。

例如：上文中的江西乡村导游词，就以"乡愁"结尾，很好地呼应了江西秀美乡村这一主题，并由此延伸至"讲好中国故事"这一时代主题。结尾简洁有力，干净利落，趣味盎然，耐人寻味，给人以美的享受。

（三）模拟导游讲解

创作出导游词后，为更好地适应现场考试场景，发挥最佳讲解效果，考生需要根据考试大纲的要求，尽可能创造机会，对照已完成的导游词进行机考模拟演练。景点讲解是面试最重要的环节，分值最高，占比50％。模拟演练时，可以请同时备考的考生、同行专家或教师充当考官，也可以一人单独对着镜子进行或者一人对着手机录制讲解视频。如果条件允许，可以先行前往实地进行考察，并实地演练。

在模拟过程中，导游词撰写者必须密切注意各方面情况的变化，根据他人提出的要求不断修改、完善导游词，从而使导游词能够与时俱进，体现时代特色，更好地满足导游考试的需要。

┃三、注重语言艺术┃

语言是导游的生产工具，导游是靠语言工作的。导游的语言表达直接影响着游客、考官的心理活动。导游语言包括有声语言和无声语言两部分。考生的有声语言要做到：一是语音要准确。平时考生要努力提高普通话水平，考试过程中避免出现闹笑话的情况，如"美国"说成"米国"，"剧院"说成"歧院"等。二是语调要适中，考生音调大小以考官能听清楚、试音时音量适中为标准，并注意语音高低升降的配置，有策略地做到抑扬顿挫，如讲到革命烈士牺牲时，要声音低沉，讲到改革开放大好形势时，要激扬；三是语速要合理，过快的语速会传达给考官压迫感和紧张感，同时也可能会导致吐字不清，让人听不清楚；过慢则不仅会导致在短时间内不能完成讲解，而且还给人以内容不熟、语言组织能力不强的印象。合理的导游语速一般控制在180～200字/每分钟。此外，导游语言要尽量减少使用"嗯""这个这个""啊"等口头禅，并尽量做到口语化，突出趣味性。

无声语言主要是指态势语言，即以人的表情、姿态、动作来表达思想、传递信息的体态语言，涵盖表情语、手势语、姿态语、服饰语等。在表情语方面，要注意目光注视的方式，并保持微笑；在手势语方面，要恰到好处地使用手势，手势数量不宜过多，动作幅度不宜过大；在姿态语方面，要注意站姿和走姿；在服饰语方面，要穿着得体，符合导游工作的需要。

四、灵活回答问题

回答问题是导游考试面试的重要环节，分值占考试的 40%。主要包括导游服务规范、导游应变能力、导游综合知识、文明旅游引导知识。与导游词创作类似，考生在回答上面四类问题时，也要注意将书本上的参考答案加工整合，不能死记硬背，力争用自己习惯的方式表达出来。

导游考试面试过程中也会出现各种各样的突发情况，考生要善于总结、灵活应对。如有些内容记不住或是记得不太清楚，这时考生可以临场发挥，千万不要在机考设备面前停留不断重复或支吾不语：如当问到"全陪旅游途中服务的要求有哪些?"记不住具体要求，可以联系全陪的定义，"全陪是指受组团社委派，作为组团社的代表，在领队和地陪的配合下实施接待计划，为旅游团提供全程陪同服务的导游人员"。导游是服务员，必然有服务的提醒工作；全程陪同，必然涉及途中的组织与协调工作，以及材料的交接工作。因此，可以回答提醒工作、协调工作、组织工作、交接工作等。又如，在回答人口数量、面积大小、具体时间等问题时，如果记得不是特别清楚，可以用概数来作回答。

此外，考生回答问题时，还需要做到条理性突出，尽量使用"第一、第二"，"首先、其次"等列出条款作答，考生的回答还必须简洁明了。回答结束时，考生应说"回答完毕"。

第三章
江西概况及综合知识

‖ 一、江西概况 ‖

游客朋友们：

大家好！首先请允许我代表 4500 多万江西老表对大家的光临表示热烈的欢迎！我是大家本次江西之行的导游。各位可能大多是第一次来江西，自然希望对江西有一个大概的了解，下面请让我向大家简要介绍一下江西的总体概况。

【行政区划】江西省地处祖国东南偏中部，长江中下游南岸，东接浙江、福建，南连广东，西靠湖南，北邻湖北、安徽。江西自古乃"形胜之区"，有"吴头楚尾，粤户闽庭"之说。公元 733 年，唐玄宗设江南西道，"江西"由此得名，后因元代设"江西等处行中书省"而得省名，又因省内最大的河流为赣江，故简称"赣"。全省共设南昌、九江、上饶、抚州、宜春、吉安、赣州、景德镇、萍乡、新余、鹰潭 11 个设区市，27 个市辖区，12 个县级市，61 个县（截至 2022 年 12 月），其中南昌为省会城市，共青城市、瑞金市、丰城市、鄱阳县、安福县、南城县为省直管县（市）。全省总面积 16.69 万平方公里，常住人口 4527.98 万[①]。

[①] 资料来源：《江西省 2022 年国民经济和社会发展统计公报》。

【地形地貌】江西省界轮廓略呈梳着发髻的女性头形。地势的基本特点是："南高北低，周高中低"。其地形结构可分为三部分：东、南、西三面环山，重峦叠嶂；中部丘陵、盆地相间；北部平原坦荡，江湖交织。从空中俯瞰，江西东、南、西三面分别有怀玉山脉、武夷山脉、九连山脉、罗霄山脉、幕阜山脉和九岭山脉，形似一个朝北面开口，整体向鄱阳湖倾斜的巨大盆地。全省常态地貌类型以山地、丘陵为主，素有"六山一水二分田，一分道路和庄园"之说。

【生态环境】江西生态环境一流，气候条件良好。江西地处北回归线附近，为亚热带湿润季风气候，日照充足，无霜期长，雨量充沛，年均气温18℃左右，年均降水量1341毫米到1940毫米。由于江西地势狭长，南北气候相差一个节气，但总体来看是春秋季短而夏冬季长。全省生态环境一流，被列为首批生态文明先行示范区，是全国5个全境列入的省份之一。江西是典型的中亚热带"植物王国"，全省森林覆盖率达63.35%，居全国领先[1]。江西现已查明的野生高等植物有6337种，其中被列入国家一级重点保护的有水松、南方红豆杉、红豆杉、资源冷杉、大别山五针松、大黄花虾脊兰等[2]。省内到处郁郁葱葱，峰峦叠翠，是中国"最绿的省份"之一，具有发展森林旅游的绝好条件。良好的植被也为野生动物的栖息创造了极佳的生存环境。江西是野生动物资源大省，这里有众多的珍贵国家保护动物，如中华鲟、中华秋沙鸭、白鹤、麋鹿、白鳍豚等。江西空气质量优良，在每立方厘米空气中，负氧离子含量年平均值达1070个，可谓清新甘甜。

【自然资源】江西自然资源十分丰富。在水资源方面，江西有大小河流2400余条，赣江、抚河、信江、饶河和修河为江西五大河流。其中，赣江是江西第一大河，全长751千米，自南向北纵贯全省。鄱阳湖是我国最大的淡水湖，是我国唯一的"世界生命湖泊网"成员，也是亚洲最大的候鸟越冬地和长江江豚等珍稀濒危物种赖以生存且为数不多的栖息地之一。在矿产资源方面，江西矿产资源丰富，赣州素有"世界钨都""稀土王国"之称，铜、钨、铀、钽、重稀土、金、银被称为"七朵金花"，奠定了江西在中国乃至世界的有色金属、贵金属和稀有、稀土矿产资源方面的重要地位。

【历史文化】江西是一块古老而又神奇的土地。根据考古资料，距今约四五万年前已有人类繁衍生息。早在史前时期，我们的先人就创造了灿烂的旧石器文化和新石器文化，考古工作者在万年仙人洞发现了距今约14000年的水稻植物蛋白，证明在新

---

① 资料来源：江西省人民政府网站，http://www.jiangxi.gov.cn/art/2022/6/29/art_393_4011096.html.
② 资料来源：《江西林业生物多样性保护公报》（2022年）。

石器时代早期，居住在仙人洞的人类已经发明了农业，开始了农耕文明；特别值得一提的是江西商周时代的青铜文化，堪与中原文化相媲美，吴城商代遗址和新干大洋洲商代大墓中出土的青铜器，证明早在 3000 多年前，赣江流域存在一个与中原殷商王朝既有联系又相对独立的青铜文明中心，这两项考古发现改写了江南地区古代文明史，推翻了"商代文化不过长江"的论断。秦汉魏晋南北朝时期，江西在民族融合和南北交往中，经济发展，人文渐兴。经过隋唐五代的积累，到两宋时期，江西的经济、文化已居江南首位，尤其是南宋时期，江西在历史上的发展达到了极盛。这时，交通便利、商贾云集，书院兴盛，仕宦众多，文学名家层出不穷、各领风骚，大哲继起、理学肇兴。元明清时期，江西则经历了一个由继续发展到相对停滞的过程。近代江西人民在反帝爱国的旗帜下，积极开展了反帝反封建斗争，用血与火在中国历史上留下了光辉的一页。现代江西一度成为中国革命的摇篮和中心，中国的新民主主义革命从这里走向全国胜利。

　　【经济发展】江西经济发展潜力巨大。改革开放以来，江西经济获得了飞速发展，经济总量不断跨上新台阶，经济发展动力不断增强。作为一个农业大省，江西的粮食、油料、蔬菜、生猪、蜜橘、淡水鱼类等农产品在全国占有重要地位。随着农业科技推广和产业化经营步伐的加快，江西传统农业正迅速向现代农业转变。生态农业前景可喜，绿色有机农产品正成为江西农业的重要增长点。治湖、理江、绿山的"山江湖工程"被联合国专家誉为"跨世纪工程和可持续发展的范例"。"猪—沼—果"生态农业模式及配套技术在赣南实施，取得良好效益，并被作为南方生态农业有效模式向全国推广。江西相继建设了一批大中型骨干企业，形成了航空、电子信息、装备制造、生物医药、新能源、新材料、绿色食品、有色金属、石油化工、纺织服装等多门类的现代工业体系，VR、移动物联网、5G、北斗应用等数字经济异军突起，新兴产业、支柱产业和优势产业苗壮成长，主要工业产品产量成倍增长，一批工业企业和产品接近或达到国内先进水平。2018 年由工业和信息化部和江西省人民政府共同主办世界 VR 产业大会，南昌成为世界 VR 产业大会永久会址。截至 2022 年，我省已连续五年成功举办世界 VR 产业大会。以举办世界 VR 产业大会为依托，吸引全球资源和要素向中国汇聚、向江西集中，推动全省 VR 产业实现从无到有、从小到大发展，江西正在成为 VR 产业高地。

　　赣江，作为江西的母亲河，是一条绿色生态廊道。江西因水而兴，"赣江辉煌"由此而来。进入新时代的江西也因赣江正在描绘高质量发展的新画卷。2016 年 6 月，一个以"创新、绿色、融合"为自然基因的国家级新区——江西赣江新区，在赣江之畔澎湃而出，成为中部地区第2个、全国第18个新区。赣江新区肩负着长江中游新型城镇化示范区、中部地区先进制造业基地、内陆地区重要开放高地、美丽中国"江西样板"先行区的国家使命。继赣江新区之后，2019年8月我省南昌、新余、景德镇、鹰潭、抚州、吉安、赣州7个高新技术产业开发区获国务院正式批准建设国家自主创新示范区，即鄱阳湖国家自主创新示范区。鄱阳湖国家自主创新示范区为江西科技创新、产业发展、经济转型带来重大机遇，将推动江西创新驱动发展迈入新征程。2020年4月，江西获批内陆开放型经济试验区，这是继宁夏、贵州之后，全国第3个获批的内陆开放型经济试验区，也是中部地区的首个内陆开放型经济试验区。建设江西内陆开放型经济试验区，是江西由内陆腹地变为开放新高地的重大契机，是推动江西高质量跨越式发展的重大引擎。2020年7月由中国科学院与江西省人民政府共同出资创建的中国科学院赣江创新研究院获批成立，中国科学院赣江创新研究院是江西省第一个中国科学院直属科研机构，也是中国科学院全面贯彻落实"率先行动"计划以来新增的第一个研究机构。对我省进一步优化创新格局、完善创新机制、提升创新能力、加快创新型省份建设，具有十分重要的意义。

抓住赣江新区、鄱阳湖国家自主创新示范区、江西内陆开放型经济试验区以及中国科学院赣江创新研究院建设的千载机遇，加快江西社会经济的发展速度，努力实现发展超越，是我们江西人民的共同心声。

【旅游交通】过去有人形容江西的公路"永修"，也有人讲"江西到，全身跳"，意思是说江西的交通状况较差，坑坑洼洼，不好走。但是近年来，江西的交通取得了长足发展，发生了根本性的变化。如今的江西已形成了水、陆、空立体交通网络。

在民航方面，截至目前，江西拥有南昌昌北国际机场、赣州黄金机场、吉安井冈山机场、宜春明月山机场、景德镇罗家机场、上饶三清山机场、九江庐山机场7个正在运营的民用机场，其中南昌昌北机场为4E级国际航空港。除了上述机场外，抚州机场也正在建设中。2019年江西省首个4D级A类通用机场瑶湖机场正式建成，并获军民航主管部门批复运营，使江西省具备承接国产民机常态化试飞的能力。国产C919大型客机105架机成功转场南昌瑶湖机场试飞。民航江西适航审定中心成功开展全国首个军转民飞机型号"初教6"的适航审定，立起我国航空发展史上的一个重要里程碑。在铁路方面，目前，江西铁路运输已基本形成"三横两纵"的总体格局，"三横"即浙赣铁路、武九铁路（武汉—九江）、"韶赣龙"（韶关、赣州、龙岩）铁路，"两纵"

即京九铁路、皖赣—鹰厦铁路。京九铁路是江西境内最主要的铁路运输干线之一，在江西境内总长 705 公里，南昌是京九铁路经过的唯一的省会城市。沪昆高铁是江西第一条设计时速为 350 公里的高铁，2014 年沪昆高铁的开通结束了江西没有高铁的历史；2019 年昌赣高铁开通，北起南昌、南抵赣州的昌赣高铁，是国家"八纵八横"高速铁路大通道——京港高铁的组成部分，也是第一条途经井冈山革命老区、赣南等原中央苏区的"苏区高铁"，更是一条串联起"人民军队的摇篮""中国革命的摇篮"和"共和国的摇篮"的"红色高铁"。昌赣高铁开通后，江西实现市市通动车，赣州至南昌最快铁路旅行时间不足两小时。江西基本形成"一纵一横"高铁主骨架。在公路方面，105、206、316、319、320、323 等 6 条国道贯穿江西；高速公路打通了 28 个出省大通道，是全国继河南、辽宁后第三个实现全省县县通高速的省份，全面实现了县县通高速、县城半小时上高速，形成了"纵贯南北、横跨东西、覆盖全省、连接周边"的高速公路网络。在水运方面，江西的水运以赣江及鄱阳湖航道为主，联通抚、信、饶、修等 101 条主要通航河流，全省航道通航总里程 5716 千米。沿江环湖有南昌、九江两个全国内河主要港口和一批区域性重要港口。已初步形成以长江、赣江和信江高等级航道为基础，九江港、南昌港一批现代化、专业化码头为支撑以及日益完善的集疏运体系、修造船工业、通信导航、船舶检验、救助打捞、水上交通安全设施等支持保障系统为补充的水运体系①。

【旅游资源】江西山川秀丽，名胜众多。江西素有"物华天宝，人杰地灵"的美誉，历史悠久，人文荟萃，旅游资源非常丰富，不仅数量多，而且品位高。截至目前，江西有 5 处世界遗产：世界文化与自然双遗产——铅山武夷山、世界文化景观——庐山、世界自然遗产——三清山、世界自然遗产"中国丹霞"组成部分——龙虎山、龟峰；拥有世界地质公园 4 处：庐山、三清山、龙虎山 - 龟峰；拥有国际重要湿地 1 处——鄱阳湖湿地；另外还有 18 处国家级风景名胜区、14 处国家 5A 级旅游景区、4 处国家级旅游度假区、11 处红色旅游经典景区、5 处国家地质公园、5 座国家历史文化名城、5 处全国重点保护寺观、3 处国家级旅游休闲街区、3 处国家工业旅游示范基地、88 项国家级非物质文化遗产项目等重要旅游资源（参见附录）。

目前江西全省已形成了以"四大名山"（秀甲天下庐山、革命摇篮井冈山、峰林奇观三清山、道教祖庭龙虎山）、"四大摇篮"（中国革命的摇篮井冈山、人民军队的

---

① 资料来源：江西省交通运输厅，江西交通概况 2020。

摇篮南昌、共和国的摇篮瑞金、工人运动的摇篮安源）、"四个千年"（千年瓷都景德镇、千年名楼滕王阁、千年书院白鹿洞、千年古刹东林寺）和"六个一"，即："一湖"（鄱阳湖）、"一村"（婺源）、"一海"（庐山西海）、"一峰"（龟峰）、"一道"（小平小道）、"一城"（共青城）等为主体，形象鲜明、各具特色的旅游目的地体系。此外，南昌海昏侯国遗址、上饶篁岭、望仙谷、葛仙山、吉安羊狮幕等一批新开发的景区也在逐步成为江西旅游新的名片。它们共同构成一幅"江西风景独好"的秀美江西画卷。

如果我们要给江西旅游资源做下归类的话，那主要可以分为以下四大类：即瑰伟绝特的绿色山水、积淀深厚的赣鄱文化、内涵丰富的红色摇篮、古朴淳厚的民俗风情。

第一类旅游资源是瑰伟绝特的绿色山水。江西群山环耸，江湖纵横，山水景观非常独特，加上千百年来名仕、高僧、道人纷至沓来，人文积淀深厚，形成众多的山水绝景。这里有名山奇峰。如："世界文化景观"——庐山是幕阜山的东延余脉，"中国革命摇篮"——井冈山属罗霄山脉中段，"江南第一仙峰"——三清山属怀玉山脉的最高峰。其中庐山为前江后湖，全国独一无二。这些山不仅风光秀丽，而且多为历史名人和宗教活动频繁的名山，蕴含着丰厚的历史文化底蕴。

这里有灵秀水景。如湖泊：中国最大的淡水湖——鄱阳湖，自古以来就有"渔舟唱晚，响穷彭蠡之滨"和"渔舟依断岸，归岛没苍烟"的咏调，人称"江南明珠"，庐山西海、仙女湖等也极具旅游价值。又如泉水：唐代茶圣陆羽评定"天下二十名泉"，江西独占其五，分别是天下第一泉庐山谷帘泉、第四泉上饶陆羽泉、第六泉庐山招隐泉、第八泉梅岭西山瀑布水（即洪崖丹井）、第十泉庐山天池水。江西地处粤闽高、中温热水带边缘，是我国温泉较多的省份之一，现已发现的天然出露的温泉100余处，主要分布在赣南、赣中南。宜春温汤温泉是中国目前发现的少数可以与法国的埃克斯温泉相媲美的优质温泉，庐山星子温泉是全国著名的富氡温泉，素有"江南第一温泉"之美誉。丰富的温泉资源成为江西发展康养旅游的重要支撑。再如瀑布：江西众多的山地、湿润的气候、特殊的地貌为瀑布形成奠定了良好的基础。江西已知名的瀑布有成百上千处之多，庐山、井冈山、三清山、武功山、三百山向来以瀑多、瀑美而著称，是江西瀑布观赏的主要地区。

第二类旅游资源是积淀丰厚的赣鄱文化。大自然给江西造就了许多名山秀水，历史上这里是宗教集居、名人荟萃的圣地。江西古代地属扬州，春秋时分属吴、越、楚，战国时归属于楚国领土。这种特殊的地理位置和"吴头楚尾，粤户闽庭"的历史文化背景，使江西形成了独具特色的"赣鄱文化"体系，即名贤文化、佛道文化、陶瓷文化、书院文化、"三名"（即历史名城、名镇、名村）文化等，它们为江西旅游业的发展提供了丰富的人文资源和深厚的文化底蕴。

　　名贤文化： 在中华文明的历史长河中，江西人才辈出，从这里走出了一大批光耀史册的历史名人，他们当中有的人祖籍在江西，有的人成就在江西。正如先贤欧阳修所言"区区彼江西，其产多材贤"。这里有"江西第一人杰"——吴芮，"南州高士"——徐孺子，"田园诗人"——陶渊明，佛教净土宗始祖——慧远，道教净明派始祖——许逊，"西江词派"创始人——晏殊，"江西诗派"创始人——黄庭坚，"唐宋八大家"当中的三家——欧阳修、曾巩、王安石，理学大师——朱熹，民族英雄——文天祥，戏剧大师——汤显祖，"中国的狄德罗"——宋应星，"铁路工程之父"——詹天佑等众多的政治家、文学家、科学家，宛若群星璀璨。这些历史名人构成了江西独特的名人文化旅游资源，具有广阔的开发前景。

　　佛道文化： 江西的佛道文化历史悠久，境内佛、道名山星罗棋布，宗派林立，名人辈出，在全国宗教界有着十分重要的地位。目前全国两大道教教派之一的"正一道"，其前身"天师道"是中国最早的道教组织之一。"正一道"以龙虎山为本山，至今已传承1900多年。除了龙虎山，江西还拥有众多道教名山，如九江庐山、南昌西山、上饶三清山、武功山等。江西也是佛教文化的繁盛之地，庐山东林寺是净土宗的祖庭，马祖道一以南昌为中心传播"洪州禅"也是声名远播。最能代表中国佛教特色的禅宗在江西更是兴盛，吉安青原山是禅宗青原行思法系的本山，禅宗在历史上衍生出"五家七宗"，其中，曹洞宗、沩仰宗、黄龙宗、杨岐宗的本山均在江西。

　　陶瓷文化： 瓷器是"中国三大特产"之一，在海外，瓷器与中国同名，自唐宋以来，江西瓷器的发展代表了中国陶瓷艺术的最高水平。江西陶瓷以景德镇陶瓷为最。景德镇冶陶始于汉代，唐代陶瓷即有"假玉器"美称，五代白瓷已达现代瓷质标准，宋景德年间（1004—1007）在镇置监瓷官制瓷进御，元代设"浮梁瓷局"掌烧宫廷用瓷，明、清两朝设"御器厂""御窑厂"烧制御用瓷，陶瓷艺术名扬四海，此后遂享有"瓷都"之称。正如郭沫若诗云："中华向号瓷之国，瓷业高峰在此都"。景德镇制瓷历经千年而长盛不衰，这在世界陶瓷史上是绝无仅有的。景德镇陶瓷文化有着丰富的内涵，已达到"白如玉，明如镜，薄如纸，声如磬"的艺术境界。青花、青花玲珑、粉彩、颜色釉等四大传统名瓷集中体现了景瓷的艺术成就。景德镇作为瓷都和第一批国家级历史文化名城，不仅盛产名瓷，而且保存着历代陶瓷精品、古代制瓷作坊的遗址、陶瓷研究和教学机构，是陶瓷生产、博览、研习和陶瓷文化交流的重要基地。景德镇湖田古瓷窑址、御窑厂窑址先后获得全国重点文物保护单位称号。此外，丰城市的洪州窑遗址、吉安县永和镇的吉州窑遗址也先后获得全国重点文物保护单位称号。

书院文化：江西古代书院文化发达，不仅是中国古代书院文化的发祥地，而且其建置数量之多居全国首位。据统计，自唐至清代江西拥有书院1071所。江西书院的学规之完备、办学质量之高，为世人交口称赞。特别是在宋代就新建了136所，江西成为全国兴学最早、学院数量最多的地区，官办、官私合办、官助私办和私办的书院、学馆遍布城乡各地，影响深远，白鹿洞书院成为全国四大书院之首，其他如鹅湖书院、白鹭洲书院、友教书院、东湖书院、象山书院、濂溪书院等在全国亦享有盛名。至明、清时期，原有的知名书院得到修缮，同时又兴办了新的一批书院，如始建于明代万历年间（1573—1620）的南昌豫章书院等等。南昌豫章书院与庐山白鹿洞书院、铅山鹅湖书院和吉安白鹭洲书院一道被誉为"江西古代四大书院"。其他著名的书院还有泰和匡山书院、奉新华林书院等。

"三名"文化：即历史名城、名镇、名村文化。悠久的历史，形成了江西具有特定历史文化内涵的文化名城，如景德镇、南昌、赣州、瑞金、抚州先后被列为国家级历史文化名城。中国历史文化名镇、名村有：浮梁县瑶里古镇、鹰潭市上清镇、乐安县流坑村、吉安市渼陂村等。这些历史文化名城、名镇、名村不仅因其重要的历史价值、文化价值和科学价值而成为全国重点文物保护单位，具有独特的吸引力，而且还为旅游者提供着良好的食宿、购物、娱乐等服务，对当地旅游业具有很强的辐射力。现在，江西依托历史文化名镇、名村资源开发的代表性乡村旅游景区有"中国最美乡村"——婺源、"瓷都之源"——高岭-瑶里、"千古第一村"——流坑村等。

第三类旅游资源是内涵丰厚的红色文化。江西是著名的"红土地"：一方面是因为江西是全国红壤面积最大的省份之一，从海拔800米以下、直到20～30米的广大丘陵岗地，分布的主要是红壤，面积约占全省总土地面积的70%；另一方面便是因为江西为革命做出过重要贡献，寓意这块土地是用革命先烈的鲜血染红，革命战争年代，江西牺牲的有名有姓的烈士达25万人，占全国烈士总人数的1/6。

在中国近现代革命史上，江西不仅是中国共产党独立领导武装革命斗争的策源地，而且是土地革命时期全国革命的中心区域。中国共产党老一辈革命家和领导人，多数曾在江西从事过革命活动，组织领导了著名的安源路矿工人运动、"八一"南昌起义、湘赣边界秋收起义，分别建立了井冈山革命根据地、赣东北革命根据地、湘赣革命根据地、湘鄂赣革命根据地和以瑞金为中心的中央苏区，粉碎了国民党反动派的多次反革命军事围剿，举行了震惊世界的二万五千里长征……红色的江西，犹如一个没有围墙的革命历史博物馆。赣鄱大地，革命旧址、旧居及纪念建筑物数量多、分布广。截至目前，全省纳入第一、二批革命文物名录的不可移动革命文物 2535 处，国有可移动革命文物 43650 件/套，红色标语 10748 条，87 个县纳入革命文物保护利用片区名单。井冈山革命旧址群、瑞金革命旧址群、南昌起义旧址群为全国规模最大的三处革命旧址。江西还拥有"人民军队的摇篮"——南昌、"中国革命的摇篮"——井冈山、"共和国的摇篮"——瑞金、"中国工人运动的摇篮"——安源等一批在中国革命史上具有重要地位的红色旅游地。

江西省是我国最早提出发展红色旅游的省份，2000 年以来陆续出台了相关政策和专门的领导机构，红色旅游在江西的发展如火如荼。2017 年以"传承红色基因，发展红色旅游"为主题的中国红色旅游推广联盟在南昌成立（联盟永久秘书处设在江西），联盟致力于推进红色旅游区域合作，打造红色旅游精品线路，创新红色旅游产品体系，提升红色旅游服务水平，加强红色旅游宣传推广。目前，井冈山、南昌、赣州、上饶和萍乡等红色旅游经典景区和一批红色旅游精品线路已成为我省红色旅游的亮点和热点；连续多届"中国红色旅游博览会"成功举办，充分展现了我省"红色之魂·绿色之美·古色之特"的旅游精粹。江西倡导和发起的红色旅游如同燎原之势红火全国，走向世界。

第四类旅游资源是古朴淳厚的民俗风情。江西有着丰富多彩而古朴淳厚的民俗风情。由于独特的地理和特殊的历史文化背景，江西可被旅游业所利用的民俗文化资源非常丰富。这里有客家风情：赣南是客家人的主要聚居地，有"客家大本营"之称；他们崇宗敬祖、聚族而居，已形成特色的客家方言、客家文艺（如兴国山歌、赣南采茶戏）、客家饮食（如各类风味小吃、名菜、擂茶等）。这里有畲族风情，畲族是江西境内唯一具有聚居性质的少数民族，畲族人民创造了绚丽多姿的文化艺术（如畲族山歌）、形成了具有鲜明特色的风俗习惯，留下了广泛流传的盘瓠神话传说。这里有被称为研究中国乃至人类文明发展的"活化石"——赣傩，赣傩脱胎于古代傩祭，在江西许多农村流行，尤以南丰、上栗两县为盛，这两个县已被文旅部命名为"中国民间艺术（傩舞）之乡"，2006 年 5 月，江西傩舞被正式列入第一批国家级非物质文化遗产名录。这里有独特的堪舆习俗，江西先民很早就萌发了堪舆观念，如今赣南堪舆文化在全国影响很大，其中兴国县梅窖镇三僚村就被誉为"中国风水地理文化第一村"，定南的神仙岭也是堪舆文化旅游胜地。这里还有丰富的行业习俗，岁时年节习俗，如鄱阳湖渔俗、景德镇瓷俗、樟树药俗、婺源茶俗、春节、清明节、端午节、中秋节等节庆习俗。

【风物特产】江西独特的自然地理状况和人文地理环境背景还赋予了其颇为丰富的物产。景德镇瓷器世界闻名，四大名瓷各具特色：青花瓷被称为"瓷国明珠"，粉彩瓷被称为"玫瑰瓷器""东方艺术的明珠"，颜色釉瓷被誉为"千窑一宝""瓷坛的稀世珍品"，青花玲珑瓷被称为"嵌玻璃的瓷器""米通"。江西茶名满天下：婺源绿茶被誉为"中国绿茶品质之最优者"；庐山云雾茶被列入中国绿茶类的特种名茶，并以"条索精壮、青翠多毫、汤色明亮、叶嫩匀齐、香凛持久、醇厚味甘"等六绝扬名中外；遂川狗牯脑茶曾获巴拿马万国博览会金奖；修水宁红茶被誉为"茶盖中华，价甲天下"。江西名酒众多：这里有国家名酒——樟树四特酒，周总理赞誉其"清香醇纯，回味无穷"，小平同志赞誉其"酒中佳品，味道独特"；这里还有临川贡酒、南城麻姑酒、婺源清华婺酒、李渡高粱酒、吉安堆花酒等名酒。

悠久的历史和优良的文风，为江西留下了文房四宝等物产：李渡毛笔，极受历代文人墨客的青睐；婺源婺墨享有"落纸如漆，万古存真"的美誉；铅山连史纸素有"寿纸千年""妍妙生辉"的美称，瑞金玉扣纸、永丰毛边纸均为"纸中名品"；婺源龙尾砚、玉山罗纹砚、星子金星砚、修水赭砚并称为"江西四大名砚"。江西盛产水果，在江西我们可以品尝到"桔中之王"——南丰蜜桔、"水果之王"——中华猕猴桃、"桔中之珍"——遂川金桔、"华夏第一橙"——信丰脐橙，我们还可以品尝到南康柚子、上饶早梨、临川西瓜、于都大盒柿等众多的水果。江西盛产山珍，大家可以在这里选购庐山"三石"（石鸡、石鱼、石耳）、江西银耳、安远香菇、宜春冬笋、井冈山玉兰片等。江西还有众多的风味副食品，如安福火腿、袁州松花皮蛋、大余南安板鸭、葛源葛粉、弋阳年糕、兴国鱼丝、南昌煌上煌酱鸭、峡江米粉等。此外，江西还盛产各类水产、中药材。

【特色菜肴】来江西的游客，自然要品味一下江西的特色菜肴。江西菜也称赣菜，是由南昌、鄱阳湖区和赣南地区菜构成。这三地菜肴的共同特色是：味浓、油重、主料突出、注意保持原汁原味。在品味上侧重咸、香、辣；在质地上讲究酥烂、脆、嫩；在烹调上以烧、焖、蒸、炖、炒见称。炒菜重油，保持鲜嫩，如"小炒鱼"。焖制的菜，酥烂，味香而浓，如久负盛名的三杯味系列菜肴——"三杯鸡""三杯脚鱼""三杯乳狗""三杯石鸡""三杯肫肝"等。蒸或炖的菜，保持原汁，不失原味，既保全营养，又有补益，如"清蒸荷包红鲤鱼""清炖乌骨鸡"。

这三地菜肴的不同之处是：南昌菜吸取了本省和外地的一些地方风味的长处，善于变化，花色品种较多，讲究配色造型；鄱阳湖区的菜则以烹制鱼、虾、蟹水产品见长，选料注重生活时鲜，味道清鲜；赣南菜制作精细，注重刀工火候，汁浓，对鲜鱼的烹制有独到之处，如"小炒鱼""鱼饼""鱼饺"素有赣州"三鱼"之称。

江西现有的特色名菜主要有：宁都三杯鸡、兴国"四星望月"、乐平狗肉、莲花血鸭、赣南小炒鱼、南昌藜蒿炒腊肉、南昌炒粉、南昌米粉蒸肉、南昌鳅鱼钻豆腐、鄱阳湖狮子头、婺源清蒸荷包红鲤鱼、鄱湖流浪鸡、九江浔阳鱼席、天师八卦宴等。

朋友们，极佳的生态环境，良好的区位条件，丰富的旅游资源一方面为江西旅游品牌的塑造积累了重要元素；另一方面也为江西旅游产业的发展奠定了坚实的基础。

【旅游品牌】江西的旅游形象宣传口号是"江西风景独好"，主要目标是要在全国乃至全球凝聚江西旅游特色、展现江西旅游优势、塑造江西旅游品牌、提升江西旅游形象，"江西风景独好"已经成为江西的一大品牌。在2014年第二届中国文化旅游品牌建设与发展峰会上，"江西风景独好"获评"影响世界的中国文化旅游口号"。我省将继续深耕"独好"品牌。以"庐山天下悠、三清天下秀、龙虎天下绝"为引领，以"天下英雄城南昌""大山大水大美九江""景德镇·一座与世界对话的国际瓷都""萍乡·萍水乡逢缘聚天下""新余·仙女下凡地抱石故园人""中华道都鹰潭""赣州·红色故都客家摇篮""宜春·一座四季如春的城市""高铁枢纽大美上饶""红色摇篮山水吉安""抚州·一个有梦有戏的地方"等旅游目的地品牌为重点，构建区域品牌、市县品牌、景区品牌、产品品牌等互为支撑的"江西风景独好"品牌体系。

【旅游产业政策】旅游业是江西省现代服务业中最有条件率先崛起的产业。加快发展旅游业，是实现江西高质量跨越式发展的重要抓手和有效途径，对于转方式、调结构、扩内需、惠民生、促增收都具有重要作用。

为推动江西旅游产业更好更快发展，近年来我省制定实施了一系列规划与政策。2021年省政府办公厅印发了《江西省"十四五"文化和旅游发展规划》（以下简称《规划》），这是我省新时代建设文化强省和旅游强省的纲领性文件。《规划》明确了江西"十四五"文化和旅游发展的目标体系，即1个总体目标、6个具体目标。总体目标为到2025年，赣都文化软实力进一步提升，社会文明程度得到新提高，人民群众精神生活日益丰富，文化赋能和旅游为民、旅游带动作用全面加强，文化事业、文化产业和旅游业成为经济社会发展的强大动力和重要支撑，成为国家文化和旅游产业重要基地。6 个具体目标为赣鄱文化引领力实现新提升、文化遗产保护传承利用得到新增强、公共文化服务标准化均等化取得新进展、文化产业竞争力取得新优势、旅游业贡献度达到新水平、现代化治理体系和治理能力得到新提升。其中明确，新增一批富有赣鄱特色的高品质国家级旅游景区和度假区，把江西省打造成为红色旅游首选地、最美生态旅游目的地、中华优秀传统文化体验地，建设成为世界知名旅游目的地。《规划》还明确了"一个工程、八大体系"重点任务，即实施社会文明促进和提升工程，构建新时代文艺创作体系、完善文化遗产保护传承利用体系、健全现代文化和旅游公共服务体系、健全现代文化产业体系、完善现代旅游业体系、完善文化交流和旅游推广体系、建设文化和旅游融合创新体系、建立文化和旅游现代治理体系。

2022 年省政府办公厅发布《关于推进旅游业高质量发展的实施意见》，提出丰富产品供给，加强宣传营销，推进科技赋能，提升服务水平，完善要素支撑，做大市场主体，强化保障措施，强力推进旅游产业高质量发展。通过持续努力，打造一批富有赣鄱特色的世界级旅游景区和度假区，进一步扩大"江西风景独好"品牌影响力，全域旅游示范省建设成效显著，将我省打造成为全国红色旅游首选地、最美生态旅游目的地、中华优秀传统文化体验地、旅游休闲康养胜地、世界著名陶瓷文化旅游目的地。

2022 年为深入贯彻党的二十大精神，在新征程上推动全省文化和旅游高质量发展，江西省文化和旅游厅出台《深入贯彻党的二十大精神推进文化和旅游高质量发展"3336"行动计划》，"3336"行动计划包含落实三大政治任务：推进长征、长江国家文化公园（江西段）建设，支持景德镇国家陶瓷文化传承创新试验区建设，深化庐山管理体制改革；建立三大资源项目库：全省文化和旅游资源、文物资源基础数据、全省重点旅游景区和文旅企业项目；构建三大指标体系：文旅大数据统计指标体系、全省文旅市场评估分析体系、文旅高质量发展指标体系；实施六大工作计划：优秀艺术作品创作传播、公共文化服务提升、文物和文化遗产传承创新、数字文旅提升、旅游景区业态提升、优秀旅游服务体验城市创建。

从 2014 年起，我省连续十年举办全省旅游产业发展大会，一城接着一城办，一年接着一年办，办一会兴一地。通过十年的努力，江西省旅游产业发展大会已经成为推动全省旅游产业提质增效、高质量发展的重要举措，形成了举办一届旅发大会、打造一批旅游精品、助推一地经济发展的有效模式。

游客朋友们，美丽、富饶、可爱的江西，是一股甘醇可口的清泉，是一幅描绘着红、绿、蓝、金的彩色画卷，请大家细细地观看，慢慢地品味，尽情地欣赏吧！

最后，祝各位在江西旅游期间，一切顺利、开心愉快！

▍二、综合知识▍

（一）中华人民共和国成立以来的巨大成就

导游需要掌握的相关内容主要包括：抗美援朝、三大改造、"两弹一星"、三线建设、成昆铁路、恢复在联合国的合法席位、党的十一届三中全会、三峡水利工程、香港和澳门回归祖国、青藏铁路、"一带一路"、高速铁路、神舟飞天、北斗导航、登月工程，FAST 大型天文望远镜、南水北调工程、港珠澳大桥、党的二十大等。

1. 请简要介绍三大改造。

答：（1）三大改造，即中华人民共和国建立后由中国共产党领导的对农业、手工业和资本主义工商业三个行业的社会主义改造；

（2）社会主义三大改造的胜利完成，实现了把生产资料私有制转变为社会主义公有制的任务；

（3）政治上：社会主义的基本制度在我国初步建立；

（4）经济上：社会主义计划经济在我国基本确立；

（5）三大改造为我国的社会主义工业化开辟了道路，从此进入社会主义初级阶段。

2. 请简要介绍"两弹一星"。

答：（1）"两弹一星"指核弹（原子弹、氢弹）、导弹和人造卫星；

（2）1964 年 10 月 16 日中国第一颗原子弹爆炸成功，使中国成为世界上第五个拥有原子弹的国家；

（3）1967 年 6 月 17 日中国第一颗氢弹空爆试验成功；

（4）1970 年 4 月 24 日中国第一颗人造卫星发射成功，使中国成为世界上第五个能独立自主研制并发射人造地球卫星的国家；

（5）中国的"两弹一星"是 20 世纪下半叶中华民族创建的辉煌伟业。

3. 请简要介绍"一带一路"。

答：（1）"一带一路"是"丝绸之路经济带"和"21 世纪海上丝绸之路"的简称；

（2）"一带一路"是 2013 年 9 月 7 日、10 月 3 日，习近平主席分别在哈萨克斯坦纳扎尔巴耶夫大学、印度尼西亚国会发表演讲时提出的；

（3）"一带一路"旨在借用古代丝绸之路的历史符号，高举和平发展的旗帜，积极发展与共建国家的经济合作伙伴关系，共同打造政治互信、经济融合、文化包容的利益共同体、命运共同体和责任共同体。

4. 请简要介绍南水北调工程。

答：（1）南水北调工程，就是把中国长江流域丰盈的水资源抽调一部分送到华北和中国西北地区，从而改变中国南涝北旱和北方地区水资源严重短缺局面的重大战略性工程；

（2）南水北调工程有东线、中线和西线三条调水线路：东线工程起点位于江苏扬州江都水利枢纽，中线工程起点位于汉江中上游丹江口水库，西线工程尚处于规划阶段；

（3）通过三条调水线路与长江、黄河、淮河和海河四大江河的联系，构成以"四横三纵"为主体的总体布局；

（4）此工程目的是促进中国南北经济、社会与人口、资源、环境的协调发展。

5. 请简要介绍港珠澳大桥。

答：（1）港珠澳大桥于2009年12月15日正式开工建设，于2018年10月24日正式通车；

（2）港珠澳大桥是连接香港、珠海和澳门的超大型跨海通道，全长55公里，是世界上最长的跨海大桥；

（3）港珠澳大桥建成通车，极大缩短了香港、珠海和澳门三地间的时空距离；作为中国从桥梁大国走向桥梁强国的里程碑之作，该桥被业界誉为桥梁界的"珠穆朗玛峰"。

6. 党的二十大报告指出中国式现代化的本质要求是什么？

答：（1）坚持中国共产党领导，坚持中国特色社会主义；

（2）实现高质量发展，发展全过程人民民主，丰富人民精神世界，实现全体人民共同富裕；

（3）促进人与自然和谐共生，推动构建人类命运共同体，创造人类文明新形态。

7. 党的二十大报告首次提到旅游，其相关表述是什么？

答：（1）在第8部分提出"建好用好国家文化公园，以文塑旅、以旅彰文，推进文化和旅游深度融合发展"；

（2）在第13部分提出"巩固提升香港、澳门在国际金融、贸易、航运航空、创新科技、文化旅游等领域的地位"。

（二）我国旅游业发展的重大战略、方针、政策

主要包括我国政府在旅游产业规划以及支持智慧旅游、旅游厕所革命、文旅融合、乡村旅游、文明旅游、旅游服务提升、旅游志愿服务等方面所制订的重大战略、方针、政策、规划等内容。

8. 国务院《"十四五"旅游业发展规划》中提出建立现代旅游治理体系，主要包括哪些方面内容？

答：（1）推进依法治旅；

（2）加强旅游安全管理；

（3）提升旅游市场信息化监管水平；

（4）推进旅游信用体系建设；

（5）推进文明旅游。

9.《"十四五"文化和旅游发展规划》提出"推进标准化建设"，标准化建设工作主要包括哪些方面内容？

答：（1）健全标准化协调机制，完善文化和旅游标准体系，推进标准制修订工作；

（2）在新产品新业态、公共服务、市场秩序与质量评价等重点领域，持续加大标准制修订力度；

（3）加强标准宣贯和实施，开展标准化试点示范工作，以标准化引领质量提升；

（4）积极参与标准国际化工作，推动中国标准走出去。

10. 通过深化"互联网＋旅游"推动旅游业高质量发展，应重点做好哪些方面工作？（请至少说出5点）

答：（1）加快建设智慧旅游景区；

（2）完善旅游信息基础设施；

（3）创新旅游公共服务模式；

（4）加大线上旅游营销力度；

（5）加强旅游监管服务；

（6）提升旅游治理能力；

（7）扶持旅游创新创业；

（8）保障旅游数据安全。

11. 请简要介绍旅游厕所革命。

答：（1）旅游厕所革命，是国家旅游行政管理部门针对旅游景区厕所脏乱差的现象，发起的一场清理整治活动；

（2）旅游厕所革命于2015年1月提出，主要通过政策引导、资金补助、标准规范等手段持续推进，已实施两个三年行动计划；

（3）旅游厕所革命的总体要求是：数量充足、卫生文明、实用免费、有效管理；

（4）旅游厕所革命是提升旅游服务品质的基础性工作，也有利于构建全要素旅游产业链。

12. 请简要介绍文旅融合的主要路径。（请至少说出5点）

答：（1）理念融合，即要树立以文促旅、以旅彰文、和合共生三大理念；

（2）职能融合，即整合好原文化部门和原旅游部门的职能；

（3）产业融合，即实施"文化＋""旅游＋"战略，推动文化、旅游及相关产业融合发展；

（4）市场融合，即市场主体融合，推动形成一批以文化和旅游为主业、以融合发展为特色、具有较强竞争力的领军企业、骨干企业；

（5）服务融合，即协同推进公共文化服务和旅游公共服务、为居民服务和为游客服务，发挥好综合效益；

（6）交流融合，即整合海内外文化和旅游机构，推进文化传播和旅游推广，推出优质旅游产品进入主流市场。

13. 《文化和旅游部关于实施旅游服务质量提升计划的指导意见》提出了旅游服务质量提升的主要任务有哪几项？（请至少说出5点）

答：（1）提升旅游区点服务水平；

（2）优化旅游住宿服务；

（3）提升旅行社服务水平；

（4）规范在线旅游经营服务；

（5）提高导游和领队业务能力；

（6）增强旅游市场秩序治理能力；

（7）建立完善旅游信用体系。

（三）我国有关旅游者和旅游业的法律、法规

导游需要掌握的主要法律法规有《旅游法》《旅行社条例》《导游人员管理条例》

《导游管理办法》《民法典》《消费者权益保护法》《江西旅游者权益保护条例》等法律法规。

14. 《旅游法》规定的导游从事领队业务的条件是什么？

答：（1）从事领队业务，应当取得导游证；

（2）具有相应的学历、语言能力和旅游从业经历；

（3）并与委派其从事领队业务的取得出境旅游业务经营许可的旅行社订立劳动合同。

15. 根据《旅游法》，旅游者存在哪些情形时旅行社可以解除合同？

答：（1）患有传染病等疾病，可能危害其他旅游者健康和安全的；

（2）携带危害公共安全的物品且不同意交有关部门处理的；

（3）从事违法或者违反社会公德的活动的；

（4）从事严重影响其他旅游者权益的活动，且不听劝阻、不能制止的；

（5）法律规定的其他情形。

16. 依据《导游管理办法》，旅游主管部门在哪些情况下可以撤销导游证？

答：（1）对不具备申请资格或者不符合法定条件的申请人核发导游证的；

（2）申请人以欺骗、贿赂等不正当手段取得导游证的；

（3）依法可以撤销导游证的其他情形。

17. 根据《旅行社条例》，旅行社对旅游者出入境滞留行为应如何处理？

答：（1）旅游者在境外滞留不归的，旅行社委派的领队人员应当及时向旅行社和我国驻该国使领馆、相关驻外机构报告；旅行社接到报告后应当及时向旅游行政管理部门和公安机关报告，并协助提供非法滞留者的信息；

（2）旅行社接待入境旅游发生旅游者非法滞留我国境内的，应当及时向旅游行政管理部门、公安机关和外事部门报告，并协助提供非法滞留者的信息。

18. 根据《民法典》，导游、旅游者具备哪些条件时民事法律行为才有效？

答：（1）行为人具有相应的民事行为能力；

（2）意思表示真实；

（3）不违反法律、行政法规的强制性规定，不违背公序良俗。

19. 根据《江西省旅游者权益保护条例》，旅行社确因促销活动，提供低于正常接待和服务成本旅游服务需满足哪些条件？

答：（1）应当明示低价理由、起止时间和低价数量；

（2）不得通过安排购物或者另行付费旅游项目获取回扣等不正当利益。

20. 根据《江西省旅游者权益保护条例》，旅行社为老年人提供旅游服务，应做好哪些安排？

答：（1）应当对老年旅游存在的潜在风险、老年旅游者的身体健康要求等做好安全提醒；

（2）应当配备具有紧急物理救护等业务技能、了解一般医疗常识、具有至少三年导游从业经验的领队或者导游；

（3）选择适合老年旅游者身体条件、适宜老年旅游者的旅游景点和游览、娱乐项目，不得安排高风险或者高强度的旅游项目。

第四章

江西省国家 5A 级旅游景区导游词

‖一、九江市庐山风景名胜区导游词‖

[概况——美庐——锦绣谷——庐山会议旧址——白鹿洞书院]

概　况

游客朋友们：

大家好，欢迎来到"世界文化景观"——庐山参观游览。首先我们来了解一下庐山名字的由来。相传在周朝，有位叫匡俗的人，带着几个兄弟到山上隐居，盖茅庐数间为舍。周王想请匡氏兄弟下山为官，派人来访，但是匡氏兄弟已杳如黄鹤，不知去向，只剩下一栋空庐，此后，人们就叫这座山为匡山、匡庐或庐山。

关于庐山，我想苏东坡笔下的"不识庐山真面目，只缘身在此山中"，您一定耳熟能详。那么，庐山的真面目到底是什么样的呢？

庐山位于江西省北部九江市境内，北临中国第一长河长江，南襟中国第一大淡水湖鄱阳湖，景区总面积302平方公里，集大江、大湖、大山浑然一体，险峻与秀丽刚柔相济，素以"雄、奇、险、秀"闻名于世。庐山四季景色，可谓"春山如梦、夏山如滴、秋山如醉、冬山如玉。"

庐山"春晚、夏短、秋早、冬长"的独特气候环境，孕育了丰富的生物资源。庐山森林覆盖率高达 76.6%，高等植物近 3000 种，昆虫 2000 余种，鸟类 170 余种，其脚下的鄱阳湖国家级自然保护区，是"候鸟的王国"，有世界最大的白鹤群，被誉为中国的"第二座万里长城"。

不仅如此，庐山还有着悠久的历史，集各种文化于一体，是江西乃至全国文化综合度最高的名山之一。

庐山是一座文化名山

庐山"苍润高逸，秀出东南"，享有"人文圣山"之美誉。自古以来，名贤毕至，中华优秀儿女在这里创造了内涵丰富、影响深远的庐山文化。公元前 126 年，司马迁"南登庐山"，并将"庐山"载入了中国第一部纪传体史书《史记》中。东晋陶渊明、谢灵运、宗炳等一大批文化名人陆续来到庐山，在这里吟诗作画，留下了许多杰出的艺术创作，庐山因此成为"中国田园诗的诞生地、中国山水诗的策源地、中国山水画的发祥地"。此后，李白、白居易、苏轼、王安石、黄庭坚、陆游等 3561 位文人雅士相继登山，留下诗篇达 16293 首，其中名篇佳作灿若星河。无怪乎，习近平总书记 2016 年视察江西的时候，夸赞"庐山天下悠"。

我国著名学者胡适在 1928 年游历庐山之后，他把庐山的人文历史和中国的历史结合起来，概括为三大趋势：一是慧远和尚代表着中国佛教化和佛教中国化的大趋势；二是朱熹的白鹿洞书院，代表着中国近七百年的理学大趋势；三是庐山牯岭的别墅代表着西方文化入侵中国的大趋势。

庐山是一座政治名山

提起庐山的政治，就不能不提蒋介石。有人说"庐山，浓缩着一部蒋介石的兴衰史"。1926 年 12 月，蒋介石第一次登上庐山，就拉开了分裂大革命准备反共的序幕。南京国民政府成立后，他在 1930—1931 年期间又多次登上庐山。从 1932 年开始，蒋介石坚持"攘外必先安内"的思想，坐镇庐山指挥对中央苏区的反革命围剿。他还在庐山创办了军官训练团，把庐山变成了南京之外的第二中心，国民党的"夏都"。1937 年，日军发动全面侵华战争，周恩来、博古等中共代表，先后两次登上庐山与蒋介石进行国共合作共同抗日的谈判。1937 年 7 月 17 日，蒋介石在庐山发表了"抗日宣言"，要求"地不分南北，不分老幼，无论何人皆有守土抗战之职责，理应抱定牺牲一切之决心。"1948 年 8 月，蒋介石离开庐山，之后就再也没有回来。

蒋介石走了，毛主席来了。中共中央分别于 1959 年、1961 年、1970 年，在庐山召开了中共八届八中全会、中共中央工作会议和中共九届二中全会。这三次会议，可以说对中国半个世纪的政治产生了重大影响，庐山因此更加闻名中外，并成为一座真正的政治名山。

庐山是一座教育名山

庐山在古代一直是游历、隐居和读书的好去处。南唐时，朝廷在庐山设立了庐山国学，这是中国历史上唯一的由中央政府于京城之外设立的国学。南唐中主李璟曾在庐山开先寺读书，至今还保留着他的读书台。北宋熙宁四年（1071），理学创始人周敦颐在庐山莲花峰下建起"濂溪书院"从事讲学。到了南宋，朱熹主持白鹿洞书院，在他的苦心经营下，这里很快成为一所有纲领、有校规、有影响力的讲学书院。白鹿洞书院一度繁荣鼎盛，它和岳麓书院，睢阳书院，石鼓书院并称宋代四大书院，成为我国古代学术讨论和教育研究的中心，为封建社会培养了大量人才，影响深远。

庐山是一座建筑名山

1895 年，英国传教士李德立强行租借庐山牯岭到长冲一带 4000 多亩土地。他将土地划分为 3.7 亩为一号，售价 300 元，在上海、南京、武汉等地登报出售，牯岭租地事件引起了很大反响，许多外国传教士和商人纷纷来到庐山购置地皮，并建造了大量的别墅，逐渐形成了美国、英国、葡萄牙、意大利、芬兰、瑞典、德国等 25 个不同国家风格的别墅群。新中国成立之前，庐山已建有 800 多幢别墅，形成了一座具有一定规模，拥有多种异国风情的田园山城，庐山因此有了"万国别墅城"的美称。到目前为止，庐山还留有 16 个不同国家风格的 636 栋别墅，所以有人说"牯岭，是一座别墅的博物馆"。

庐山是一座宗教名山

庐山"道释同尊"。公元 4 世纪，高僧慧远在庐山建东林寺，首创观想念佛的净土法门，代表了佛教中国化的大趋势；道教禅师之一的陆修静，在庐山建简寂观，编撰了中国最早的道教大丛书《道藏》。从公元 4—13 世纪，庐山宗教十分兴盛，寺庙、道观一度多至 500 余处。1942 年，世界佛教联合大会在庐山召开。其后，伊斯兰教、基督教、天主教、东正教等外来教派也上庐山传播教义。因此，庐山成为名副其实的

"宗教名山"，有着"一山藏六教，走遍天下找不到"的美誉。至今，庐山仍存有众多教派的寺庙、道观、教堂等。

庐山是一座避暑名山

庐山地处亚热带东部季风区域，面江临湖，山高谷深，气候温和宜人。庐山与河北省秦皇岛市的北戴河，河南省信阳市的鸡公山，浙江省湖州市的莫干山并称为中国"四大避暑胜地"，2008 年又入选"中国十大避暑名山"。那么庐山为何能成为避暑胜地呢？大家都知道地势每升高 1000 米，温度就会降低 6 度左右，而庐山平均海拔 1000 米，也就是说庐山上的温度要比山下低 6 度左右，再加上庐山植被繁茂，空气清新，年平均降水 1917 毫米，年平均雾日 191 天，年平均相对湿度 78%，每年 7—9 月平均温度 16.9℃，夏季最高温度 32℃，整个庐山就像是一台天然大空调。因此庐山成为世界著名的避暑胜地。

庐山是一座地质名山

大约 6000 万年以前，这里还是一片汪洋大海，经历了一场"燕山运动"的造山运动后，庐山大致形成了今天"地垒式断块山"的模样。在 200 万年前，庐山还经历了第四纪冰川。它外险内秀，具有河流、湖泊、坡地、山峰等多种地貌。庐山自古命名的山峰便有 171 座。主峰——大汉阳峰，海拔 1474 米。水流在河谷发育裂点，形成许多急流与瀑布，包括"三叠泉"在内的瀑布有 22 处。难怪谪居九江的白居易会发出"匡庐奇秀甲天下"的真实感叹。庐山奇特瑰丽的山水景观，具有极高的科学价值和旅游观赏价值。

众多的文化元素与自然资源，在庐山交相辉映，使庐山成为中国最早的世界文化景观、中国首批世界地质公园、中华十大名山、首批国家级风景区、首批国家 5A 级旅游景区。其实说了这么多，也道不尽庐山的"真面目"，要领略庐山之美，还需您亲临其境。庐山景区景点很多，比较著名的景点主要有美庐、锦绣谷、庐山会议旧址、含鄱口、五老峰、三叠泉、白鹿洞书院等，下面我将带领大家一一游览。

美 庐

游客朋友们，前面就是位于牯岭东南部的美庐别墅，因门牌号是"河东路 180 号"，所以也叫 180 别墅。这是国内唯一一栋国共两党最高领导人先后住过的别墅，也是庐山 600 多栋别墅中的优秀代表和精华所在。

1933 年，别墅的原主人巴莉女士把别墅卖给了好友宋美龄。蒋介石特别喜爱这套别墅，他亲笔题写"美庐"二字，并令人镌刻在园中天然卧石上。

蒋介石为什么喜欢这座别墅呢？这就要从美庐的地理位置谈起了。各位请看，它背靠大月山，面临长冲河，坐北朝南，风水极佳，而蒋介石又是一个笃信风水的人，美庐正合他的心意。

20 世纪 20 年代到 40 年代，蒋介石夫妇曾 10 多次上庐山，下榻于美庐，这就使得中国的一些重大历史事件与这幢别墅搭上了千丝万缕的关系，诸如庐山军官训练团的创办、第二次国共合作的谈判、全面抗日的酝酿和决断、美国特使马歇尔八上庐山的"调处"等，美庐都是这些重要历史的见证者。后来，这幢别墅又成为毛泽东上庐山召开会议时的下榻之处，见证了许多共和国历史事件的发生。1996 年，美庐别墅因其独特的历史文化，被列为全国重点文物保护单位。

美庐总面积 4928 平方米，主体建筑 906 平方米。这里竹木成荫，点缀自然，因而庭园显得宽敞、洁净，极富幽静、和谐之美。楼房由主楼和附楼组成，附楼是按蒋介石的意思于 1934 年添建的。主楼正面是台阶，进口处没有门厅，而是一个宽大的通透式凉台，目的在于人登上台阶后，仍能体会到庭园舒适宽绰之感。

大家请看，主楼的正门、凉台、通风部分等地方都采用了拱券形式，给人以曲线美感，体现了西方建筑风格。附楼通往主楼的斜式长廊，装设有封闭式的长方形玻璃，简练大方，整体感强。主楼各式的窗则为长方形，以长石条为窗楣。这种呈水平线的门窗布局，让人体验到的是稳定感。

下面就请各位登上这十字形长石阶，走进通透式凉台。进入室内，迎面就是女主人宽大明亮的会客室，这是典型的英国建筑风格，整间房子装饰十分典雅。这里还有两组照片，反映了这栋别墅先后两位主人在美庐生活、工作的一个侧面。这一组照片是蒋介石夫妻俩的活动剪影，上面有一句话出自蒋介石日记："异日退老林泉，此其地欤"，表达了蒋介石对庐山的钟爱。另一组照片是毛泽东同志分别在 1959 年、1961 年、1970 年三次庐山会议期间下榻美庐的生活写照。这组照片上面也有一句话，这是 1959 年毛泽东同志上庐山召开会议时，踏进美庐的那刻所讲的话："委座，久违了"。1937 年 7 月，周恩来、博古、林伯渠代表中共和蒋介石就形成抗日阵线统一联盟的和谈，就是在这个会客室里进行的。会客室内侧是女主人的卧室，这里的特点是隐秘性好，如果女主人有自己的小型活动，完全可以在自己的领地内进行，不需要佣人的帮助，也不会影响男主人的活动和休息。

从主楼走出来，我们再来看看美庐别墅的外观。您会发现美庐以其鲜明的建筑风格，体现了它久远的时空感和异国情调；以其独特的庭园布局，体现了中西文化碰撞交流的时代特征和审美取向；以其巧妙的色彩搭配、形式对功能的服从、含蓄的旋律美、与自然环境的统一协调，给人以强烈的美感愉悦，体现了建筑和庭园的独特魅力。

锦绣谷

游客朋友们，我们现在游览的是锦绣谷景区。它位于庐山西北部，花径湖畔，由大林峰与天池山交会而成。因第四纪冰川的作用，锦绣谷这块迎向西南的山间凹地，经过冰川的反复切割，形成了一个平底陡壁的幽谷。明朝名士桑乔在《庐山记事》中说"谷多奇卉，春至即红紫灿然，故名锦绣"。意思是这里奇花异草非常地多，春天开花的时候特别漂亮，所以叫作锦绣谷。

我们现在所走的游步道，是1979年左右开辟的，全长有2500多米。锦绣谷内怪石嶙峋，形态各异，奇峰怒拔，人们给这里的峰岩取了许多动人的名字，赋予了许多优美的传说。这里不时有云雾聚落，九十九盘古道掩盖在石峰之中，引起了人们无限的遐思。

首先出现在我们眼前的是谷中第一个景点。请大家朝前方看，一块峭立横空而出的巨石，仿似悬在半空中的一截断桥，这就是著名的"天桥"，古称"仙人盘"，曾经是庐山大林寺历代的大和尚们悟道参禅的地方。这里两边崖壁相互对峙，与谷底相对高度达60多米。相传，在元至正二十三年（1363）的时候，朱元璋与陈友谅为争夺天下大战于鄱阳湖。有一次，朱元璋被陈友谅打败，带着所剩无几的残兵败将逃上庐山，陈友谅率军在后面紧紧追赶，朱元璋慌不择路，一头就扎进了毗临绝谷的仙人盘。可一进来，朱元璋就后悔了，前无去路，后有追兵，眼看就要被擒，朱元璋不禁长叹"天要灭我也"。奇怪的是，就在朱元璋一声长叹之后，突然金光一闪，一条金龙从天而降，横卧在天堑之间，顿时化作一座石桥。朱元璋一看有桥，赶紧催马而过。马刚刚过桥，陈友谅的追兵就赶到了桥头，他正打算过去擒拿朱元璋。就在这时，一声晴天霹雳巨响，桥被劈断了，朱元璋得以逃生，就这样留下了天桥奇观。

大家来看一下我们刚刚走过的那座山峰，突出的巨石之上还刻了繁体楷书的"锦绣谷"三个字。大家再仔细看，那刻了三字的巨石，像不像一个猪嘴。据说，以前这里的老百姓都叫这座山峰为"猪头峰"。

游客朋友们，在欣赏美丽风景的同时，也请大家爱护庐山，不要随意攀折花草树木，不要乱扔垃圾，更不要把垃圾扔到悬崖下，那样会很难清理。还有一点，在景区以内是严禁吸烟的，需要过瘾的烟民只能在定点吸烟点解决。谢谢大家的配合与理解。

这个亭子的二楼叫"谈判台"。这是谁和谁谈判呢？1945 年，抗战结束后，国共两党再次走到了对立面，12 月美国总统杜鲁门派五星上将马歇尔为特使来华调处国共军事冲突。1946 年 7—9 月，马歇尔来到庐山调停国共谈判，这个地方曾是马歇尔和蒋介石秘密会谈的地方。但蒋介石是假谈判，真战争。最终，马歇尔八上八下庐山，只能无功而返。

朋友们，我们不知不觉已经来到了享誉海内外的仙人洞。它高 7 米，深达 14 米，毛主席说"天生一个仙人洞"，这是一个由砂岩构成的石洞，是由于大自然的风化而逐渐形成的。因其形似佛手，故亦称佛手岩。在仙人洞里面最深处洞顶有水往下滴落，分成两股泉水，这就是《后汉书》上记载的 1600 多年永不枯竭的"一滴泉"。这里大家看到的金身像就是八仙之一的吕祖吕洞宾，在金身像的后面还有一座石质神龛，上有对联："称师亦称祖，是道仍是儒"。相传吕洞宾曾在此洞中修炼，直至成仙。

我们由仙人洞往上行，大家可以看到有凌空兀立的巨石，它叫"蟾蜍石"。石上分别刻有"纵览云飞""豁然贯通"八个大字。石隙中一棵苍劲挺拔的松树，拨云破雾，这就是著名的庐山石松。1960 年毛泽东同志曾题写《七绝·为李进同志题所摄庐山仙人洞照》，"暮色苍茫看劲松，乱云飞渡仍从容。天生一个仙人洞，无限风光在险峰"。

好了，看完了自然景观，我们接下来前往庐山的人文景点，去探寻庐山的文化底蕴。

庐山会议旧址

游客朋友们，现在我们来到的就是庐山会议旧址。民国时期，庐山建有"三大建筑"，它们分别是传习学舍、图书馆和庐山大礼堂。这栋建筑就是庐山大礼堂，在左边那块，还有一栋钢筋水泥建筑，那就是传习学舍。它原为国民党军官训练团中下级军官的住所，现已改造成一个民国风情的酒店，名为"庐山大厦"。在大厦和会址中间的一座中式宫殿建筑就是"庐山图书馆"，许多重要会议和重大事情都曾在这里发生。1937 年 7 月 17 日，蒋介石就站在图书馆前面的检阅台，发表"抗战宣言"。蒋介石慷慨激昂地说："如果战端一开，那就是地无分南北，年无分老幼，无论何人，皆有守土抗战之责任，皆应抱定牺牲一切之决心。"同年 9 月 23 日，在历经两次国共庐山谈判后，蒋介石在这里发表了《对中国共产党宣言的谈话》，宣告国共两党和平统一、团结御侮。这标志着国共两党开始了第二次合作，全民族抗战由此拉开帷幕。现在图书馆已经改名为"庐山抗战博物馆"，着重介绍了庐山在国共第二次合作、中国抗战史上的重要地位，真实地再现了那段波澜壮阔的历史。

现在我们看到的就是庐山大礼堂。1937 年，由国民党中央党部修建，也是三大建筑中最晚修建的。大家请看，这个大礼堂坐东朝西，正面入口处建有三扇拱形大门，与中国古城门相似，颇具中国特色。建筑平面呈"丁"字形，上下共两层，总建筑面积 4000 平方米。这座建筑，和美庐、庐山图书馆一样，也见证和承载了许多历史重大事件的发生。蒋介石曾多次在此向国民党高级军官们训话，大礼堂因而成为培训骨干的重要基地。新中国成立后它被更名为"庐山人民剧院"，中国共产党有三次重要会议也曾在这里召开，分别是 1959 年中共中央八届八中全会、1961 年中央工作会议和 1970 年中共中央九届二中全会，也即"庐山会议"。也正是因为它在历史中扮演过重要的角色，所以 1996 年旧址被列为第四批全国重点文物保护单位，同时它也是进行爱国主义教育的重要基地之一。

沿门前石阶步入"庐山会议"旧址大门，迎面就可见绛红色帷幕上镶嵌着金光闪闪的"庐山会议会址"六个大字。

进入一楼大厅，这里循环放映着有关中共中央三次庐山会议的纪录片《庐山烟云》。后面的休息室则展出毛泽东、刘少奇、周恩来、朱德等领导人在庐山活动的照片，彭德怀的《万言书》等等；二楼是当年庐山会议的会场，为尊重历史，如今会场仍然保持着中共中央九届二中全会召开时的样子，墙壁上还保存着九届二中全会时悬挂的毛主席语录和标语，主席台保留原貌，摆放有五位常委所坐的藤椅，以及铺有白台布的长桌。这是目前中国唯一保留了"文化大革命"时代氛围的礼堂。

白鹿洞书院

游客朋友们，我们现在要参观的是"天下书院之首"的白鹿洞书院。书院地处庐山五老峰的山麓，他在五老峰呵护之下，又有卓尔山、后屏山、古翼山环合着，从高处俯瞰他，就像一个山洞，故而以洞相称。

唐代贞元年间，有一位叫李涉的洛阳少年，带着弟弟李渤来到这里隐居读书。李渤在读书之余，和生活在这里的白鹿做了朋友。传说这只鹿通晓人性，能跋涉数十里到星子县城，为李渤购买学习用品和投送书信，大家谓之"神鹿"，于是就称李渤为"白鹿先生"，李渤读书的地方就叫"白鹿洞"了。

南唐升元年间（940），南唐于白鹿洞建"庐山国学"。当时，庐山国学与国子监并行，是中国历史上唯一的由中央政府于京城之外设立的国学。北宋初年，江州的乡贤明起等人在白鹿洞办起了书院，白鹿洞书院之名自此开始。

南宋淳熙六年（1179），大教育家朱熹知南康军（今庐山市）时，让白鹿洞书院散发出了夺目耀眼的光辉。当时，朱夫子亲自担当书院的洞主，为学生讲学，他还根据当时社会发展对教育的需求，制定出了一整套完备的教学规范——《白鹿洞书院揭示》（又称《白鹿洞书院教规》），并将四书五经等确定为学生主修科目。

朱熹在白鹿洞书院中将他的教学主张变成教学实践，系统地改革了旧时官办书院教育读书只为做官的弊端，大胆地推行了新型的书院教育制度。他特别注重对学生德育的教育，以及全方位的素质教育，为国家培养出了大量德才兼备的栋梁之材。他在白鹿洞书院的教育改革实践，直接影响了封建中国后 700 多年的科举教育制度，并成为后世办学所遵行的榜样。也就是从那时起，白鹿洞书院开始享有"海内书院第一，天下书院之首"的美誉，成为中国历史上第一所教育体系完备的书院。

白鹿洞书院在元、明、清三代都有多次维修，办学不断。直到 19 世纪末，我国的政治、经济发生急剧的变化，出现了教育改革的热潮。光绪二十九年（1903）书院停办。如今的白鹿洞书院占地面积 3000 亩，其中建筑面积近 7000 平方米。现在让我们一同走进这个书香依旧的圣地，去感受一下书院的翰墨香味吧。

各位请看，这是书院大门，为砖木结构，牌楼式样，横额上刻有"白鹿洞书院"

四个大字，为明代正德年间的文学家李梦阳所书。

我们参观的第一个院落是先贤书院，它包括前后两院。门楼横额上"先贤书院"是明代李时达的手书。这里的"贤"字很特别，是一个生造字，其上部是"忠""臣"两字并列，下部是一个"贝"字。寓意忠臣是宝贝，是人才，忠臣才能成为贤人，这也反映了封建教育的宗旨。

这里是后院，这座亭子叫"丹桂亭"，亭内竖有青石碑一块，上书"紫阳手植丹桂"，为清光绪四年（1878）岭南人曹秉浚所题。亭的两侧各有金银桂树一棵，为朱熹亲手栽种。古代科举放榜一般在8月，即桂花盛开的季节，因此登科者称"折桂"。朱熹种丹桂蕴含着一种期望，希望在此书院读书的学子都能登科折桂。

这里是西碑廊。白鹿洞书院有东西两处碑廊，墙壁上嵌有145块石碑，有讲义洞规、诗词歌赋、游记题词、重修碑记等内容。

这里是先贤书院的主要建筑朱子祠。它始建于南宋淳熙年间，现在我们看到的这个祠是明代修建的，后经过多次维修保留至今。请看，正中是朱子自画像石刻，上面悬挂着康熙皇帝手书"学达性天"的匾额。这是赞颂朱子的学问境界很高，已经能够与天地融合。

下面我们进到第二个院落。这个院落以礼圣殿为中心，是全书院的主体建筑群，在通过礼圣门的中轴线上，依次排列着棂星门、礼圣门、礼圣殿。

这里是棂星门，始建于明成化二年（1466），最初为木结构，后改建为现在的石柱牌坊，书院现存最古老的建筑之一。礼圣门是书院的正门，初建于宋淳熙九年（1182），是当时任南康知军的钱闻诗应朱熹要求所建，后经多次重建和维修，我们现在看到的是清代建筑。这栋宫殿式建筑为礼圣殿，是书院祭祀孔子及其门徒的地方，也是历代儒家施之以礼的地方，始建于南宋，后经多次维修和重建，现存为清代遗物。殿正中有孔子行教立像，初为唐代画圣吴道子所绘。我们现在看到的是1980年维修时按原样的模刻，立像上有康熙手书的"万世师表"匾额。

游客朋友们，庐山的参观将告一段落了。庐山是一座集多种文化于一体的大山，我们匆匆一瞥，也只是看了庐山一个大概，要想真正领略庐山的文化底蕴，还需要大家如李白、苏轼一般再次登临，我在庐山等着大家。谢谢大家的聆听！

‖ 二、吉安市井冈山风景旅游区导游词 ‖

[概况——茨坪景区——黄洋界景区——大井——神山村]

概　况

游客朋友们：

大家好！热诚欢迎各位来到"中国革命摇篮"，被朱德誉为"天下第一山"的井冈山风景旅游区。

井冈山位于吉安市西南部，湘赣边界的罗霄山脉中段，地形复杂，山势高大。中部为崇山峻岭，两侧为低山丘陵，最高峰江西坳海拔 1841 米。

井冈山旅游区总面积 261.43 平方公里，分为茨坪、龙潭、黄洋界、主峰、笔架山、桐木岭、湘洲、仙口、茅坪、砻市、鹅岭等 11 大景区，76 处景点，460 多个景物景观。这里集革命人文景观与旖旎的自然风光为一体，有着"雄、险、秀、幽、奇"的独特魅力，峰峦、山石、瀑布、溶洞、温泉、高山田园风光应有尽有。著名文学家郭沫若畅游井冈山后，感慨万千，写下了"井冈山下后，万岭不思游"的赞美诗句。

大家知道井冈山的名字是怎么来的吗？传说在清朝初年，有个叫蓝子希的客家人，为避战乱，迁徙到井冈山主峰五指峰山下安家立寨。由于这里四面环山，地形好像一口井；村前又有小溪，客家人称溪为"江"，遂称此地为"井江"。又因村庄依山而建，村子也就叫作"井江山村"。而客家人口音"江"与"岗"谐音，又把这个村子称为"井岗山村"，后渐渐演化成现在的名字。

井冈山拥有国家 5A 级旅游景区、国家级风景名胜区、中国旅游胜地四十佳、中国优秀旅游城市、全国爱国主义教育基地等诸多荣誉。大家知道井冈山为何有如此大的魅力，获得这么多的赞誉吗？那需要从井冈山的"三色"之美说起。

"井冈山之美，美在红色"，井冈山被誉为"中国最红的山"

1927 年秋，毛泽东、朱德等老一辈无产阶级革命家率领革命队伍来到井冈山，拉开了马列主义同中国具体革命实践相结合的历史开端，展开了艰苦卓绝的井冈山斗争，创建了中国第一个农村革命根据地，点燃了中国革命的星星之火，开辟了"农村包围城市，武装夺取政权"具有中国特色的正确革命道路，中国革命从这里走向胜利，从此井冈山以"中国革命摇篮"而享誉海内外，这座鲜为人知的大山也因此载入中国革命历史光荣史册。厚重的红色历史赋予了井冈山是成功的山、英雄的山，是一座中国共产党人心目中的"圣山"。

那么，井冈山为何会成为中国革命的"圣山"呢？让我们回到90多年前，1927年4月12日，蒋介石在上海悍然发动了"四一二"反革命政变。接着7月15日，汪精卫又宣布"分共"，并大肆搜捕中共党员。顿时，整个中国笼罩在一片"白色恐怖"中，中共党员从5万多名一下子锐减到1万多人。在这个生死存亡的关头，1927年8月1日，中国共产党人打响了武装反抗国民党暴政的第一枪。其后，党在武汉召开了"八七会议"，确立了土地革命和武装反抗国民党反动派的总方针。毛泽东在会上提出了"枪杆子里出政权"的重要论断。会议结束后，毛泽东作为中央特派员，着手领导了著名的"秋收起义"。在起义遭受挫折后，毛泽东于1927年10月把这支工农武装拉到井冈山地区，开展游击战争，进行土地革命，恢复和建立党的组织，协助地方建立了革命政权和赤卫队，由此开辟了一条适合中国革命的伟大道路。

1928年4月底，朱德、陈毅率领南昌起义保存下来的部队和湘南农军到达井冈山，同毛泽东领导的工农革命军会师，合编为中国工农革命军第四军，后改称中国红军第四军，这是我党自1921年成立以来，第一支成军建制、受中央军委直属的部队。1928年5月，相继成立了以毛泽东为书记的中共湘赣边界特别委员会和以袁文才为主席的湘赣边界苏维埃政府。到6月，井冈山革命根据地已经拥有宁冈、永新、莲花3个县和遂川、酃县（今炎陵县）、吉安、安福等县的部分地区。之后，又打破了湘赣两省国民党军的两次"会剿"，根据地不断扩大。同年12月，彭德怀、滕代远率领红五军主力到达井冈山，同红四军会师。1929年1月，为打破敌人对井冈山的第三次"会剿"，毛泽东、朱德率领红四军主力向赣南、闽西挺进，留下一部分红军坚持武装斗争。1930年2月，赣西、赣南、湘赣边界三特委合并为赣西南特委，边界斗争就转到以永新县为中心的湘赣根据地。再加上袁文才、王佐两人被"错杀"，他们俩的兄弟和下属于同年3月，在遂川县通电叛敌，井冈山沦为"白区"，井冈山革命斗争告一段落，总共坚持了两年零四个月，为中国革命的胜利打下了坚实的基础。

井冈山以其深邃的红色文化底蕴，成为人们心中的"精神家园"。在这片神奇的土地上，拥有100多处革命旧址，其中全国重点文物保护单位就有26处，被誉为是"没有围墙的革命历史博物馆"。

"井冈山之美，美在绿色"，井冈山是一座动植物基因的宝库

"物华天宝钟灵毓秀，绿色明珠流光溢彩"，井冈山从红色中走来，向绿色中走去。大自然的殷勤造化，赐予井冈山奇峰绵亘、飞瀑流泉、苍茫林海。这里森林覆盖率达到 86% 以上，保存着距今约 6000 万年前遗留下来的新生代第三纪型森林生态系统，拥有世界上最有代表性的山地亚热带常绿阔叶林区，全球同纬度迄今保存最完整的次原始森林 7000 多公顷，还有一片被联合国环境保护组织誉为世界仅有的亚热带常绿阔叶林。迄今保存较好的地带性植被有 4 处，植物种类 3800 种，占江西植物种类的 70% 以上，其中高等植物 2000 余种，木本植物 800 种，蕨类植物 245 种，我国特有或世界珍贵稀有树种有观光木、香果树、银杏、南方红豆杉等百余种。另外，井冈山国家级自然保护区还拥有珍稀陆生脊椎动物 55 种，列入《中国濒危动物红皮书》的有 37 种，列入《世界濒危动物红皮书》的有 13 种，列入《濒危野生动植物种国际贸易公约》附录的有 17 种，中国特有动物 9 种。

因此，井冈山又被誉为"天然动植物园""亚热带绿色明珠"和"动植物基因的天然宝库"。丰富的动植物资源，使这里每立方厘米空气中含负氧离子数量超过 80000 个，被称为"天然氧吧"，是理想的旅游避暑休闲疗养胜地。老一辈无产阶级革命家陆定一曾这样夸赞道："井冈山两件宝，历史红，山林好"。

"井冈山之美，美在金色"，井冈山是旅游脱贫的典型代表

在党和政府的关怀下，井冈儿女大力发扬跨越时空的井冈山精神，奋起直追，用红色旅游精准扶贫，带动井冈山各项事业的快速发展。近年来，井冈山依托核心红色旅游资源，不断延伸红色产业链条、创新旅游产品；大力推进全域旅游，将旅游产业向贫困山村扩展；持续探索科学有效的扶贫组织形式，让旅游发展红利精准惠及贫困百姓，走出了脱贫攻坚的"井冈山路径"。

2017 年，井冈山摘去了"国家级贫困县"的帽子，成为全国第一个率先脱贫的县（市）。近些年，井冈山积极顺应时代潮流，实现从"一红独大"到红绿辉映，再到"多彩"井冈的转变，从单一观光旅游向体验互动旅游的转变。井冈山的红色培训，不仅是加强革命传统教育、锤炼干部党性意识的重要载体，更成了推动井冈山经济社会发展的重要引擎。一个个当年贫困的小山村现成为乡村旅游精品示范点，每天来往的游客、学员络绎不绝。在核心红色旅游业态的辐射带动下，井冈山还积极深化"农、工、旅三产融合"——农村变景点，发展观光农业、农事体验、户外休闲、田园骑行、漂流体验等旅游项目；农民变"老板"，开办了众多农家乐、民宿、农庄等；工农产品变旅游商品，打响竹木制品、旅游食品、陶瓷创意等特色品牌。

这座"红绿辉映，金光闪耀"的名山，物产丰茂，漫山遍野都是宝，井冈竹笋、竹荪、茶树菇、红米、烟熏笋、黄桃等，都是馈赠亲友的佳品。在井冈山的天街，商铺毗邻，旅游商品琳琅满目，到处可见井冈山的特产。您不妨晚上信步天街，说不到就能挑上您心仪的物产。

如今的井冈山交通便利，全国各地的人们可以通过飞机、火车、汽车，甚至不久的将来，您还可以乘坐高铁等多种交通工具到达井冈山。在井冈山，您不仅能探寻中国现代革命史足迹，缅怀先烈们艰苦卓绝的斗争画卷，追思革命先辈的丰功伟业，更能领略秀美壮丽的自然景观，享受"天然氧吧"的清新空气。下面就让我们开启"洗心洗肺洗眼"之旅吧！

茨坪景区

游客朋友们，我们现在到达的是茨坪景区。茨坪海拔 841 米，是一座美丽的公园式山城。1927 年 10 月 27 日，毛泽东同志率领中国工农革命军到达茨坪，建立了中国第一个农村革命根据地。茨坪是井冈山军事根据地的中心，也是根据地党、政、军领导机关和后方单位的所在地。茨坪景区主要景观有：井冈山革命博物馆、茨坪革命旧址群、毛泽东同志旧居、井冈山革命烈士陵园、南山公园、挹翠湖公园、五马朝天等。

【井冈山革命博物馆】我们现在来到的是井冈山革命博物馆。1958 年，由国家文物局倡议兴建，1959 年 10 月建成并开放，这是庆祝新中国成立 10 周年的献礼工程，也是我国第一个地方性革命史类博物馆，由朱德同志题写馆标。全馆珍藏了党和国家领导人、著名书画家及社会各界知名人士墨宝珍迹数千幅，保存了毛泽东、朱德重上井冈山等影视资料片数百件，是一个全面陈列和宣传井冈山革命根据地斗争历史的综合场馆。

大家现在看到的是 2007 年 10 月 27 日开馆的井冈山革命博物馆新馆，整个博物馆的陈展分为《中国革命道路的艰难探索》等五大部分，以及尾厅和序厅。博物馆采用声、光、电和多媒体等高科技展陈手段，生动再现了毛泽东、朱德等老一辈无产阶级革命家，把马克思主义的普遍原理与中国革命具体实践相结合，点燃"工农武装割据"的星星之火，开辟井冈山革命根据地的光辉历程，宣传了"农村包围城市，武装夺取政权"这一具有中国特色的井冈山革命道路，以及带有原创意义的井冈山精神。

【茨坪革命旧址群】现在我们来到的是茨坪革命旧址群。这里主要有毛泽东、朱德、彭德怀、陈毅等领导人旧居，以及中共井冈山前敌委员会、红四军军部、红四军军械处、湘赣边界防务委员会、红四军军官教导队以及新遂边陲特别区工农兵政府公卖处等革命旧址。这里是井冈山斗争时期，党政军各级单位办公的场所，是井冈山革命根据地最高指挥机关的所在地。但很可惜的是，在1929年1月底，我军反第三次"会剿"失利，这里被敌人全部烧毁。我们现在看到的是1960年至1964年陆续重建的革命旧址。

毛泽东同志旧居（中共井冈山前敌委员会旧址）：我们前方的这栋民居就是全国重点文物保护单位——茨坪毛泽东同志旧居。从1927年10月—1929年1月，毛泽东同志常在这里居住和办公，主持召开党、政、军会议，研究部署根据地的各项工作，并在昏暗的油灯下起草了《井冈山前委对中央的报告》（即《井冈山的斗争》）一文，从理论上全面系统地总结了创建井冈山革命根据地的经验，阐明了"工农武装割据"的崭新思想。

【井冈山革命烈士陵园】游客朋友们，现在我们来到的就是井冈山革命烈士陵园。它坐落在茨坪北面的北岩峰，坐北朝南，面对雄伟的井冈山主峰——五指峰。整座陵园占地总面积400亩，四周青松翠柏，庄严肃穆，依山而建，由门庭、纪念堂、碑林、纪念碑、雕塑园5部分组成。顺山而上有两组台阶，第一组有49级，象征着1949年新中国成立。第二组有60级，寓意烈士陵园是在1987年10月井冈山根据地创建60周年之际建成。

陵园门庭：这是陵园的主大门。大门横式牌坊园标"井冈山革命烈士陵园"9个烫金大字，为参加过井冈山斗争的老红军宋任穷题写。陵园绿意葱葱，台阶两侧林廊和雕塑园配制的是香柏、黄杨，显得庄重而肃穆。

纪念堂：现在我们即将进入的就是纪念堂。大门上方烫金横幅"井冈山根据地革命先烈永垂不朽"是彭真委员长在1987年视察井冈山时为陵园题写。

这里是瞻仰大厅，我们可以看到，正中墙面上写着"死难烈士万岁"六个大字，这是毛泽东1946年为革命烈士题写。大厅内放置的花圈、花篮，有党和国家领导人来井冈山时向烈士们敬献的，也有社会团体及旅游观光团为革命先烈敬献的。

这边左侧陈列室陈展的是参加过井冈山斗争、新中国成立后去世的革命领导人挂像，共77位。右侧陈列室陈展的是新中国成立前牺牲的80位革命先烈，他们是井冈山革命斗争时期的红军干部和地方党政领导。其中，有的烈士有照片，有的是根据他们的亲属和战友的回忆创作的画像，还有的烈士无照片和画像，只能用党旗、青松代替。

吊唁大厅：下面请大家轻轻地跟我来，我们现在进入吊唁大厅。大家可以看到，大厅的四周墙面嵌刻的是在井冈山斗争时期牺牲的烈士英名录。他们来自井冈山革命根据地七个县市，共有15744位。在井冈山斗争中还有许多为革命而牺牲，却没有留下姓名的革命烈士，我们在这里为他们立了一块无名碑，以示对无名先烈的深切怀念。

好了，游客朋友们，茨坪景区的游览就暂时告一段落了，相信大家对发生在井冈山上的"红色历史"有了更直接、更深刻的感受，让我们永远缅怀那些为了新中国的建立而浴血牺牲的革命先烈们，他们是真正意义上的英雄。下面我们乘车前往黄洋界景区。

黄洋界景区

游客朋友们，我们现在所到的就是当年"五大哨口"之一的黄洋界。这里距茨坪19公里，海拔1343米，有"一夫当关，万夫莫开"之险。当年进入井冈山中心腹地只有5条羊肠小道，在井冈山斗争时期就形成了五大哨口。这5个哨口分别是：双马石、八面山、桐木岭、朱砂冲、黄洋界。

黄洋界地势雄伟险峻，峰峦峻拔，难怪毛主席曾经诗兴如潮，发出"过了黄洋界，险处不须看"的感慨。站在黄洋界上举目远眺，只见群山起伏，有时云雾弥漫，白茫茫的云海淹没了一片山峦，只留下最高的峰尖，像大海中点点岛屿，时隐时现，因此人们也把它叫作"汪洋界"。

黄洋界哨口工事：游客朋友们，我们现在到达的是黄洋界哨口工事。哨口是1928年夏天修建，由三个工事和一个瞭望哨组成。90多年前，一场"黄洋界保卫战"让这个哨口声名远扬。1928年夏，湘赣两省的敌军得知红军大队在湖南欲归未归之际，纠集了将近8个团的兵力对井冈山再次发起"会剿"。在得知敌人大举进犯的消息后，留守井冈山的三十一团团长朱云卿、党代表何挺颖牵头召开了一次战前会议，决定把大小五井一带的群众全部动员起来，充分发挥他们的作用，并根据群众和红军各自的作战能力与特点，作出了一个具体的部署：红军在第一线上阻击敌人；赤卫队员在第二线上负责运送滚石擂木、后勤物资和适时参战；儿童团和妇女队也发动了起来，他们的任务有三项，摇旗、呐喊、燃放鞭炮。会议结束之后，为了抵御敌人进攻，红军战士还在大陇、茅坪通往黄洋界的左右两个工事的前沿布置了 5 道防线。这 5 道防线分别是竹钉阵、壕沟、竹篱笆围栏、滚石擂木和射击掩体。

8 月 30 日上午，敌军四个团从山下对黄洋界哨口发起了进攻，红军凭借天险打退了敌人的多次冲锋。下午 4 点多钟，敌人发起更猛烈进攻。关键时刻，红军战士从茨坪军械处，把一门刚修好的迫击炮抬到黄洋界。可惜因为气候潮湿的原因，仅有的三发炮弹，前两发都成了哑弹，好在第三发应声打响，不偏不倚，正中敌军指挥部。再加上守山的革命群众，满山遍野挥动红旗，高声呐喊"红军主力回山了"。少先队员和农民军战士又把鞭炮放在油桶燃放，让敌军远远听过去像是机枪在扫射。敌军误以为毛泽东已经率领主力部队悄悄回山，不敢恋战，急忙溃逃。最终，红军以不足一个营的兵力打退敌军四个团的进攻，取得了黄洋界保卫战的辉煌胜利，毛泽东为此欣然赋词《西江月·井冈山》：山下旌旗在望，山头鼓角相闻。敌军围困万千重，我自岿然不动。早已森严壁垒，更加众志成城。黄洋界上炮声隆，报道敌军宵遁。

1929 年 1 月底，湘赣两省敌军对井冈山发动了第三次反革命"会剿"，因敌众我寡，哨口失守，工事遭到破坏。1960 年，哨口工事遗址由当地政府重新修复，并于 1961 年被国务院批准为全国重点文物保护单位。

黄洋界保卫战胜利纪念碑：现在伫立在大家面前的就是黄洋界保卫战胜利纪念碑。它坐西朝东，正面镌刻着朱德同志的题字："黄洋界保卫战胜利纪念碑"，背面是毛泽东同志的手迹"星星之火，可以燎原"八个字。同时还有一座横碑，正面镌刻的是毛泽东同志的手书《西江月·井冈山》，背面是朱德同志的手书"黄洋界"三个大字。下面就请大家随我一起朗诵，让我们一起来重温主席的诗词。

大家知道吗？黄洋界不但有红色的景观，更是气象万千的世界，是整个井冈山自然景观中最具有代表性的一个景点。在这里不但可以观云海、看日出，还可探"佛光"之奇。1983 年 4 月 10 日 7 时 40 分前后，气象工作者在黄洋界气象观测场附近发现一束外红内紫的彩色光环，穿过浓密的云雾，人影折射在环中，人走环也走，人跳影也跳。在这之后又曾发现过多次，有的一瞬即逝，有的持续数十分钟。

大 井

游客朋友们，现在我们来到的是"大井"。大家可别以为"大井"就是一口很大的井哦，这里的"井"是指村庄的意思，井冈山共有"上中下大小"五井，"大井"顾名思义就是最大的村子，它位于井冈山西北面，距茨坪7公里。当年，井冈山革命斗争时期，大井是毛泽东、朱德等领导人和红军开展革命活动的重要场所之一。

我们面前的这栋房子，就是大井毛泽东旧居。1927年10月24日，毛泽东同志率领工农红军首次到达大井时，就住在这里，此后便成为毛泽东在大井的住地。1929年1月底，这栋房子被敌人烧毁，仅剩下一堵残墙、屋后的两棵树和房前草坪上的一块大石头。1960年，当地政府按原貌修复，将残墙嵌入新墙之中作为纪念。屋后的一棵椤木石楠和一棵红豆杉，经过施肥培植而常年青翠，被人称为"常青树"。屋前的那块大石头因毛泽东时常坐在上面看书读报、批阅文件，被人称为"读书石"。

整栋房子的中厅是红军后方总医院的诊所和中药房旧址。1928年4月，红军医院从茅坪迁到山上。由于战斗频繁，红军伤员日益增多，红四军于6月成立了红军后方总医院。医院分四个管理组，其中一、二组在大井。当时医疗条件极差，医院的医疗器械也十分短缺，为了医疗救护需要，医院只得用土办法制作一些器械来代替。面对如此严峻的现实，边界党和政府采取了多种措施来帮助红军医院。当时为了给红军医院伤病员送盐，群众能用的办法都用尽了，但还是时常被敌人发现，很多送盐的群众都被吊死在了路旁的树上。

时任宁冈县茅坪乡工农兵政府妇女主任的聂槐妆想出一个新办法，她将盐水浸在夹衣里，晾干后穿在身上，外面罩了一件蓝布扣衫，挎上一个竹篮佯装走亲戚，闯过敌人的道道关卡，将盐衣送给了红军。她用这个办法一连送了4次，解决了伤病员的危难。可就在她第5次为红军送盐时，敌人发现了其中的秘密。敌人对她严刑拷打，聂槐妆坚贞不屈，最后被敌人杀害，年仅21岁。大家还记得电影《闪闪的红星》中潘冬子巧计送盐的镜头吗？这个镜头其实是作家王愿坚根据聂槐妆的故事创作的。

朋友们，那一排距离毛泽东同志旧居不远的建筑就是朱德、陈毅旧居。1928年5月后，朱德、陈毅同志每次来大井都住在这里。1929年1月底，房子被国民党反动派烧毁，1984年，当地政府按原貌修复。

神山村

游客朋友们，我们现在来到的就是"国家森林乡村"神山村。神山村最初并不叫这个名字。当年，因为群山环绕，状若城垣，故名曰"城山"。后因客家方言中"城"同"神"的发音相似，再加上村里一年四季大部分时间都云雾缭绕，犹如仙境，久而久之，人们便称之为"神山村"了。

神山村位于茅坪乡境内，黄洋界脚下，过去进出神山村只有一条狭窄的盘山公路，交通十分不便，系"十二五"省定贫困村。过去流行这么一句顺口溜"有女莫嫁神山郎，神山是个穷地方"。

2016年2月2日，农历小年，习近平总书记带着党中央的深情厚谊，亲临神山村视察，并发表了"在全面建设小康社会的征程中，不落下一个老区群众"的重要讲话，给予了神山村人民莫大荣耀和鼓舞，也使得这个村落在全国闻名。

近几年，神山村始终牢记习近平总书记嘱托，大力推进精准脱贫。一是大力推进产业扶贫，全村已组建茶叶、黄桃等合作社，推动贫困户脱贫。二是大力推进安居扶贫，全面完成了全村危旧房砌体加固改造，新建爱心公寓，改善人居条件。三是大力推进旅游扶贫。"要致富先修路"，村里不断拓展出村的通道，把神山村和周边旅游景点串联起来，成为井冈山精品旅游线路中的一个重要节点，神山村还完成了旅游规划，如今的神山村已经成为一个4A级乡村旅游点，有80%的村民参与乡村旅游，人均年收入较之前增长了5倍以上。

如今，昔日的穷山村现已变成"中国美丽休闲乡村"。大家看，原来村里山高坡陡、土地贫瘠，现在是青石路绵亘蜿蜒，白墙黛瓦的客家民居错落有致，星星点点散落在群山之中，仿佛世外桃源一般。"糍粑越打越粘，日子越过越甜。"这里的老百姓有打糍粑迎新年的习俗，而现在打糍粑却成为游客来神山村一定要体验的旅游项目了，如果大家感兴趣，您也可以打上一回，祝您的日子也越过越甜！

游客朋友们，井冈山的主要景点我们参观完了。回溯历史，正是因为党始终与人民群众保持血肉联系，真心实意地为群众办实事、谋利益，我们党的事业才赢得了人民的支持，党才能够战胜艰难，取得举世瞩目的伟大成就。在新的历史时期，我们更应继承红色基因，弘扬优良传统，坚持立党为公，执政为民，践行群众路线，凝聚群众力量，助推中华民族伟大复兴的中国梦早日实现。

朋友们，井冈山是"三色"之山，是初心之山，是福气之山，是成功之山，亦是传承之山。祝愿大家在今后的日子里，顺心顺意，一帆风顺，谢谢大家！

三、上饶市三清山旅游景区导游词

[概况——南清园——西海岸——三清官]

概　况

游客朋友们：

你们好！欢迎大家来到风景如画，被誉为"西太平洋边缘最美丽的花岗岩"——三清山旅游观光！

三清山又名少华山，位于江西省东北部怀玉山脉中段，因玉京、玉虚、玉华三峰峻峭挺拔，宛如道教所尊崇的玉清、上清、太清三位教祖列坐其巅而得名。三清山旅游资源极为丰富，种类齐全，景点众多，核心区总面积为 433 平方公里，共分为南清园、万寿园、西海岸、玉京峰、三清宫、西华台、三洞口、石鼓岭、玉灵观和阳光海岸十大景区。三清山主峰为玉京峰，海拔 1819.9 米，是"一览众山小"的绝景之处。在这可以观赏到云海、雾涛、日出、宝光和插天奇峰等美景，这些美景常常使游客惊叹之余，流连忘返。

秀丽绝特的自然风景，使三清山拥有着世界自然遗产、世界地质公园、国家 5A 级旅游景区、国家级风景名胜区等众多桂冠，是江西省旅游资源中一张亮丽的名片。

三清山是一座神仙之山

三清山是一座具有悠久历史的道教名山，1600 余年前，晋代著名道士葛洪就曾在此修道炼丹，留下了"天下第一仙峰，世上无双福地"的美誉。三清山道教文化肇始于葛洪，他在三清山有着特殊地位。据史书记载，东晋升平年间（357—361），葛洪与李尚书上三清山结庐炼丹，著书立说，宣扬道教教义，鼓吹"人能成仙"，至今山上还留有葛洪所掘的丹井和炼丹炉的遗迹。尤其是那口丹井，历时一千余载，依然终年不涸，井水汪洌味甘，被后人称之为"仙井"。于是葛洪便成了三清山的"开山始祖"，三清山道教的第一位传播者。此后，道教的各位神仙会聚三清山，神仙们现身在山林之间，巨蟒出山、东方女神、观音赏曲、葛洪献丹、老道拜月、仙姑晒鞋……数不胜数的花岗岩象形石，向我们讲述着光怪陆离、玄之又玄的神仙故事，等着大家去发现、去探索。

三清山又是一座神奇之山

【地貌之奇】在过去十四亿年中，三清山多次经历了沧海桑田的变化。它先后经受过三次大海浸，并有两次沉入海底达五六亿年。由于海底火山的作用和一亿八千万年前侏罗纪晚期以及之后发生的喜马拉雅造山运动，使得山体不断抬高，断层密布，呈垂直状态的花岗岩体又长期受风化侵蚀，加上重力崩解作用，最终造就了今日三清山奇峰参天、幽谷千丈的山岳奇观。所以三清山被《中国国家地理》杂志推选为"中国最美的五大峰林"之一，也被国际专家称为"世界花岗岩微地貌的天然博物馆"，甚至被中外专家一致认定它是"西太平洋边缘最美丽的花岗岩"。三清山的花岗岩峰林微地貌形态类型完备，可以说它详细地记录了地貌的演化过程，比如宏观的地貌演化系列是从"峰峦——峰墙——峰丛——石林——峰柱——石锥"，再加上"岩壁、峰谷和造型石"共 9 种地貌，在三清山都能看到。漫长的地质演变过程，造就了三清山"奇峰"景观，在三清山核心景区有奇峰 48 座，造型石 89 处，景物、景观 384 处。这里竞相崛起的林立石峰，劈地摩天，峥嵘瑰丽。经过大自然的精雕细刻，这些山峰似乎都有了灵气，各自呈现出不同的神态和尊容，栩栩如生，活灵活现。这些镶嵌在三清山的百里"群雕"是大自然奉献给人类的艺术瑰宝。

【生物之奇】三清山被称为第四纪冰期时东亚最重要的"生物避难所"。在第四纪冰期时期，全球气温普遍下降，大量植物遭到了毁灭性的摧残，但因为三清山温暖湿润的气候条件，加上复杂的地形环境，成为许多古老植物的避难所。三清山已查明的高等植物种类达 2373 种，其中珍稀濒危植物 33 种，比如红豆杉、白豆杉、银杏、天女花等。三清山不仅是南方铁杉的分布中心，还有数千亩的高山杜鹃树。2008 年 9 月 26 日，三清山的珍稀物种就随"神七"的实验舱升上太空。这些珍稀物种有 25 种植物共计 200 克，包括珍稀濒危种长柄双花木和秀丽槭，中国特有种青钱柳、木姜叶冬青、迎春樱桃等。三清山管委会把遨游过太空的濒危植物种子送到中山大学生命科学院进行培育，培育成功后又移栽到三清山濒危植物园。大家在游览的过程中，会看到这些植物都挂有标志牌，到时可以一览它们的风采。三清山还是国家动物保护基地，已经查明的野生动物有 1827 种，其中国家一级重点保护野生动物有 7 种，国家二级重点保护野生动物有 47 种。此外，"古松"也是三清山的五大奇观之一。

【气候之奇】三清山地处亚热带气候区，却具有高山气候的特征，年平均气温介于 10℃ ~12℃ 之间，7 月份平均气温 21.8℃，年均降水量 2000 毫米。三清山四季景色绮丽秀美。融融春日，杜鹃怒放，百花争艳；春夏之交，流泉飞瀑，云雾缭绕；三伏盛夏，浓荫蔽日，凉爽宜人；仲秋前后，千峰竞秀，层林尽染；三九严寒，冰花玉枝，银装素裹，宛如琉璃仙界。神奇的气候气象造就了三清山"响云""神光"奇观。

【栈道之奇】从 2003 年三清山建设第一条高空栈道，到如今三清山已建有栈道 40 公里。这些高空栈道，大都坐落在海拔 1600 米的悬崖绝壁上，横空出世，向外悬挑出宽约 1.3 米至 2 米的钢筋混凝土路面。从西海岸到东海岸，从巨蟒栈道到女神栈道，形成了一条壮阔的高空环型旅游线路，是江西乃至全世界最长、路面最宽、视野最开阔的凌空云阁和观景长廊之一。在悬崖绝壁之上闲庭信步，远观恢宏晚霞、连绵群峰、幽深峡谷，气象非凡。近赏高山杜鹃、壮阔云海、怪石嶙峋，叹为观止。惊、奇、险、幻、幽、宏，无不令人唏嘘感慨。栈道把整个三清山山上的景点连成一体，三清山的自然绝景和千秋人文，就像一颗颗璀璨的明珠，由这条天堑栈道，串联成一条美丽的项链，让游客从中可以体验到自然与文化的和谐统一。

三清山还是一座神话之山

在中国，几乎每一座山，都有其相关的神话故事。而三清山既然有神仙传说，那这里的神话故事自然也就精彩纷呈。葛洪结庐炼丹成为开山鼻祖，建文帝隐居三清成为历史之谜，八仙中有数人把身影留在大山，连猴王也贪恋此处美景，留在了西海岸。还有那三清山的"三绝"，"司春女神"为解救百姓于水火，泄露天机，终被化身为石，永留人间。"观音赏曲"阅尽人生百态，施福予众生。"巨蟒出山"悔不该偷食三清圣果，留下永久遗憾。这些既是神话故事，又是人生哲理，带给游客无数的感慨。待会，我将为大家讲述这些美丽的神话故事。

正因为这些独特的地貌特征和优秀的文化资源，自古以来，许多文人墨客都对三清山赞叹不已。苏轼、朱熹、王安石、陆游、徐霞客等历代名人均观赏过三清山景色，并留下了许多赞美的诗篇与摩崖石刻。秦牧先生晚年登三清，留下"云雾的家乡，松石的画廊"的赞誉。美国国家公园基金会主席保罗先生惊赞："三清山是世界上为数极少的精品之一，是全人类的瑰宝"。

下面让我们登上三清山，一探这座大山的秀丽风光吧！

南清园

"不到南清游，不识三清山。"游客朋友们，现在我们来到的就是著名的南清园景区。它位于三清山中心位置，是三清山自然景观中最奇绝的景区，平均海拔为 1577 米。南清园集中展示了十四亿年地质演化形成的花岗岩峰林地貌特征，是三清山自然景观的精华，拥有三清山"十大绝景"中的"七绝"。在大家的四周就是被誉为奇峰之冠的举世"三绝"："司春女神""巨蟒出山""观音赏曲"。此外还有"三龙出海""玉女开怀""葛洪献丹""神龙戏松"等"四绝"景观（另外三大绝景是：西海岸景区"猴王献宝"、万寿园景区"老道拜月"和"蒲牢鸣天"）。

景区主要观景台均为观赏晚霞、日出的绝佳位置，如浏霞台可看晚霞、云海，玉台可赏日出、日落及神光等，这些气象景观气势恢宏，绚丽多姿；景区内还有方圆数百亩的千年杜鹃谷，谷中树龄上千年的杜鹃树比比皆是，每年 5—6 月份花开时节，芬芳满山，殊为可观。

【司春女神】 请大家往那边山峰看去，有没有觉得它很像一位婀娜多姿的少女？这就是三清山最著名的"三绝"之一"司春女神"，又叫"女神峰"。它高 86 米，您看它高鼻梁，樱桃口，圆下巴，秀发齐肩，浑似丰满秀丽的少女，正襟端坐，凝神沉思，深情地注视着人间。在她的右手还托着两棵古松，意欲要将春色永驻人间，人们把她看作是春天的化身，所以得名"司春女神"。它和那面那座高耸入云的巨蟒峰，都是三清山最具代表性的景观。天地造化，鬼斧神工，这样绝妙的景致，在全国也极为罕见啊。

关于这座山峰还有一个美丽的传说。相传，这位"女神"是三清山山脚下采药老人的爱女，她从小天资聪颖，心地善良，跟着父亲采药治病，为当地百姓不知做了多少善事，最终感动了三清神尊，她被度化为神，成为天上的仙女。一天，她在天宫发现玉帝召集几位文武天神，筹划如何将三清山石头全部调运天宫建造行宫，把三清山沦为大海，让百姓充当人鱼。她大惊失色，为了拯救乡亲，她把个人安危置之度外，想方设法将天宫机密泄露给三清山的村民，并告诉他们如何才能避难。最终三清山乡亲们按照女神的办法避免了一场灭顶之灾。可是，泄漏天机之事很快被玉帝知道了。盛怒之下，玉帝把"女神"打入凡界，变成永远不会说话的石头人。多少年来，这位女神任凭风吹雨打，雷轰电击，总是那样气度非凡，贤淑端庄地坐在玉台旁，凝视着人世间的变迁。她是真、善、美的化身，每时每刻都在为人间默默地祝福，每时每刻都在向前来观光的游客奉献上一片温柔，一腔深情，一掬希望。

当然这只是一个神话故事。从地质学上来说，女神峰是峰柱型景观，它的形成是在燕山期的时候，花岗岩被两组近垂直的节理切割成柱状峰体，后来经过水平节理切割和崩塌的作用，使峰柱成为两节，并受到风化后形成惟妙惟肖的女神形象。

【巨蟒出山】看罢风情万种的"司春女神"，请各位随我往前走，再去欣赏另外一处绝景。大家请看，前面有一座山峰，它从深谷中横空出世，直冲云天。大家是不是一眼就看出它形似一条巨蟒？是的，这便是三清"三绝"之中的又一绝——"巨蟒出山"。巨蟒峰凌空独立，高达 128 米。它头部硕大且扁曲，形似蛇首，颈部略细而渐粗，似蛇身挺立。据测量，中间最细的地方直径不到 7 米。石峰上还有好几道横断的裂痕，感觉随时都会断裂倒塌似的。可它风风雨雨经历了亿万年，照样巍然屹立，这不能不说是世界一绝。

整个石峰青绿间红，峰柱上斑纹点点酷似蟒纹，那神情犹如蛰居已久的巨蟒，破地出山，昂然挺拔，仿佛想冲破天际，气势咄咄逼人。一阵云雾飞来，仿佛是巨蟒吐出的团团紫雾，所以人们形象地称它为"巨蟒出山"。

有趣的是，若变换一个角度观看，就会猛然发现，这"巨蟒"随着人的视角转移，摇身变成了另一番生动的模样。石峰分为两段，下段像是一位五官俱全的老者，正在急匆匆地赶路，上段像十岁童子骑在老者肩上，两眼注视着前方，就好像是父亲背着儿子赶赴考场，山里人称它为"望子成龙"。这一绝妙的景名，寄托了山里人世世代代的夙愿。

神奇的石峰，往往和许多美妙的传说联系在一起，这直插云天的"巨蟒出山"也有一个美妙的传说。相传，在很久很久以前，有一条青头蟒蛇为了修成正果，在深山中年复一年，日复一日，苦练修行了九千九百九十九年，眼看就要成仙。但是这条蟒蛇不争气，偏偏偷吃了三清山的圣果。有人将这事告诉了三清教主，教主一气之下，将蛇罚为石身压在万笏朝天峰下，永远镇守这深山峡谷，九千九百年的修炼转眼间成了泡影。

在这么有故事的景点，一定要留下您美妙的身姿哟，大家可以在这里拍照留念，这也是三清山最具有代表性的景点了。拍照的时候，请您不要探身栏杆之外，风景虽好，安全第一呀！

【观音赏曲】游客朋友们，我们现在爬上玉皇顶，去欣赏三绝中的最后一绝。玉皇顶这个名字是怎么来的呢？相传在洪荒年代，大禹为了治水，曾在这里登高瞭望。大禹吸取父亲鲧治水失败的教训，改"堵塞"为"疏导"，劈开山峰，将洪水引入大海，后人便将这大禹登临的峰顶叫作"禹皇顶"。也有人说，大禹治水成功后，在这里受到玉皇大帝的嘉奖册封，成了天上的神仙，所以这里又叫玉皇顶。当代著名作家秦牧先生登上玉皇顶后题诗赞曰："昂首巨龙探广寒，翻腾蜿蜒彩云端。雄奇瑰丽七千仞，应是黄山姐妹山。"站在玉皇顶，大家一定要爱护景区的一草一木哟，千万不要攀着松枝照相，一来不安全，二来松枝也承受不住您的力量，会对松树带来伤害。爱护环境，我们共同参与。

大家请看，位于我们头顶上方的山峰就是"三绝"中的第三绝"观音赏曲"。左边是观音峰，右边是老僧岩。高僧盘坐，似乎左手抱琵琶，右手拨弦，技艺高超地在弹奏着。头扎法巾的观音大士双手合十，广袖轻舒，神情凝重，像是神情专注在聆听琵琶仙乐。山风徐徐，流泉铿然，眺望此峰，耳边似有悠扬琴声。相传，从前有位琵琶和尚，他巡游民间，将百姓的疾苦都编成曲目，趁着观音路过三清的时候，就坐在观音必经之路上的梯云岭弹奏，果然观音听得入迷，从此留在了这里。和尚为何要弹奏琵琶吸引观音菩萨的注意呢？原来呀，他是希望观音菩萨大发慈悲，普度众生。在此，也祝愿每位游客朋友，能得到菩萨庇佑，身体康健，心想事成！

好了，游客朋友们，南清园的游览就到此结束了，我们下面前往西海岸，去领略高空栈道的神奇，请大家务必注意"风景虽美，安全第一"！

西海岸

游客朋友们，我们现在来到的就是西海岸，它又称西海栈道。在长约 4000 米的栈道上，因其中有 2700 米不见台阶，宛如玉带，平整如岸，故名西海岸。我们现在游览的这片区域，也是地壳运动和地质作用长期变迁的产物。漫长的三次海漫与喜马拉雅造山运动，使这里逐渐形成了高低悬殊、壁插云天、谷陷深渊的壮观地势，才诞生了今日的西海岸景区。

我们在西海岸能欣赏到四大奇观：第一是巍峨栈道。西海岸景区 20 多年前还是人迹罕至的原始森林。就因为有了这条云中栈道，我们才能欣赏到神奇壮丽的峡谷美景。

第二是壮丽云海。三清山的云海缥缈如斯，宛若仙境，而且别具一格，与众不同。这里有能发出声音的"响云"，不断翻腾的云雾，遇到疾风便会山谷间发出虎啸龙吟般的响声。响云过后又会出现"瀑布云"。凌厉的山风裹着汹涌的云涛，从悬崖一泻千里，形成壮观的瀑布云。这里还有神奇的蘑菇云、绚丽的火烧云，如果运气好的话，还能欣赏到可遇不可求的彩色瀑布云和海市蜃楼等气象奇景。

第三是峻峭峡谷。在我们的脚下是由西霞港、飞仙谷、翡翠谷、葫芦湾等大峡谷构成的"海底"世界。这些峡谷壁立千仞，山迭横翠，胆大的人会顿觉心胸开阔，胆小的人则是战战兢兢。

第四是参天古树。栈道沿途有古松1800多棵，还有红豆杉、华东黄杉、天女花、千年杜鹃等珍稀树种。这些长在悬崖峭壁上的古树，过去只能远看，现在我们可以和它们亲密接触，欣赏它们在大自然的力量面前表现出顽强生命力。

【神童负松】 请大家往峡谷前方看，在前方悬崖峭壁处，有一个石人背负着松树的美妙奇景，我们把它叫"神童负松"。三清山现在到处都可以见到松树，可很早以前南山却不多。开山祖师葛仙翁就命其弟子清风和明月将松树从北山移一些到南山去，并且规定只能晚上移。不料，清风在背最后一棵松树时，天就亮了，他一下子变成了石头，只好在此永远背负着那株没能移过南山的松树了。

【西霞港】 这是西海岸的第一个观景台，就像大海的港湾，又因是观晚霞最佳之处，故得名，以云海霞光奇特成为三清山必打卡之处。此处多云，冬春两季，经常有云霞聚合，经久不散。云生霞，霞生辉，云蒸霞蔚，令人陶醉。

【青龙探海】 大家看，在前方山崖右侧的石壁上横地长出一排青松，就像是一条条探向西海的青龙。这就是著名的三清探海松。

【四声谷】 这里是四声谷。山里有回声，这不奇怪，但一般都只有三声。而这里，只要各位大喊一声，山谷中会传来四重回声。不信，大家试试看。

【华东黄杉王】 这是三清山最大的一棵华东黄杉，号称"华东黄杉王"。它高20余米，树龄在600年以上。大家看，为了保护它，景区还在栈道上还专门留了个洞，让它能更好地生长。华东黄杉被称为植物的活化石，很是珍贵。而三清山则是华东黄杉最理想的生长地，也是最集中的天然基地，据林业部门勘测，面积达几千亩。

【猴王观宝】 这就是三清山有名的景观——猴王观宝。它高约7米，直径约4米，仿佛猴王孙悟空正瞪着眼珠子，非常认真地在看手里的宝贝。那宝贝恐怕是他刚从西海龙王那里讨来的吧！左前方这片山岭就是孙猴子的根据地——花果山。从地质上来说，这个景点是花岗岩被断层及节理构造切割后，并遭受球状风化剥蚀作用形成。

游客朋友们，西海岸的参观就到此结束了，接下来我们前往三清宫景区去探寻道教遗踪。

三清宫

　　游客朋友们，前方就是三清宫，它位于三清山北部"三清福地"南侧九龙山口的龟背石上，海拔 1533 米，总占地面积约为 518 平方米。它是三清山道教文化的标志性建筑，在它周围有观、殿、府、坊以及泉、池、桥、墓、台、塔等道教建筑 230 多处。自然景观和人文建筑相得益彰，富有浓郁的道教神秘色彩，被誉为是"中国古代道教建筑的露天博物馆"。

　　三清宫始建于宋乾道六年（1170），现在我们所看到的是明朝景泰年间重建的，距今已有 560 多年。三清宫选址很是讲究，它坐南向北，前面有"净衣""清华""涵星"三池，后面是崇山峻岭和万松林；东有龙首山天然屏障；西面是卧伏拱卫的虎头岩。论风水，这里非同一般；论环境，那更是天人合一，气度超凡。大家请看这张图：乾卦位置是飞仙台；坤卦位置上是演教厅；离卦位置上是九天应元府；坎卦天一水池；震卦位置上是龙虎殿；兑卦位置上是涵星池；艮卦位置上是王祜墓；巽卦位置上是詹碧云墓。三清宫是三清山道教宫观建筑八卦形制的中心。这种"后天八卦"的建筑格局在全国名山实属罕见。

　　三清宫前殿后阁，左右厢房，宫前设有天井，井内有潜龙吐珠石雕，井前置石香炉、石香亭、甬道、排云桥，牌坊及左右灵官魁星殿构成严密的群体建筑单元。

　　前殿有三樘大门，中门上方挂有青石竖匾"三清福地"4 个大字，为清同治八年（1869）立。在大门两边有石刻楷书对联"殿开白昼风来扫，门到黄昏云自封"。它既表现了三清山的风云变幻，又蕴含了道家清静无为的意境，十分贴切自然。还有一副对联上写"一统大明祝皇祚百世千世万世，三天无极存道气玉清上清太清"，据传为明朝建文帝朱允炆所写。

　　三清宫大殿内正中供奉着玉清元始天尊、上清灵宝天尊和太清太上老君三位道教正神。大殿后堂有一排石阶，拾级而上就是后殿，后殿为观音堂，中间奉有观音，两侧供有十八罗汉。殿堂有对楹联为"三清殿内大阐慈悲之教，妙法堂中广开普济之门。"整个梁、柱、墙、池、门以花岗石打磨铺造为主，镶嵌得天衣无缝，是古代建筑艺术的精品之一。

　　游客朋友们，请看这座牌楼，这是在明朝景泰年间由三清山"开山业主"王祜所建，资政大夫、南京兵部尚书孙原贞为其手书"三清宫"匾额。请看这副对联："云路迢遥入门尽鞠躬之敬；天颜咫尺登坛皆俯首之恭"，意思是到了这里，不论何人，也不管你官职大小，都得俯首鞠躬。牌楼是仿照木斗拱的结构用花岗石建造的，这里的宫观建筑也基本上是这种做法。而且大多数都是按比例缩小的，有很强的宗教象征性。因此，即使叫府、殿、庙，其实是不能进入的。这些建筑，风格简洁、粗犷、古朴，和环境浑然一体，野趣横生。

大家再请看，这左面是灵官殿，右面是魁星殿。灵官殿供的是"玉枢火府天将"王灵官，是专管人间、天上的纠察。大家一定很熟悉"魁星点斗、独占鳌头"的说法，这座魁星殿供奉的就是魁星神像，说明了道教受儒家的影响，借用了儒学的思想。

这里是演教殿，顾名思义，这里是阐释教义的地方，通俗一点说就是上课的课堂。这里有副楹联，上写"法本自然演玄源之正教，经由元始阐道清之冲科"，讲的就是这座建筑的功能。

这是龙虎殿，殿呈长方形，前庭后殿，仿木斗拱微缩形建筑，左右有廊庑配殿。内奉老子神像等21尊。殿门转角处的脊梁顶端作翘角挑起，有汉魏遗风，古朴粗放厚重。青龙、白虎，是龙虎殿的守护神。而这里所雕的青龙白虎，堪称一绝。左面是青龙，依山体而雕；右边是白虎，由巨石凿成。两座石雕刀法粗犷，形象生动，给人以浑然一体的自然美。一个踞于崖顶，一个蹯于岩壁，正所谓虎卧龙藏、相得益彰。

这处是飞仙台，这是按照道教丹鼎派的中心思想建造的。它参考了印度早期的窣堵坡样式，又结合了中国南方古建的特点。飞仙台的上半部曾有损坏，近年来才由文物部门修复。这里还是观赏云海的佳处，这一带气流变化多端，经常有旋涡云和瀑布云出现。有时那高处的滔滔云海会突然裂开一道峡口，万顷波涛奔涌而下，势如天河缺口，十分壮观。有时瀑布云或涡状云流，会绕着山峰飞快地旋转，越旋越急，好似汹涌的山洪，令人仿佛置身于茫茫无边的宇宙洪荒……那种磅礴的气势，瑰丽的景象，一定让您终生难忘。

大家请看，这里有座其貌不扬的石塔，这就是著名的道教遗存风雷塔，是宋代留下的石雕艺术珍品。塔分七层，六面重檐，造型端庄，风格简朴。前国家文物局专家组组长罗哲文看过之后评价说：这座建筑与环境的结合是全国最好的。

这个小小的建筑叫九天应元府，这是一座仿木斗拱歇山顶花岗岩构建的道教遗存，正面额枋上刻有"九天应元府"五字，它坐落于九龙山东南的坡地上，是一个亭台式的石垒石雕小观。这座石雕小观造型优美，雕刻线条流畅，梁枋柱斗拱逼真，台座、墙体、屋盖三级分明，殿内奉有九天应元雷声普化天尊的石雕神像，大家对这位神灵的道号是不是觉得陌生？其实"九天应元雷声普化天尊"是雷部的最高神，也就是雷神，这其实就是"雷神庙"。

好了，游客朋友们，三清宫的参观就结束了。今天我们欣赏了三清山的神奇之美，了解了三清山的神话故事，希望这座仙山、神山，带给大家无尽的福报。

四、鹰潭市龙虎山旅游景区导游词

［概况——仙水岩——天师府——正一观］

概　况

游客朋友们：

大家好！欢迎来到"道教祖庭"龙虎山观光游览。

龙虎山旅游景区位于鹰潭市郊西南 20 公里处，山川绮丽，素有"神仙都会""洞天福地"之誉，有着世界自然遗产、世界地质公园、国家 5A 级旅游景区、国家级风景名胜区、国家自然文化双遗产地、全国重点文物保护单位等众多荣誉。

龙虎山景区总面积 220 多平方公里，拥有上清宫、天师府、龙虎山、仙岩水岩、岩墓群、象鼻山排衙石、独峰马祖岩等多处景区景点。最高峰龙虎峰，海拔 247.4 米。景区内有 99 峰、24 岩、108 处自然和人文景观、20 多处神井丹池和流泉飞瀑。

2016 年，习近平总书记视察江西时，曾夸赞龙虎山为"龙虎天下绝"。那么龙虎山绝在哪呢？

龙虎之绝，绝在道教文化源远流长

龙虎山是道教名山，为道教正一派的祖庭，道教把这里定为第三十二福地。龙虎山原名云锦山，因山中有石壁，高达百丈，宽约一华里，形似五彩的云锦，故得此名。其后，又因道教正一派第 1 代天师张道陵为寻修道宝地，在东汉和帝永元元年（89）独携弟子王长来到鄱阳湖，溯信江到达云锦山，修炼九天神丹，"三年丹成而龙虎见，山因以名"，遂改名龙虎山。龙虎山名字的由来还有一说，是因山中有两峰相对，状若龙虎而得名。在我国国家级的大山名川中，龙虎山是唯一一处天人合一的道家山水。

龙虎之绝，绝在碧水丹岩独具特色

龙虎山的山水自然天成，美轮美奂。清澈秀丽、婀娜多姿的泸溪河发源于福建光泽和江西资溪的崇山峻岭之中，似一条逶迤的玉带，把龙虎山的奇峰怪石、茂林修竹串联在两岸。由红色砂砾岩构成的丹霞地貌与泸溪河相伴，构成了"一条涧水琉璃合，万叠云山紫翠堆"的奇丽景象。

龙虎山是我国典型的丹霞地貌景区。那什么是丹霞地貌呢？丹霞地貌在我国最早发现于广东仁化的丹霞山，因岩体的颜色像丹药的颜色，灿烂的就像明亮的彩霞，故取名丹霞地貌。我国丹霞地貌有 150 多处，而被权威机构和游客认同的中国七大最美丹霞山中，龙虎山就位列其中。丹霞地貌的发展像我们人一样分为三个阶段，即幼年期、壮年期和老年期，每个阶段的表现都不同。龙虎山有着从幼年期、壮年期到老年期丹霞地貌的完整序列，类型也较为多样，有峰墙、石林、峰丛等 23 种丹霞地貌景观，这些景观集中分布在龙虎山和仙水岩景区约 40 平方公里的范围内，被誉为是中国丹霞地貌发育程度最好的地区之一。中国大多数的丹霞地貌由于地形高差相对较大，大都以"雄奇险峻"为特色。而龙虎山属于发育到老年期的丹霞地貌，山块离散，呈峰林状，地形高差相对较小，最大只有 240 米，因此总体显得秀美多姿。大自然的鬼斧神工造就了这里惟妙惟肖的景观造型，使得龙虎山集"雄、奇、险、秀、幽"的形态美和空间协调美于一身，是人们旅游休闲、探险、科考、采风、修学的极好目的地。

龙虎之绝，绝在崖墓群落历史悠久

早在新石器时代就有人类在龙虎山繁衍生息。春秋战国时期，生活在这一带的越族人，把沿泸溪河山崖分布的洞穴当作自己死后的另一个世界，进而创造了最为古老的悬棺墓葬，因此有了举世闻名的龙虎山崖墓群。这些崖壁之上的洞穴基本朝东，因而温暖、干燥，洞穴中的棺木也由此得到非常好的保存。散布在丹岩洞穴中的龙虎山崖墓共有 220 多处，其数量之多，位置之险要，文物之丰富，保存之完好，堪称中国之最，世界一绝。它们证明了龙虎山是东南亚崖墓葬最早的发源地之一。但是这些崖墓离水面有 10～60 米，这里面的棺木是如何安放进去的呢？这里面所葬的古越族人从何而来，又去往了何处呢？古越族中究竟是什么人能享受这种崖葬待遇呢？古越族人为什么要采取这种葬俗呢？这些一直都是龙虎山悬而未决的疑问，同时也为碧水丹山的泸溪河增添了许多神秘的色彩。

丹崖碧水、山水交融，又和源远流长的道教文化、千古未解的古越崖墓之谜完美结合，交相辉映，散发出夺目的光彩，吸引着无数人前来一探究竟。历史上的许多文人墨客，如顾况、王安石、曾巩、文天祥、赵孟頫、徐霞客等，都曾在泸溪河畔留下赞美丹崖碧水的诗文，这些诗文现都成为龙虎山宝贵的文化遗存。下面就让我们泛舟泸溪，一赏人间仙境，再探崖墓之奇。

仙水岩

游客朋友们，下面我们将乘坐竹筏游览仙水岩。我们先泛舟泸溪河顺水而下，沿途观赏被当地老百姓戏称为"十不得"的十大美景，然后我们赶到仙水岩码头，观看崖墓仿古吊装表演，让大家从侧面了解龙虎山千古难解的悬棺之谜。

现在，请大家登上竹筏，一边欣赏两岸秀丽的风景，一边聆听动人的传说。坐在小小的竹筏上，这种移步成画的感觉无疑是美轮美奂。

前面讲过泸溪河发源于福建省光泽县的原始森林，它全长 286 公里，在景区流长 43 公里。泸溪河汇集了 36 股山溪河水一路穿山过峡，经云台山、象山、圣井山、上清镇、正一观、仙水岩、马祖岩流入信江，再经鄱阳湖最后汇入长江。这是龙虎山风景区水上游览的最佳线路。泸溪河水深处"二两丝线打不到底"，所以请大家一定坐稳，不要起身，注意安全。这里的水质优良，达到了国家饮用水标准，所以请大家不要往河里乱丢垃圾，我们一起来维护好景区优美的环境。你们看泸溪河的水是不是特别的清、美、奇啊？

在仙水岩这一段区域，集中了龙虎山丹霞地貌的典型景观。其中最为奇妙的有 10 处，当地群众称为"十大美景"，也叫作"十不得"，就是得不到的意思。仙水岩之美就美在这十不得，所以请大家先听我讲，然后发挥想象，看看是不是真的找得到那些神奇的"十不得"。

现在请游客朋友们往这边看，这叫云锦山，又称"云锦披不得"，为"十不得"之一。《龙虎山志》载："云锦石在正一观下，仙岩上流，靳龙坑立数百余丈，红紫斑斓，照辉溪水，光彩如锦"。传说这是一块披肩布，为七仙女亲手织成，后玉帝急召七仙女回宫，便留下了这件珍贵的纪念品。游遍名山大川的张道陵从鄱阳湖上溯至泸溪，见云锦山如此壮美，便住下来，在此结庐炼丹。

大家请看，丹崖、绿水、青山、蓝天、白云，相互衬托，这不就是一幅美轮美奂的天然画卷嘛。

游客朋友们，在竹筏右侧的就是许家村，全村人都姓许。这是一个三面环山，一面临水，独具特色的小山村。这里峰峦秀丽，村内树木葱茏，村前碧波荡漾、舟楫穿梭，再加上这里冬暖夏凉、气候温和，村中人大多长寿，故又有长寿村之称。据许氏家谱记载，他们是东晋著名道士许逊的后裔，于唐末时期迁到龙虎山，在张天师的祖庭边上选择了这块善地，建立了许村。许村至今已衍嗣40余代，历来以打鱼、种地为生。有意思的是，许家村又叫作"无蚊村"，据当地人介绍说，这里没有蚊子，一是这里地形好，环境独特，后山有巨大的蝙蝠洞，成千上万只蝙蝠晚上出来吞食蚊子。二是村中有许多香樟、竹柏等名贵树木，散发特别气味，具有驱蚊特效。三是与张天师驱蚊孝母的故事有关。据传，第30代天师张继先陪伴母亲在龙虎山游玩，夜间投宿许家村，正值炎热的盛夏，蚊虫甚多，张母被叮咬得难受，张天师就用法术将蚊子驱逐，从此许家村再无蚊子。村民还根据这个传说创作了《天师孝母》的剧目。奇特的是，一河之隔的对面村子，却是蚊虫肆虐，让人百思不得其解。

游客朋友们，你们觉不觉得这块造型可爱的石头酷似一颗熟透的巨大水蜜桃？当地人称其为仙桃石，又称"仙桃吃不得"。传说仙桃来自王母娘娘的蟠桃会，当时孙悟空大闹天宫，随后携带酒席上的仙桃径直朝花果山飞去。当飞经龙虎山的时候，孙大圣口干舌燥，抓耳挠腮，便从袋中取出一个仙桃咬了一口。不料突然打了个喷嚏，仙桃跌落下来，化成了仙桃石。你们看，至今仙桃石上仍有一个缺口呢。

请大家看左边群山——这就是华夏一绝的崖墓群。在这些高崖绝壁上的垒垒洞穴内，散布着数百座崖墓，岩洞大小不一，里面陈放棺木，形式各异，有单洞单葬，也有单洞群葬和联洞群葬。最大的洞内有十几具棺木，安放着一个家族几代人。棺木大小不一，大多用巨大的整段楠木制成，形态上有干栏式建筑造型的屋脊棺，圆筒独木的独舟棺和方形棺等。大多数岩洞还安装了封门板，其意是不让人看见洞内情况和防止鸟兽进入洞内捣乱，让先人居住在一个安全、舒适的极乐世界。

那么里面安葬的又是什么人呢？为了揭开谜题，1978年11月，江西考古工作者开始对仙水岩一带的崖墓群进行了考古发掘，共清理崖墓18座，发掘棺木37具，保存完好的人骨架16副，出土陶器、青瓷器、竹木器、纺织品、纺织工具、古乐器等共235件。其中，有用细如发丝的竹丝纺织而成的竹器制品，非常精致；陶器中多为印纹硬陶，也有磨光黑陶、夹砂红陶和原始青瓷，造型非常奇巧。尤其是十三弦和纺织工具物件的出土，为我国的音乐史和纺织史的研究提供了极为珍贵的实物史料。经文物部门鉴定，散布在泸溪河丹岩洞穴中的 220 多处崖墓，是距今 2600 多年前春秋战国时期的遗存。

随着考古发掘的深入，许多难解之谜摆在了考古工作人员的面前。针对悬棺如何安放之谜，从 20 世纪 70 年代以来，人们提出了数百种猜想，但都没有得出令人信服的答案。1987 年 1 月，上海同济大学机械系副教授陆敬严先生、美国加利福尼亚大学圣地亚哥分校美籍华裔物理博士程贞一教授和江西省文博系统，两国三方联合成立了中美悬棺科研组织。经过 2 年多时间的研究，他们终于在 1989 年 6 月 13 日成功地利用仿古木绞车、木质土滑轮、麻质绳索等原始工具，在龙虎山仙水岩重现了两千年前古越族人吊装悬棺的过程，初步揭开了龙虎山崖墓葬棺木安放的千古之谜。接下来我们要去欣赏的是升棺表演，进行升棺表演的是龙虎山镇李家村的五个药农兄弟。这一表演项目已获得了国家专利。

游客们朋友们，现在到了"十不得"之中最出彩的景点"仙女岩"了。华夏唯一的仙女岩，又称"仙女配不得"。它现已与广东丹霞山阳元石结为秦晋之好，于 1995 年 8 月 18 日举行了"结亲庆典"，成了旷世奇缘，风流佳话。我国著名散文家石英曾作《仙女岩记》立于岩前，称此石为"华夏之唯一，域外更无多"。形容参观者之盛况为"寻根者日夜兼程，膜拜者水陆并进"，故称为"天下第一绝景"。

游客朋友们，欣赏完仙女岩，请大家跟随我前往仙水岩码头观看悬棺吊装表演，一探悬棺之奇。

天师府

游客朋友们，这里就是天师府。天师府全称"嗣汉天师府"，它是历代天师掌管天下道教事的总署，以及历代天师生活起居的地方。这是天师府的头门，正门匾额"嗣汉天师府"，表明从东汉张道陵创立道教以来，历代天师的封号都是世袭的。

天师府最早建于宋崇宁四年（1105），它是宋徽宗赐建给第三十代天师张继先的府第。原址在上清镇的关门口，元代延祐年间（1314—1320）迁建到现址。元大德八年（1304），元成宗加封第 38 代天师张与材为"正一教主，兼领三山符箓"。当时江南的道教，统归张天师管辖。明朝初年，朱元璋命张天师"永掌天下道教事"，并赐白金十五镒（yì，约合 360 两），在今址上大建天师府，天师府才有今天这样的规模。因"天师"称号被朱元璋改赐为"大真人"，所以又改称"大真人府"。1927 年，第

63 代天师张恩溥维修天师府，又改回原名"嗣汉天师府"。

大家看，前面这座石坊的建筑叫作仪门，是历代天师迎接重要宾客的地方。以前的仪门早被毁，现在我们看到的仪门是 2007 年由香港飞雁洞刘松飞等信众捐赠的。

这里是二门，它建于清同治六年（1867），原为木质，1995 年改为钢混仿木建筑。门上方高悬"敕灵旨"三字，意为"天师敕命，告诫鬼魅"之意。门前两边墙上刻有松雪道人所书的 5000 字《道德经》，这是我国历史上第一部完整的哲学著作。门前圆柱上有抱柱对联一副"道高龙虎伏，德重鬼神钦"，这是已故当代道教大师上海道教协会会长陈莲笙所书，这副对联道出了龙虎山正一道的地位之高。

我们面前的这口井叫"灵泉井"，传闻历代天师画符建醮都是取这井里的水，所以又叫作"法水井"。据载，这是南宋时"南五祖"之一的白玉蟾大师与 35 代天师张可大共同开凿。井边上的玉皇殿台阶又称"丹陛"，是天师府地位显赫的象征。中间装饰有双龙戏珠石雕盘龙，顺着台阶而上我们看到的就是玉皇殿。

这个地方原本是天师教练弟子的"演法大厅"，是天师演练道法和府中道士每天诵经礼忏的地方。大堂初建于明嘉靖五年，1992 年因为大堂破损成了危楼，所以拆除之后改建了如今的玉皇殿。

玉皇殿是目前府内最高最大的宫殿。大家请看，身高 9.99 米的玉皇大帝庄严威武地端坐中央，金童玉女侍立左右。东有岳飞、朱彦等人，西有温琼、殷郊等人。大殿的中央八根大柱上雕塑着八条盘龙，殿门两旁置有钟、鼓。整个大殿显示出人间天庭的森严，警诫着人们"诸恶莫作，众善奉行"，这样就会得到神灵护佑，吉祥幸福。

各位请随我走出玉皇殿，我们来看天师府文物"三绝"之一的"玄教大宗师碑"，这块碑也称"仁靖真人碑"，是元代遗物。这是第 36 代天师张宗演的弟子、道教支派玄教创始人、开府仪同三司张留孙的功德碑。它由张留孙的弟子吴全节于元英宗至治二年（1322）奉赐立碑于龙虎山上清宫，到现在已经 700 年了。碑文是著名书法家赵孟頫所撰并书，共计 1648 个字，它详细地记载了张留孙的生平事迹。

这里是私弟门，为天师府内二、三进院落的分界，构成"前宫后府"式的建筑风格。私弟门原建于明洪武元年（1368），明嘉靖五年（1526）又进行了大修茸。现在大家看到的大门是清朝同治六年（1867）慈禧太后拨款，由 61 代天师张仁晸重修，迄今已 140 多年。门额有"相国仙府"四字，其中"国"字由"西、国、人"三字组成，是道教独创的一个字，寓意为"神仙所居"。

天师私第分前、中、后三厅，面阔五间，占地 1100 平方米，具有浓郁的古代王府建筑特色。

私第前厅原本为客厅，又称三省堂，是张天师掌教后主教议事、接待道教各界人士和政府官员的地方。它始建于明朝，清光绪七年（1881）重建，1985 年改成天师殿，殿门上方有江西省政协副主席叶学龄书写的匾额。现在这里是天师府道士早晚诵经、演练法事、斋醮祈禳的主要活动殿宇。

天师殿内供奉着五尊神像，正中仗剑危坐的是祖天师张道陵，东西端坐的分别是《水浒传》中描述的 30 代天师张继先和明永乐时编写《道藏》的 43 代天师张宇初。祖天师前面东西持剑、捧印而立的是祖天师的弟子王长和赵昇，玉帝分别封他俩为左、右侍宸真人。神像前面的幡帘图案龙虎夺丹、仙鹤腾云、翠竹与文房四宝等都映衬出所塑三位天师的丰功伟绩。

进殿门处有一块古老的翠绿色天然圆盘石，成鼓状，这叫"迎送石"，传为历代天师站在客厅迎送客人之处。它又称"太极石"，大家看，它表面有一个天然的金鱼形花纹，犹如一个不规格的太极图，虽然已经过了数百年，但色泽如新，令人称奇。

天师殿的背面原为通道，现在是中庭，为历代天师的客厅，楼上设有"狐仙堂"。这里祀有 30 代天师张继先的神像，下有供桌，厅堂东西板壁上配有当今书法家书写的张继先的诗词名作。中国传统四大名著中《水浒传》第一回："张天师祈禳瘟疫，洪太尉误走妖魔"说的就是这位天师的故事。大家请看，上方还有一块匾额，上书"碧城"二字，这是清康熙帝御赐第 54 代天师张继宗的匾额。"碧城"，是指神仙居住的地方。

后厅的厅堂悬挂有三块金匾，一块为"教演宗传"，意思是传教演法系祖宗所传，这是乾隆皇帝御笔题赠给第 56 代天师张遇隆的匾额，此匾是原物，历经沧桑得以保存，也是天师府文物"三绝"之一。一块为民国三年（1914）袁世凯题赠 62 代天师张元旭的"道契崆峒"；一块为民国八年（1919）江西督军程光远题赠张元旭的"壶天春永"。

天井前上方还挂有"宗传"金匾，此匾原为玉刻，系明朝万历五年（1577），万历皇帝诏书恢复 50 代天师张国祥"正一真人"封号时御赐。

游客朋友们，现在我们看到的是万法宗坛，这是道教最高的法坛，为万神聚集的地方，是张天师作为道教教主，掌管天下道教事务的象征。这个门屋是清同治年间修建，正上方"万法宗坛"匾额，乃是已经羽化的原中国道教协会会长黎遇航大师题写。"万法宗坛"是明嘉靖五年（1526）由48代天师张彦頨奉旨修建，它是历代天师奉旨在私第的祭神演法之所。

正一观

游客朋友们，现在我们到达的是正一观景区。它位于仙水岩游览区的东南方，有正一观、龙虎山等景点。

正一观是正一道（亦称天师道）的祖庙，为正一道祖庭的象征。这里是祖天师张道陵炼丹得道之地，他在此修道30余载。东汉桓帝永寿二年（156）九月九日，他同弟子王长，赵升，于云台山上与夫人雍氏白日飞升。是为道教第一代天师，亦称祖天师，张道陵的教派也因此称"天师道"。元朝至元十三年（1276），元世祖敕封张道陵第36代孙张宗演为"天师"，并掌领江南道教，从此张道陵子孙使用的"天师"称号获得官方正式承认。

第4代天师张盛自四川回龙虎山"永宣祖教，以传于世"，立祠祀祖，为祭祀祖天师而建"祖天师庙"。同时，张盛还在这里修复祖天师玄坛及丹灶旧址，并居住下来。明太祖朱元璋赐封第42代正一天师张正常为"真人"，并下诏由正一天师"永掌天下道教事"，世代掌管全国道教。由此，龙虎山成为全国乃至世界的道教传播中心。

宋元祐元年（1086），第28代天师张敦复重建，赐额"演法观"。明嘉靖三十二年（1553），敕修改额为"正一观"。1949年前后观内不慎失火，化为灰烬。如今的正一观，是在原址基础上按宋代建筑风格新建，坐东朝西，南北对称，建有主门、仪门、钟鼓楼、祖师殿、玉皇殿等道馆建筑。整个建筑古朴典雅，气势雄伟，仙骨傲然。观外绿树葱茏，龙虎侍卫；观内仙气氤氲，香烟缭绕。

这里是七星池，它位于正一观前，由7个圆形水池组成，排列的形状模仿了天上北斗七星。北斗七星是古人星宿崇拜的对象之一，表示祈求四季平安、风调雨顺。正一观前的七星池，既是古人美好愿望的反映，又起着蓄水防火的作用。

请大家抬头看，"正一观"三个苍劲有力的大字挂在大门之上，门外一座幡杆，是中国道教的标志，见证着正一观的历史沧桑。两侧对联是"道传千载源斯外，教演万法步此坛"。意思是无论传承千载万世，这里是源头；无论门派多么纷繁，这里是元坛所在。万法将于此归宗，寻根于斯处为源。

这里是仪门，两侧还有一副对联"松竹隐风隐鹤，山水藏虎藏龙"，是不是让您对正一观充满遐想，想要一探观内究竟。门上绘有道教护法真君的门神，左边的是青龙神叫孟章君，右边的是白虎神叫监名君，两位真君表情庄重，威严地守候在这里，仿佛任你有钻天入地的本领，也逃不过他们的法眼。这两扇门一般不开，只有帝王及道教领袖到来才会打开。正一观尊贵的地位通过仪门被表现得淋漓尽致，非一般道观所能及。

从仪门两侧进入观内后，映入大家眼帘的就是位于两侧的钟楼和鼓楼。钟鼓是庙宇中用于报时的工具，"暮鼓晨钟"是规模宏大的庙宇的象征。

这座钟楼内悬挂的铜钟重达 4000 多斤，钟口饰有先天八卦阴阳爻，中间铭文为"风调雨顺""国泰民安""紫气东来"以及三十代天师张继先的《大道歌》、唐肃宗皇帝《祖天师赞》诗和现任中国道协副会长、天师后裔张继禹先生为重建正一观写的铭文。

这里是正殿，也就是祖师殿，它高 15 米，面积 876 平方米，重檐式歇山顶，宋式仿木结构，灰瓦、红柱、白墙，庄重典雅。龙虎戏太极的花岗岩浮雕落于殿前，做工精致考究，展示着道教与龙虎山的奇特渊源。"三经洞明觅云锦，九还丹就归鹤鸣"。这副对联概括了张道陵的生平，说的是张道陵寻找修炼宝地，结庐云锦山，丹成后又归隐四川鹤鸣山的典故。

殿内供奉祖天师张道陵及其弟子王长、赵升神像。祖天师像高 6.5 米，坐于须弥座上。由于张道陵在道教的奠基作用和开拓性成就，道教界尊其为祖天师、泰玄上相、大圣降魔护道天尊；民间尊奉张天师为驱邪除恶、祛病防灾、安身护命、吉祥安康的象征。

参观完祖师殿，我们来到的是玉皇楼。它是正一观第二座主殿，高 14 米，重檐式歇山顶，宋式仿木结构，上下两层。大家看，门柱对联非常有气势："高上玄穹，步清虚而登九五；至尊无极，居太上以遍三千。"

第一层共有 3 间，中厅正中祀玉皇大帝，金童玉女分侍左右。玉皇大帝全称为"昊天金阙至尊玉皇大帝"，是道教最高尊神"四御"之一，位列"三清"之后。第二层供奉的是西王母和她的侍女。西王母也称为王母娘娘，是中国古代神话的女神，为道教所信奉。

大家请看，正一观后方山峰便是龙虎山，即龙山和虎山，是百里龙虎山的心脏。龙山由数峰连成，逶迤起伏，龙头雄伟，形象逼真，有凌云飞翔之势；虎山前足曲伏于地，跃跃欲起，龙山虎山，相峙耸立，虎踞龙盘，气势雄伟。

好了，游客朋友们，龙虎山的主要景点到这里就参观结束了，今天我们游览、探索了"南国无双地，西江第一家"的"相国仙府"，做了一回天师府的神仙客，还泛舟泸溪河，欣赏了仙水、仙山，体验了龙虎之绝。最后祝各位带着一身仙气，好运一生、幸福一生！谢谢大家！

五、上饶市婺源江湾景区导游词

[概况——荷花池——萧江宗祠——三省堂——江湾人家]

概　况

游客朋友们：

大家可能都知道，"中国最美乡村"是咱们江西婺源，那您知道婺源最美的风景在哪里吗？对了，婺源最美的风景就在江湾。

江湾位于上饶市婺源县东部，距离县城28公里，是婺源县的东大门，自古就是通往皖、浙、赣的水陆交通要道。这里山水交融，风景如画，名人辈出，文风鼎盛，堪称赣鄱大地上的一颗璀璨明珠。细读江湾，在这里可以看到岁月抚过的痕迹，触摸古村历史的脉搏，感受书乡人文之美。

据史料记载，江湾始建于隋末唐初，那时有滕、叶、鲍、戴等姓氏的人在这里居住，初步形成了一个较大规模的村庄，由于人口较多，炊烟如云，所以取名云湾。到北宋神宗元丰二年（1079）的时候，萧江第八世祖江敌迁到江湾，因为后来江姓人口多过其他几个姓氏，所以又改云湾为江湾。

江湾是山水交融的徽州文化古村

江湾是一座具有深厚徽州文化底蕴的古村落，有着独特的自然风光，古村落地处三山环抱的河谷地带，东有灵山，南有攸山，北有后龙山，梨园河由东至西呈"S"形绕村南侧缓缓流淌而过。来到江湾，山清水秀的自然风光让人流连忘返。巍峨挺立的牌坊，高高低低的古树，深深浅浅的老巷，蜿蜿蜒蜒的河水，一座座古宅错落有致地沿着河岸铺陈开来。它们就像是一本久远的书，打开它你会看到，这个千年古村深沉厚重的历史。

历史上，江湾曾隶属于徽州，这里保存了许多完好的明清徽州古建筑，比如清同治年间户部主事江桂高的敦崇堂，清末民初教育家、佛学家江谦的三省堂，还有滕家老屋、古私塾德庆堂、富商江仁庆古宅、培心堂、"一府六院"遗址等古建，以及多处古井、古亭、古桥，到处彰显着古徽州文化神韵。千年时间也让江湾孕育了众多非物质文化遗产，列入国家级的就有绿茶制作工艺、三雕（砖雕、木雕、石雕）、歙砚制作技艺、徽剧、傩舞，此外还有板龙灯、豆腐架、抬阁、徽菜、小吃和糕点制作技艺等数十项省市县级非遗项目。

江湾是名副其实的人文书香之地

江湾文风鼎盛、群贤辈出。从宋至清，这座低调的古村落孕育了状元、进士与仕宦 38 人，涌现出明代抗倭名将户部侍郎江一麟、明代工部主事江宏晚、明代宫廷太医江一道、清代户部主事江桂高、民国教育家江谦等贤士。还有文人学士 19 人，传世著作达 92 部，其中 15 部 161 卷选入《四库全书》，这充分显示了江湾不仅风景秀丽，还是名副其实的"徽州书乡"。在江湾的文人学士中，尤以清代著名的经学家、音韵学家和皖派经学创始人江永为代表，江永一生蛰居乡里，以教书为业，著有大量治学著作。他精通中西历算、"三礼"和音律声韵，学术成就颇丰，被《四库全书》收录的著作达 27 卷之多。

江湾是全省唯一的村落型国家 5A 级旅游景区

秀丽的江湾四季皆景，四季咸游。春可赏花黄柳绿，夏可探清幽奇景，秋可观漫山红叶，冬可享乡村民俗。江湾已经入选第二批中国传统村落名录，是第一批中国特色小镇，拥有着国家级文化与生态旅游景区、江西省爱国主义教育基地等荣誉，是江西省首个也是目前唯一的一个村落型国家 5A 级旅游景区。一个村落能获如此殊荣足见它的价值与魅力，这在全国也不多见。为展示当地文化特色，景区建设了民俗博物馆、鼓吹堂、百工坊、公社食堂、供销社、文创西街等众多景点，让游客体验旧时手工艺匠人的传统技艺，观赏徽剧、婺源民歌等传统剧目，在寻古中得到传统文化洗礼。

下面，请大家跟随我走进这个群山环抱，山清水秀，风光旖旎的徽州古村落，去感受江湾的独特文化魅力。

荷花池

游客朋友们，我们现在已经进入江湾景区，首先我们看到的是荷花池，它又叫龙池，是江湾的风水穴位之一，它构成"江"字形人工水系中三点水最下面的一点。

这座荷花池畔名气最大的，就是亭子上的这副楹联。上联为"水贴荷钱，买得湖光千万顷"，下联是"山垂木笔，描成春色二三分"。这是清乾隆年间江湾著名经学家、音韵学家江永先生的杰作，这副对联从清代至今曾被十几种不同版本的名联著作刊载，被列为中国名联。

说起这副对联，还有这么一个民间故事：说是清朝末年，有一位县太爷打轿从这里经过，看见了对联的上句："水贴荷钱，买得湖光千万顷。"县太爷心想，"这个地方的人口气真大，几个小钱也要买湖光千万顷，本老爷就不信对不出个下联来杀杀他们的威风。"于是他坐在轿中苦思冥想，一连走了五里也没想出个名堂。不得已又吩咐轿夫折回，来到这拜读下联，他高声念道"山垂木笔，描成春色二三分"。念完大喊了三声"妙、妙，太妙了"，你看水对山，贴对垂，花对树，买得对描成，湖光对春色，千万对二三，真是太贴切了。

萧江宗祠

我们面前这座气势不凡、雄伟壮观的建筑就是著名的江湾萧江宗祠。在婺源有四大古建筑，江湾祠堂、汪口碣、方村牌楼、太白塔。江湾祠堂位居四大古建之首，而且是江南七十座著名宗祠中最大的一座。

萧江宗祠初建于明朝万历六年，由当时的右都御史兼户部侍郎江一麟所建，太平天国时期毁于战火。1924年，著名教育家、佛学家江谦和近代实业家江知源先生共同出资重建，可惜"文革"期间又遭拆毁。现在我们看到的是2003年第三次重建的萧江宗祠。

这里为什么叫萧江呢？婺源的江姓有两个氏族，一个称为"济阳江"，一个称为"萧江"。"济阳江"的"江"姓，原本姓赢，是三皇五帝中的"五帝"之一颛顼裔孙伯益的后人。伯益当年辅佐舜有功，他的第三个儿子无仲便受封于江国（今河南信阳一带），后来江国被楚国灭亡，逃出来的子孙就迁到了济阳（今河南兰考一带），为了不忘故国，这一支江国后裔便以国为姓氏，改姓"江"。这是我国江氏的正宗来源，史称"济阳江"。而"萧江"是由萧氏改姓而来。萧氏的祖宗为子姓，春秋时子姓后人"大心"因为平宋国内乱有功，被封于萧国。萧国被楚国灭亡后，子孙就以"萧"为姓氏。萧江氏祖谱上明确可以追溯的祖先，是辅佐刘邦打天下的萧何和南北朝时的梁武帝萧衍，萧家可谓人才辈出，公侯满门。唐朝末年，唐僖宗宰相萧遘的第二个儿子萧祯，因平黄巢叛乱有功，被封为柱国上将军领江南节度使。萧遘后来被奸臣陷害，丢了宰相不说，还被赐死。为了躲过劫难，萧祯从北渡江而来，于是"指江易姓"，改名江祯，隐居于篁墩山中。为区别于其他江姓，所以称为"萧江"。江祯为"萧江"一世祖，他有三个儿子，长子江董由歙县篁墩迁居婺源皋径，是婺源萧江氏第一个迁过来的祖先。萧江八世祖江敌，在公元 1079 年的时候迁到江湾，成为萧江在江湾的始祖。现在江湾村的江姓，都是萧江八世祖江敌的裔孙。

大家看，宗祠门前排列的旗杆墩，上面标着的都是一个个的官名，记录了江湾镇萧江氏族历朝历代官宦不绝的辉煌历史。

我们再来看正前方的萧江宗祠，这里的门楼采用的是"五凤楼"的格局。有人可能会问，五凤楼是皇宫建筑形式，这里又没有皇亲国戚，怎么敢用这样的建筑格局呢？在徽州，五凤楼被用于祠堂门楼的建造，不仅是为了追求建筑的气势，更看重的还是作为吉祥物的凤凰它丰富的内涵。把五凤楼用于徽州祠堂建造，其中徽商丰厚的财力是基础，另外徽州山高地偏，自然是"山高皇帝远"，所以许多皇家规制鞭长莫及，这也是"五凤楼"得以用于祠堂门楼建造的一个原因。

大家看，在五凤楼的门楣上有"萧江宗祠"牌匾，牌匾的上方有二龙戏珠，下方有九狮滚球遍地锦，在这个九狮木雕两旁雕刻的是两组古戏文图。左边的是一幅贺寿图，中间的老太太已经是白发苍苍，手杵拐杖，正在接受众人的朝贺。这幅木雕的下方还有一幅小木雕，上面有四五个人围在一起观赏一幅画作，后方还有一人仿佛在抚琴。与之相对应，在右边的这组，上面雕刻着三个人在下棋，右边还有一个人拿着书正在读，您看"琴棋书画"，表现了江湾人高雅的情操。在这块木雕上方，那根长条的木雕上，正中间坐着一位老人，在老人上方的堂匾上写了四个字"九世同堂"，堂下有两个孩童好像在玩闹。这幅雕刻表达了江湾百姓希望子孙繁衍，家族昌盛的美好愿望。

大家往下可以看到宗祠大门立柱上的有副对联，上联是"一龙临江千秋盘胜地"，下联是"双马回首万代降英才"。上联是指江湾村后面有后龙山山脉，前面又濒临梨园河，是背山靠水的一块风水宝地。而下联则是与宋朝名将岳飞有关。据说，南宋抗金名将岳飞率兵下江南时曾路过江湾。走进水口庙的时候，岳飞放眼江湾，却云封雾锁，什么也看不清楚。但当他刚走开五里路后，又云开雾散。岳飞回头一望，脱口称赞"这真是一个好地方，此乃双马回头之宝地，日后必出英才。"

我们下面来看一下萧江宗祠大门两旁的这对石鼓。这对硕大的石鼓又叫避面石，也叫遮羞鼓，遮什么羞呢？古人讲究礼仪，平辈见面互相作揖。而小辈遇见长辈往往都要行大礼，行大礼是要跪拜的。我们都知道，中国人讲究辈分。但有意思的是，我们生活中有的人是年龄小却辈分大，有的人是年龄大而辈分小。要是进出宗祠的时候，恰好两个辈分悬殊、年龄也悬殊的人遇上了，那这年龄大辈分小的人肯定尴尬。拜也不是，不拜也不是，而且拜的时候还得打招呼，称辈分。你想，一个七八十岁的老头，喊一个牙牙学语的小孩叫爷爷，这算什么事啊！所以为了避免尴尬，就有了这个石鼓，作为暂避之用。虽说有点屈尊，但也算是能保全一点脸面了。

大家看，我们面前的这道台阶叫作门槛，这道大门平时是不开的，只有在家族祭祀或是重大节庆日的时候才打开，那平时族人或者来参观的游客怎么进出呢？答案是：走两边。大家再仔细看下，这道门槛两边都有槽，这槽又是干吗用的呢？告诉您，这是放木板的，为什么要放木板呢？这个叫设门槛。大家都知道古代的时候有科举考试，考中了秀才、举人、贡士、进士的身份都是不同的，你考中了进士，就一个很矮的门槛一脚跨过，贡士加一层，没关系，照样能跨过。到了秀才这了，长得矮点的，不好意思，您爬过去吧！所以，以前有说"门槛高"就这意思。其实门槛在风水中也有很重要的意义，它可以阻挡外部不利因素进入家中，并防止才（财）气外漏。

现在我们回过头，看一下对面的那座古戏台。徽州历史上文艺兴盛戏班众多，曾建有大量古戏台。这些古戏台一般都设在祠堂里，和祠堂连为一体，但为何江湾的戏台在外面呢？明万历六年，右都御史兼户部侍郎江一麟修建萧江宗祠时，就立下祠规，规定不能在宗祠演戏，江湾人都严守这个规定，就算江谦、江知源第二次重修祠堂也都不搭戏台。在2002年重修萧江宗祠的时候，为了丰富江湾人的生活，特意在宗祠的对面做了这个戏台，平日定时有徽剧的表演，徽剧可是"国粹"京剧的鼻祖哦。

萧江宗祠是中轴歇山式建筑，三进结构，第一进仪门，第二进享堂，第三进寝堂。下面请大家随我一同进祠堂去看看。

在我们右边廊庑展板上是萧江大宗支系图，清楚地记载了萧江氏族源远流长的宗族脉络；而左边的展板上是萧江氏世系资料，详细介绍了萧江氏族发展演变的全过程。萧江宗祠的雕刻艺术也非常讲究，您看正中央的门楣上那有"万象更新"，它寓意天下太平，万物更新繁荣；下面是"双凤朝阳"，象征喜庆吉祥；在它的下方是新科状元打马游街，这是功成名就、光宗耀祖的具体体现；两边廊庑雕花垫木上，一边是渔樵耕读，一边是琴棋书画，通过对现实生活的描写与刻画表现出安居乐业，追求美好生活的愿望。

我们再来看享堂。享堂是宗祠祭祖，族人集会的地方，也是宗族的执法公庭，是族人心中的圣殿，也是最能体现宗祠威严神圣的地方。中间有三个字"永思堂"，这意思为永思祖德饮水思源不忘根本。婺源的"萧江"族人走出去的很多，分布也比较散，萧江祠堂在婺源也有好几处，但"萧江永思堂"却只有江湾一座。

最后面一间是寝堂，寝堂是祖宗亡灵安寝的场所，供奉祖先牌位的地方，那我们就不去打扰先人，后面我们就不去，现在我们走出宗祠到村子里面去看一看。

江湾牌楼

我们现在看到的就是江湾牌楼，它高 12.3 米，宽 9.9 米，为什么用这两个数字呢？ 12.3 米代表步步高升的意思，9.9 米代表九九归一的含义。上面的这些镂空浮雕十分的精美，并且寓意深刻。大家看，有象征吉祥如意的"麒麟嬉逐图"，有象征福禄双全的"鹿鹤同春图"，有象征封建权势的"虎豹呈威图"，象征五子登科的"五狮戏珠图"，还有四位强国安邦的文臣武将和身怀绝技、各显神通的"八仙"。为什么雕刻这些图案呢？江湾人说读书入仕，做一名"文官武将"，可以光宗耀祖。但是考不取功名，做不了官，也不要消极消沉，就应该像"八仙"一样，八仙过海、各显神通，用现在的话说就是要读书立志、学会本事、掌握技能、立足社会。大家再往上看，在牌楼的脊头那有三对鳌鱼，这是说独占鳌头、青云直上，另外这鳌鱼还兼做避雷针的作用。

各位游客，在我们的脚下大家沿路都能看到这条水沟，村里人叫它"湖圳"。湖圳是江湾始祖江敌依风水大师何公仙指点，开凿的"江"字形人工水系中的第一横，另一横在江湾的外边溪与湖圳平行，还有一竖在村东头。

南关亭：大家看，前面这座亭子叫"南关"。这是村子南边的关口，也可说是南门，江湾古村南边就是以这个湖圳和南关亭为界。当地人把亭子以北叫"村里"，把亭子以南称"街上"。唐代开始建村时，百姓都是聚居在村内。到了宋代以后，人口逐步增加，商业也开始发达，这才逐渐向村外发展，开发成了商业街。南关亭两边原来各有一个荷花池，它们是"江"字形人工水系中的另外两点，可惜现在已经没有了。为什么江湾要造"江"字形水系呢？首先引水入村，可以方便百姓的日常生活，满足起居、消防用水等需求。其次"江"水与"江"姓是相辅相成的，水越多，"江"越发达；还有一层意思是，先人运用风水学中"气乘风则散，界水则止"的原理，在村中的风水穴位和脉络之处凿池、开渠，用以蓄纳水气。

南关亭是村民集聚的地方。每天劳作结束，村里人就喜欢来到这里，坐在亭凳上谈天说地，村里的什么事都是从这传出去的，有人戏称这里是江湾召开"新闻发布会"的地方。

游客朋友们，在道路两旁大家看到的这是梨树，这就是著名的江湾雪梨树。作为婺源"红绿黑白黄"五绝之一的江湾雪梨，以个大、皮薄、汁多、肉脆而久负盛名。为什么叫"雪梨"呢？江湾雪梨不是因为梨皮雪白而得名，而是指梨的肉质白而细腻，掉在地上犹如一堆残雪，所以叫雪梨。每年清明过后，梨果只有纽扣大小时，村里人就用特制的纸袋将梨包裹起来，不经风吹日晒的梨儿自然长得就个大、皮白、肉嫩。古代江湾人种梨树，最初是因为过去村里许多人为谋生而外出经商，为了表达自己离乡不离土的愿望，再加上出于"家家种梨，人人得利"的心理，出门前总是在自家的房前屋后种上几棵梨树。久而久之，江湾就成了名副其实的梨乡。大家可以想象一下，每当阳春三月，梨花怒放的时候，这里该是多么的漂亮。

三省堂

游客朋友们，我们下一站要到著名教育家江谦的家去看看。

现在大家可以看到木杆上方类似旗子的东西叫"幌子"，这是过去官宦人家显示身份、地位的招牌和标志。在古代，大家认为读书、做官是天下第一等好事，不是有句话嘛，"万般皆下品，唯有读书高。"读书高，指的是学而优则仕，要去做官才能光宗耀祖，所以读书人把"考取功名，入仕做官"当作自己终生奋斗的目标。一旦考中，便在自家的门口树立起"幌子"，一则光耀门庭显示身份地位，二则激励其他乡亲奋发读书。也许正是因为有了这种激励，婺源才有了"十家之村，不废诵读"，"山涧茅屋书声响，放下扁担考一场"的书乡美誉。旗杆墩上一般都刻了字，记载了这是谁在何年、中什么科的举人、进士或是做了什么官职，杆的上方有个盒子，上宽下窄，呈方形，形似斗状，所以叫"方斗"，远看就像一顶官帽高高地挂在杆上，近看"方斗"四面雕有铜钱花，寓意高官厚禄。

大家把视线转到我们脚底下，这儿有"三步台阶"，有朋友会说，导游你骗人，这哪有三级台阶，这不才两级吗？告诉您，这是设计者别出心裁的一面，他有意将底下一步与路面拉平。这里面有三层含义：其一，当官的脚踏"三步金阶"步步高升，官运亨通；其二，实干者脚踏实地一步一步往上走；其三，创业者勇于攀登，只争朝夕，三步并作两步走，早日达成愿望。那算上这步台阶，是不是就三级了？现在请大家也来走走，愿这"三步"为您带来好运吧。

好了，跨过三步金阶，接下来又有一个"三"。这幢房子它叫"三省堂"。"三省"这个词出自《论语》中"吾日三省吾身"，这是主人激励子孙要保持"一日三省"的道德修养。这是清末民初教育家、佛学家、南京高等师范校长、江苏教育司长、孙中山大总统"嘉禾勋章"获得者江谦先生的祖居。江谦是清末状元张謇的得意门生和得力助手，由于他的推荐，江泽民同志的祖父江石溪，弃医经商，在张謇开办的南通大达内河航运公司任协理。江谦是南京高等师范学校（即南京大学）的创办者和第一任校长，也是出资重建萧江宗祠永思堂的重要发起人之一。

大家看，这里又有一个中门，也就是二门。我们再看这个房子的结构，这是一个典型四厢结构的建筑，天井开在房子的中间。在徽派建筑中，即使有窗户，也是很小的窗户，所以只能靠天井采光。但天井漏下来的光线毕竟也有限，所以屋里还是比较暗。这是因为徽州人相信"暗室聚财"的说法。徽商对钱财很敏感，他们认为聚水如同聚财，天井落下的雨水，不能流出去，而要"四水归明堂，肥水不外流"，有人说了不外流的话，房子都要被淹了。没错，所以这水还是会流出去，但是它是通过地下的排水系统流出去。再来看这，为什么用竹子用作下水的管子呢？对了，它寓意着万事节节高。也许是因为江谦在国民政府做过官的缘故，这栋老房子在"文革"破四旧的时候被严重破坏了，牌匾和砖雕都被农业学大寨的字样所替代或覆盖。

江湾人家

游客朋友们，这就是江湾村历史最悠久最著名的古巷，名叫滕家巷。滕姓是江湾村最古老的姓氏之一，早在隋末唐初建村时，滕姓人家就在此生活居住，过去村子里还建有滕家祠堂。现在，我们还仍旧可以看到滕姓人家曾使用过的滕家井，它也是北斗七星井之一，与它相对应的是北斗七星中的"开阳星"。明朝末年，这户滕家出了个"滕百万"，他经商有道，成为江湾村富甲一方、赫赫有名的富商，在家乡建起了一栋非常大气的宅子。但可惜，这户人家后来家道中落，在清朝乾隆年间，这栋房子被一个叫江有炎的富商给买了下来，我们现在就进屋子去了解一下徽州人的真实生活。

这栋屋子建于明朝末年，到现在已有近四百年的历史了。老屋坐北朝南，从堂前的金砖铺地，到方格眼式的窗扇，足以说明这是目前江湾村留存的一幢最古老的明代民居。两边是厢房，也叫抱厢，中间是堂前。徽州人十分讲究堂前的布置和摆设，正堂上方要挂堂匾，所以我们看到这里的堂名就叫"由礼堂"。中堂照壁中央一般挂祖宗像、祖训或是字画，在这悬挂了朱熹的格言"读书起家之本，循理保家之本，和顺齐家之本，勤俭治家之本"。格言旁边的对联上写"二字箴言惟勤惟俭，两条正路曰读曰耕"。两边是篆体的对联"先圣格言为玉宝，祖宗遗训抵万金"，而最外面的这副篆体对联则是"孝悌乃传家根本，勤俭是经世文章"。从堂匾到每一副对联，都说明这是一户顺从"礼"教的人家，他们秉承朱子之礼，以"礼"为训，有着立志自勉的生活态度。

堂前摆放的家具有八仙桌、压画桌、躺椅、茶几等。压画桌上中间放自鸣钟，东摆插花瓶，西放屏风镜，这是取终身平静（钟声屏镜）的意思。

好了，亲爱的游客朋友们，江湾的参观就结束了。祖籍婺源的著名教育家朱熹曾写下"半亩方塘一鉴开，天光云影共徘徊"来形容徽州的美，江湾只是其中一个代表，还有更多秀美山村的景色等待着您的发现。欢迎大家再来最美乡村，赏美景、享美食、品"乡愁"。

▌六、景德镇古窑民俗博览区导游词▌

[概况——童宾像——1 号作坊——2 号作坊——清代镇窑]

概　况

游客朋友们：

大家好，欢迎大家光临瓷器的"国度"，来探寻瓷器的"前世今生"。

我们常说：民以食为天，开门就是七件事"柴米油盐酱醋茶"，都是和吃有关。而吃东西就需要用到"器"，陶瓷就是"器"的典型代表，可见陶瓷与人类文明息息相关。人类早在两万年前就发明了陶器，而瓷是在陶的基础上发展而来的。瓷器的发明是人类文明进化的产物，是古代生产技术和文化艺术的结晶，是中国人最伟大的发明之一。瓷器比陶器坚固耐用，造型美观，又比铜器、漆器造价低廉。所以在古代，中国的瓷器就大量地出口，成了继丝绸、茶叶后的大宗贸易品。

据说，在公元 851 年，有一位阿拉伯商人曾向他的同胞这样描述一件来自中国的珍宝：这是一个叫瓷器的花瓶，它像玻璃一样的透明，花瓶里的水从外面都可以看得见，但它竟然是用泥土做成的。还有一个故事，当年景德镇还叫作昌南镇时，这里生产的瓷器就远销欧洲，当外国人第一次见到这美妙坚硬的器具时，他们都惊呆了，又不知道它叫什么，只知道来自神秘的东方国度的昌南镇，于是就称它为 China，这就是为什么"瓷器"又是中国国名的另一种解释。

关于 China 名字的来历，还有一种说法。明代中期，景德镇生产的瓷器开始大规模销往欧美市场，逐渐成为参与全球化进程的"世界商品"。当时葡萄牙人把运到欧洲售卖的瓷器称为 Chinaware。拆分开来，前面的 China 是国名，后面的 ware 是陶瓷器皿的意思。随着陶瓷外销逐步扩大，慢慢地省掉 ware，简称为 China，小写的 china 才成为瓷器的专称。

那么这些多姿多彩的瓷器，在古代是如何制造出来的呢？今天我就要带大家去参观景德镇古窑民俗博览区，给大家揭开这个谜题。

博览区坐落在景德镇市区西面的蟠龙岗，由历代瓷窑展示区，陶瓷民俗展示区，水岸前街创意休憩区三大景区组成，整个景区占地 83 公顷，是一个集文化博览、陶瓷体验、娱乐休闲为一体的文化旅游景区，已获得国家 5A 级旅游景区、全国旅游标准化示范景区、国家文化产业示范基地、国家级非物质文化遗产生产性保护示范基地、全国科普教育基地、全国中小学爱国主义教育基地等荣誉称号。

1980 年，为了保留和继承明朝以来景德镇的传统手工制瓷技术，再现明、清官窑制造皇宫用瓷的过程；同时也为了集中保护当时散落在全景德镇市的明、清时期的作坊和柴窑，景德镇市政府把它们按照严格的程序搬迁过来，复原到景区，可以说这里保留了陶瓷文化的重要遗产。景区按古代方式进行生产，制瓷工艺、工具、作坊和窑都是古老的，产品也大都是仿古的。现在这里已经成为来到景德镇就一定要参观的地方，有"北看故宫，南访古窑"的说法。

博览区集中展示了瓷之三奇：

一是瓷艺之奇

在景德镇，为了提高生产效率，古代瓷工对各个工序进行了细致的分工，每人只做一道工序，在细致分工的基础上又进行生产合作，使景德镇瓷业从明代开始进入了工场手工业阶段。古代的景德镇瓷工，学徒时做什么工序，到老都还是做那道工序。所以我们说景德镇制瓷是"术业有专攻"，每位师傅只掌握其中的一个步骤或者一种瓷器的工艺，并一代一代传下去，这也促使制瓷的每一个环节技艺都达到炉火纯青的程度。博览区集合了许多市级、省级，乃至国家级非物质文化遗产的传承人，他们掌握并承载着非物质文化遗产的丰富知识和精湛技艺，是非遗活态传承的代表性人物，对古代瓷艺的非遗展示、传播和传承工作起到相当关键的作用。博览区有别于其他景区，大家在其他地方看到的可能是静态实物陈列，但在这里，大家能欣赏到很多国家级非遗技艺的现场展示，这种活态传承，既是对中华民族制瓷历史的一种了解和欣赏，更能增强我们的文化自信。

二是瓷工之奇

大家猜一猜做瓷器有多少道工序？哈哈，大家都说了很多的答案，但没有一个说准确了，我来揭晓谜底。在江西人宋应星所写的世界第一部百科全书——《天工开物》中有记载"共计一坯之力，过手七十二，方克成器。其中微细节目，尚不能尽也"。这是说做一件瓷器需要72道工序。做瓷器并不是随便用哪里的泥土都能烧制出瓷器，瓷器需要专用的原材料，从矿区采伐的瓷石、高岭土就是原材料，然后瓷石还需要用水碓舂细，淘洗干净，除去杂质。之后还要经过一些复杂的工序，才能到坯房进行拉坯、利坯、施釉等重要工序，我们接下来也将进入景区，来了解这些重要工序。那么请问，在这72道工序当中哪个工序最重要呢？这个问题大家先不着急回答我，我们在参观的途中来寻找答案。

三是瓷乐之奇

景德镇的瓷器历代都以"白如玉，明如镜，薄如纸，声如磬"的独特风格蜚声海内外。其中"声如磬"就是对景德镇瓷乐最好的诠释。那什么叫瓷乐呢？瓷乐就是用瓷器作为演奏乐器，属于世界首创。在古代，用瓷做乐器在我国颇为盛行，有瓷瓯、瓷箫、瓷笛等，但可惜多已失传。为了挖掘、继承和发展我国古代音乐文化遗产，早在1985年的时候，景德镇歌舞团就成功地研制了以瓷盘为主要材料的新型民族打击乐器"瓷瓯"。从20世纪90年代开始，又研制出瓷笛、瓷箫、瓷管钟，初步形成了一套瓷系列乐器，由此诞生了我国第一个瓷乐团，也是世界第一个以瓷器为演奏乐器的乐团。这些乐器采用优质瓷土按专业乐器技术要求精致制作，演奏起来清晰悦耳、美妙动听，具有音质纯正优美、音域音量适中，以及音准校定后，不受气温影响而较稳定等特点。

大家可以看到在车即将拐弯的地方，这是景区的入口，这里摆放了很多瓷器物件，仿佛在告诉我们即将进入一个瓷器的"国度"。

现在车行驶的道路两旁有很多柴火垛，都是用烧制瓷器的柴火垒成，细心的朋友可能会问，为什么古代烧制瓷器不用煤，而要用木呢？这是因为它比煤的火焰要长，便于瓷器的烧成。大家知道这些木材是什么木吗？对，是用松木，而且不是一般的松树木材，必须是马尾松。马尾松有油脂多，燃烧好的特点，非常适合瓷器的烧制。同时它还具有一个与其他松木不同的特点——生长周期短。所以，千百年来景德镇都是用马尾松来烧制瓷器，那大家知道烧一次窑，需要多少松木吗？这个疑问等我们参观的时候，我来给大家揭晓谜底。

童宾像

游客朋友们，我们面前看到的这尊青铜像叫窑神童宾。童宾是谁呢？他是景德镇历代瓷业工人敬奉的窑神，又被称为"风火仙师"。这尊铜像诠释了千百年来，景德镇瓷业工人的工匠精神和巨大贡献。童宾于明万历年间出生在景德镇里村。后来，他在专烧宫廷用瓷的御器厂担任把桩师傅，也就是把握烧制瓷器火候的师傅，相当于"技术总监"。万历二十七年（1599），御器厂奉旨烧造青花大龙缸。在当时的技术条件下，烧造这种口径达 1 米的皇家贡品大龙缸，件头又大，而且要求不能有任何瑕疵，瓷器表面必须"万里无云"，这在当时是极难做到的，所以烧了好几次都没有烧制成功。当时一个名叫潘相的宦官担任了江西矿使，他兼理景德镇窑务，督造大龙缸。这个潘相假天子之命，对陶工、窑户进行敲诈勒索，而且动不动就鞭打甚至杀害窑工，窑工们的处境十分凄苦。随着烧造期限的临近，潘相更是变本加厉，瓷工们的身家性命受到威胁。童宾为了窑工们的活路，在烧造龙缸的关键时刻，乘人不备，毅然纵身跳入熊熊的窑火，以血祭窑。说也奇怪，这次居然把龙缸烧成功了。直径 3 尺，高达 2 尺多的大龙缸，万里无云，白瓷如玉，外围环绕着青龙，下面有潮水纹。大龙缸的烧造成功，是景德镇陶瓷史上的重大成就。

然而童宾之死，却激起了窑工们的愤怒，最终导致民变，全镇工匠焚烧了御器厂的厂房。这可吓坏了潘相，偷偷地只身逃走了。在瓷业工人的强烈要求下，朝廷为平民怨，安抚民心，不得不在御器厂的东侧修建"佑陶灵祠"，为童宾立祠纪念，并敕封童宾为"风火仙师"。后来，每次烧窑前，把桩师傅们都必须祭拜一下风火仙师，祈愿烧窑成功。

大家请看这青铜像前，左右两边有两个圆柱形的小建筑，这是景德镇的太平窑，是一种象征性窑，它用一块块烧瓷器时用作垫底的圆瓷渣饼搭成。每当农历八月十五日晚上或者重大节庆日，景德镇就会举行传统风俗——投柴烧"太平窑"，庆贺太平盛世。

1 号作坊

游客朋友们，这里有几栋古作坊，它们的外形和内部结构、布局基本相同，只是制作的产品不同，在工艺和设备上也有差异。

我们首先参观的是一个生产碗盘等器物的作坊，我们叫它圆器作坊，又叫 1 号作坊。景德镇人也把它叫作坯房，它是由正间、廒间和泥房 3 座单体建筑组合而成的庭院式建筑，有点像一个封闭的北京四合院。它是我国古代手工业流水线式"一条龙"（即 72 道工序依顺序完成）作业的典型工场生产建筑。北面是廒间，这是原料仓库；西侧是泥房，是泥料陈腐和精制的地方；中部是一个长方形庭院，这是淘洗泥料和晾晒坯体的空间；南面是正间，是成型操作的地方，大家可以看到很多老瓷匠在这干活，这是整个做坯的工序。这个作坊的工人师傅，大都是省级或国家级的非遗传承人。

我们先来看"拉坯"工序。老师傅正坐在辘轳车上面，他用木棍搅动车盘，车盘就会快速旋转，这时就可进行做坯操作了。拉坯成型首先要了解泥料的性能，并且要根据品种和造型的不同放大尺寸，因为从湿坯到成瓷大约有 20%～25% 的收缩，所以在拉坯的时候要把粗坯相应放大，以求成瓷符合规格要求。拉坯成型后，师傅还要在碗的底部用手指把碗坯上多余的泥料捏断，斜放在长形料板上，俗称"栽坯"。

碗坯拉好以后，放在料板上，然后放到工位上方的坯架上阴晾至半干，之后就可以进行下一道工序的操作。

大家看，这位师傅干吗要拍打坯体呢？这道工序叫"印坯"，景德镇俗称"拍死人头"，是坯体内侧面定型的操作。因为坯体在干燥过程中会有一定程度的收缩变形，而且手工拉坯很难保证每件都能完全符合规格要求，所以要在一定规格的标准模子上印坯定型，这就是定型的工序。

印坯以后又要把坯体放到料板上，移到晒坯架上在阳光下自然干燥。大家看，这些瓷坯宛如豆蔻未开的少女，没有了釉彩的华丽外衣，只有静雅而细腻的线条，散发着纯净、朴素而又极致的美。一块块原本冥昧无知的泥土，经由陶瓷艺人们的妙手，焕发出了最经典的美丽。所以大家千万别去触碰那些晒架上的坯体。我们要文明参观，爱护这里的每件如艺术品般的瓷坯。

这道工序叫"利坯"，是坯体外侧面的修整和定型，叫旋坯、修坯。师傅会根据坯体外形及尺寸的要求，使用不同的刀具来旋削坯体的多余部分。控制坯体的外形、曲度、厚薄等都是凭师傅的经验，要靠"眼观、手摸、耳听"。所以，利坯是整个成型操作中难度最大、技术要求最高的一道工序，利坯师傅一般是从小开始学艺，经过十几、二十多年的实践摸索后，才能成为利坯的高手。

如果说前面几道工序是整形，下面我们要看到的就是准备"装修"了。首先我们看到的是施釉的过程。大家看，师傅将坯体浸入釉浆中马上就取出，这是利用坯体的吸水性，使釉浆均匀地附着在坯体的表面。釉层厚度由坯体的吸水率、釉浆浓度和浸入时间决定。

坯体经过利坯以后再补一次水，除掉附着在坯体上的粉尘，晾干后就可以开始绘制青花了。大家看，这位师傅正在画青花。青花料的主要发色成分是氧化钴。师傅们在坯体上画好青花纹样后，再蘸上一层透明釉，入窑一次烧成。含氧化钴的颜料，在陶瓷坯体上仅仅呈现出灰黑色的印记，就像胶片时代摄影得到的底片，入窑烧成就变成蓝色了。

这位师傅名叫汪申芳，她是省级非物质文化遗产代表性传承人。大家看她右手拿着一支特殊的毛笔，笔尖很细，但笔头是鼓鼓的，这里面饱蘸着青花料。碗坯在她左手上迅速转动，右手下笔挥洒自如。大家能看出这是一种什么图案吗？她画的是景德镇的市花——茶花，这是一种典型的景德镇传统民间青花图案。画完青花以后再经过上釉、挖底等操作，这个坯房里的操作工序就算完成了。

2 号作坊

在这个圆器作坊的旁边就是 2 号作坊。"新平冶陶，始于汉世"，这说明景德镇早在东汉时期就开始了瓷业生产。到了盛唐以后，景德镇的陶瓷不但走到了京都，还漂洋过海去到了欧洲，让全世界都知道了 China。而景德镇的陶瓷艺术也在大量北方人南迁后，得到了一个长足的发展。景德镇瓷器造型优美、品种繁多、装饰丰富、风格独特。清朝时，景德镇逐渐形成青花、青花玲珑、粉彩、颜色釉四大传统名瓷，这里面展示的就是四大名瓷。

这就是具有典型中国风格和中国气派的青花瓷器。青花瓷是我国陶瓷史上最优秀的瓷器品种之一，也是大家在日常生活中最常见的瓷器品种。青花瓷起源于唐代，到了元代后期，景德镇窑采用瓷石加高岭土的"二元配方"，借鉴磁州窑和吉州窑釉下彩绘技术，又引进了西亚"高铁低锰"的钴料——苏麻离青，才将青花瓷器创烧成功。

青花自从诞生以来，一直是景德镇瓷业的主流产品，以至青花瓷的生产历 700 多年而不衰。青花瓷器的烧造成功，是我国陶瓷史上具有划时代意义的事件，因为，中国瓷器由此进入了彩瓷时代。

那么什么是青花瓷呢？青花瓷是一种以氧化钴为着色剂，在瓷坯上进行绘画装饰，然后在外面敷上一层透明釉，经过 1380℃以上的高温一次烧成的釉下彩绘瓷器。因为瓷器表面呈现青翠欲滴的蓝色花纹，所以称作青花瓷。青花瓷的特点是呈色鲜艳，发色稳定，纹饰永不褪色，并具有中国水墨画的艺术效果，符合中国人的审美情趣，因而受到国人的热捧。

这就是景德镇著名的青花玲珑瓷。玲珑瓷又叫"米花"，日本人把它叫作"米通"，西方人则把它叫作"嵌玻璃的瓷器"。青花玲珑瓷是把青花与玲珑在工艺制作和艺术处理上巧妙加以融合的产物，景德镇的青花玲珑瓷始于明朝。大家看，老师傅正在用镂雕技法，他先在瓷器坯体上凿出一个圆，然后再用刻刀一点一点镂刻成若干个水滴形透明的孔眼，这叫玲珑眼，之后老师傅会再用特制的毛笔，蘸上特制的透明釉料——玲珑釉，一点一点地点在玲珑眼上，把眼填平，厚薄全靠经验。填釉的多少都很有讲究，少一分多一分都会让烧出来的瓷器表面不平整。玲珑釉填完之后就会绘上青花，然后再施釉送入窑中高温烧成。

这里就是颜色釉瓷，为什么叫作颜色釉呢？它是指在釉中加上某种氧化金属，焙烧后就会显现某种固有色彩，所以叫"颜色釉"。影响色釉成色的主要是起到着色剂作用的金属氧化物，另外还与原料的配比、燃料、窑位、气候等有着密切的关系，但起决定作用的，主要是温度和焰性，所以颜色釉的烧成是一门"火的艺术"。高温颜色釉瓷的产生过程非常不容易，10 个瓷坯一起放入 1300℃ 以上的炉火中烧制，一般仅有 2～3 个成品能够完好无损地出炉，成功率仅有 20%。景德镇的颜色釉瓷色彩繁多，有"寸金窑烧寸金瓷"之说，所以有"人造宝石"的美誉。

我们现在看到的是粉彩瓷。粉彩属于釉上彩绘装饰。釉上彩绘是在已经烧成的瓷胎上进行绘画，然后再经过 800℃ 左右的低温烧烤而成的一种技法。这种瓷器的特点是画面阴阳突出，浓淡分明，立体感强，色泽柔和淡雅又明亮。绘画工写俱全，在人物、山水、花鸟等题材的装饰上具有很强的表现力。

这位老师傅他做的叫扒花粉彩瓷，是先把釉粉灌在一个小壶里边，然后用专门的药水配方，之后把它给调匀了，然后老师傅用小壶上的长壶嘴，一点一点地往瓷坯上吹，然后吹成上面均匀的一层，之后再在上面去雕刻，这个很考验功底，因为哪怕要把它吹得很均匀都不容易。做完上面的工序后，师傅再在色料上用一种像绣花针的工具拨划出极细的凤尾纹。大家看，师傅手中稳稳拿捏住扒花针，头靠得很近，眼睛紧紧盯住器物的细部，一针一针，如临大敌，轻轻地我们都能听到老师傅的呼吸声，在瓷器上勾线条不可以有一点错，注意力必须高度集中才行！大家猜老师傅画一个这样的瓶子，需要多久时间才能完成？有人猜对了，是的，需要一个星期左右。

好了，游客朋友们，介绍完了景德镇的传统四大名瓷，下面我们到窑房去看看这些瓷坯是怎样变成瓷器的。

清代镇窑

接下来，我们来参观获得了"世界上最大的柴烧瓷窑"吉尼斯世界纪录的清代镇窑。镇窑的外形就像半只鸭蛋扣在地面，所以它还叫蛋形窑，又因为它是以松柴为燃料，景德镇人也把它叫柴窑。前面我问过大家烧制一窑瓷器需要多少松柴，告诉大家，我们面前的这座窑，一次投柴实际要烧制瓷器两到三万件，耗费松木柴达八万斤。

当大家走进古朴幽暗的镇窑窑房，是不是觉得时光仿佛倒流百年：被踩得溜光的黄土地面，粗大道劲的木构架，周身被一箩箩烧瓷器的陶制匣钵所包围。

窑房分上下两层，我们现在所在的这一层是装坯和开窑的操作区。这里是装坯的操作区，堆放了很多匣钵。匣钵是瓷业生产中为了提高瓷器的烧成质量，而使用的一种重要辅助工具，大都是由耐火土制成。瓷坯入窑最需要干净，一旦沾上泥渣，烧成瓷就会产生瑕疵，而且不论是用柴烧还是用煤烧，火焰中都会含灰，所以要把瓷坯放在匣钵里面烧成，以免火焰接触到瓷坯。所以有人开玩笑说，瓷器实际上不是烧出来的，而是烤出来的。

大家看，师傅正在为我们演示装坯的过程。瓷坯烧制前很容易碎，所以如何放到匣钵里在古代就是一个难题。用手直接拿着，一捏就碎，而且匣钵开口并不大，手也放不下去。那古代人是怎么装瓷坯的呢？请看，师傅是用一根麻绳和棉线做好的线绑在手柄上，然后像拿筷子一样拿着手柄，另一头这边掐住线，大拇指绾住瓷坯的碗沿，然后用巧劲拎起来。这个动作看似简单，但如果不会用巧劲，瓷坯就会破裂或者装不进去。这是古人装坯的方法，那现代的呢？很简单，就是一个吸盘，吸住瓷坯就能装进去了。大家看，师傅就是用这个现代的吸盘，把瓷坯从匣钵里拿出来。

好，现在我们来仔细看看镇窑。镇窑的炉膛呈长锥状，前宽后窄、前高后低，烟囱在窑的尾部。整个窑体的进深约 16 米，最大宽度约 5 米；窑门为拱形，高 2.4 米。镇窑的一个比较独特的地方是：全窑居然不用一点耐火材料，而只用普通的黏土砖，就能使窑体经受住 1380℃以上的高温。这是为什么呢？

我们先来了解一下瓷窑是怎么烧制的：窑工们把瓷坯装入匣钵以后，按不同的品种依次把匣钵放入窑内，堆放到离窑门三步远的地方就不再放了。按后端低温瓷、前端高温瓷的顺序，码成一根根匣钵柱，柱之间留好火路。这个过程叫作满窑，要装满全窑，大概需要 8 小时。装满窑后，把窑门前的跳板撤掉，窑里面的这个坑就是燃烧室。然后用砖把窑门封起来，仅在窑门上部留一个投柴口，用于点火烧炼。柴火其实并没有填满整个窑，只是在口子这儿烧。由于松柴在窑的前端燃烧，而窑的进深有十多米长，这时就要通过烟囱的作用，把火焰往后抽。

镇窑有一个抽力较大的烟囱，烟囱的抽力把火焰往后抽的同时，窑内产生了较大的负压，也就是说窑内的气压低于窑外的大气压，这使得窑外的冷空气，通过窑头的投柴口和窑顶的几个看火孔进入窑内。然而在窑内火焰冲力和向上的热空气的作用下，冷空气不能进入到高温区，而只能沿着窑体内壁分布。于是就在窑体内壁上形成了一个动态的冷空气隔热层，将窑体保护起来，这样就使普通黏土砖砌成的窑体，能够经受住 1380℃以上的高温了。

烧窑 24 小时后，再熄火冷却一整天以上。最后从窑内取出的就是各种成品的瓷器了。开窑是最激动人心的事情，景德镇有一句话，叫"进窑一色，出窑万彩"。

现在请大家随我上二楼窑顶看看。窑顶设置有看火孔，烧制瓷器的时候，把桩师傅要通过这些看火孔来观察窑内的情况，然后决定什么时候投多少柴，什么时候可以熄火。在瓷器烧至将熟而又未熟的时候，熄火时机的把握最为关键。烧炼时间过头，瓷器会发黄，甚至出现倒窑；火候不到，瓷器又未烧熟。这些完全是由把桩师傅凭经验，根据窑内火势来决定。那么把桩师傅如何判断窑内的瓷器烧没烧好呢？在烧制到一定程度以后，把桩师傅站在窑顶上，有的时候凭肉眼看火焰颜色，有的时候向窑里面吐一口浓痰，根据痰在火里面的反应，来判断这一窑瓷器是不是烧好了。

各位是否还记得我问过大家做瓷器的72道工序当中，哪道工序最重要，现在我来揭晓答案。不过，显然大家也猜到了，对，就是把桩师傅烧制瓷器的这道工序。

好了，游客朋友们，制瓷的工艺流程我们参观完毕了，景德镇古窑民俗博览区的参观就要结束了，感谢大家一路陪伴。游客朋友们，今天大家在博览区了解了古代制瓷的工序，欣赏了精美的瓷器，相信大家一定收获颇丰。最后预祝各位生活愉快，身体健康，谢谢大家！

七、宜春市明月山旅游区导游词

[概况——月亮湖——月亮湾——明月千古情景区]

概　况

游客朋友们：

大家好！热诚欢迎各位来到"中国温泉之乡""大爱圣地"明月山旅游、观光。

明月山位于宜春市中心城区南部，总面积136平方公里，距离市区仅30公里，辖区人口3万有余。它由12座海拔千米以上的大小山峰组成，主峰太平山海拔1736米。

众所周知，明月山名字很动听，很浪漫，那么为什么叫明月山呢？有人说是因为这里的山呈"五虎齐平"之势，形似明月，故名明月山。关于明月山得名，还有一个美丽动人的传说。相传后羿射日立下盖世神功，西王母赏赐他长生不老仙丹，吃下后可升天做仙。但后羿和嫦娥夫妻恩爱，不忍分离，便将仙丹交由嫦娥保管。不料，逢蒙一心想偷取仙丹，被嫦娥撞见，嫦娥抱起仙丹一路狂奔，来到明月山下，逢蒙一路追来，眼看仙丹就落入逢蒙之手，嫦娥情急之下吞下仙丹，从明月山奔月而去。明月山也因嫦娥在此奔月而得名。

2008 年，中国科学院院士、中国探月工程首席科学家欧阳自远夫妇专程从北京来到宜春参加第二届月亮文化节。被称为"嫦娥之父"的欧阳自远先生在亲身感受明月山后，写下了《愿携嫦娥故里行》《嫦娥故里明月亮》等文章，为嫦娥在明月山奔月的传说增添了新的神韵。

大爱圣地明月山，爱她富硒延寿

自然界有硒，是生物的福分；生活中有硒，是人类的福分。硒作为人体必需的微量元素，对人体能起到防治氧化性疾病，如延缓衰老、抗癌、降血糖、保护心脑血管的作用。但并不是哪个地方都有硒，富硒的地方更是少之又少，明月山便是这样一块富硒宝地。明月山下的温汤温泉，2000 多年来涌流不息，水位不降，水温不减，常年保持在 68℃ ~72℃ 之间，全国独有，世界罕见。经国家检测中心和中国医防科学院检验分析，它富含以硒为主的 27 种人体不可或缺的微量元素，是目前全世界发现的唯一一处可饮可浴的富硒温泉，偏硅酸含量每升达 75 毫克，是国家标准的 3 倍，pH 值为7.5，呈弱碱性，有利于调和人体酸性环境。对风湿和关节炎、肩周炎、腰椎、颈椎病等均有明显疗效，并可防癌。温汤镇居民无一例癌症患者，百岁老人甚多，所以当地老百姓都称其为"仙水"。中央电视台《走遍中国》《科技博览》《艺术人生》《中华医药》《芝麻开门》《城市 1 对 1·长寿密码》《中华情》《欢乐中国行》等栏目都走进温汤，报道温泉的神奇疗效。世界温泉及气候养生联合会主席索利曼、副主席乔瓦尼先后多次专程来到明月山实地考察，对明月山富硒温泉和优美的旅游环境赞叹不已。2016 年 9 月世温联专门授予温汤温泉"世界级多用途优质温泉"牌匾。

近年来，明月山先后成功举办万人泡脚、千车自驾、我给父母洗脚、五洲同泡硒温泉、20 km 徒步禅、全球华人中秋拜月等创意活动，多次荣登"中国旅游风云榜"，获"中国旅游营销创新十佳"和"美丽中国十佳旅游度假区（综合体）"大奖。连续两年被央视评为"中国最美赏月地"。2016、2017、2018 连续三年成功举办世界温泉健康名镇（明月山）峰会，吸引了来自国际国内的顶级温泉及康疗专家代表共计 1000余人。并先后在俄罗斯首都莫斯科和澳门举办了"富硒温泉"专题推介。2017 年 10月 17 日，在意大利伊斯基亚火山岛举办的"美丽中国，温泉 +"中国温泉旅游推介活动上，明月山为来自世界 25 个国家的近 200 位世界温泉的行业代表推介富硒温泉。"富硒温泉"正式走出国门、走向世界。得天独厚的自然资源与环境也吸引了大量的外来人群来明月山购房定居，养生养老。如今温汤镇已经引进了硒温泉国际康疗中心，将体检、诊疗、博览、展销、娱乐、健身、度假、养生融为一体，完善了温汤养生度假胜地的品质及功能。

大爱圣地明月山，爱她景色宜人

明月山素有"天然氧吧""天然动植物园""地质博物馆"的美誉，地质以含硅、锂的疏松花岗岩为主，独特的地质特性，为多种生物的滋生繁衍与自然景观形成创造了先天条件。这里生长着 1100 多个树种，南方铁杉、红豆杉、落叶华木莲、青线柳、银杏、银鹊以及全缘叶红山茶等，分属国家一、二级珍贵树种，竹海听涛也是明月山一大植被景观；还有 1000 多种野生动物在此栖居，野羚羊、娃娃鱼等为国家一、二级保护动物，它们共同造就了一个灵性的世界。

明月山景色，贵在天然。茫茫云海，山野天池，猕猴出没，有"绝壁惊人，怪石争奇，苍松斗妍，山花织锦"四绝，以峰、瀑、洞、石闻名。境内层峦叠嶂，怪石林立；山花吐艳，苍松傲然。处处飞禽走兽，花香鸟语；满目石径苍苔，流泉飞瀑，身临其境，如入仙境，有"酷似黄山"美称。明月山植被茂盛，景观优美。走在山间，万顷竹海，郁郁葱葱，五叠瀑布，形态各异，落差 119 米、有"江南第一瀑"之称的云谷飞瀑，横空出世，气势磅礴。山中空气负氧离子含量每立方厘米高达 7 万多个，是名副其实的"天然氧吧"。

明月群山，巍峨壮观，千姿百态，有的以绮丽著称，有的以雄秀见长；有的以险峰争奇；有的以幽静取胜。这里有蜿蜒峭壁之上、"中国最险的七大悬空栈道之一"的青云栈道，这里有光怪陆离的星月洞；这里有亚洲落差最大的奔月滑索；这里有恬静迷人的高山湖泊——月亮湖；还有中国大陆第一、世界第三的高山观光小火车随时恭候您的光临。

大爱圣地明月山，爱她农耕文明

在几千年农业文明的进程中，明月山已经形成了自身独特的劳动、耕作、物产、饮食方式以及手工业、手工艺产品，长期以来，积淀了地域特色鲜明、久远而厚重的农耕文化。明月山景区的天工开物园就是一个充分展示明月山农耕文明发展历程、可供游客游览体验的最佳场所，是中国农耕文化主题乐园，也是江西省青少年科技教育基地，中国农耕健身基地，更是一个融古代农耕科技展示、传统手工制作参与、中国农耕文化陶冶为一体的体验性乐园，旨在挖掘宜春厚重的农耕文化，使游客在观光中增长知识，在参与中亲近自然，在劳作中体验和谐安乐的农耕情趣。园内设陈列展览区、体验游览区、农耕文化竞技区和文化休闲区四个馆区，真实再现传统村镇的生活方式和工艺技术。全国农耕健身大赛至今已在天工开物园举办了六届。

下面就请随我走进"天然氧吧""爱情圣地"，开启我们的明月之旅吧。

游客朋友们：我们现在所在的位置是景区门楼广场，中间大石头上刻的"明月山"三个大字，由已故中国书法家协会副主席刘炳森题写，周围这些树都是明月山标志性树种。白墙灰瓦的游客服务中心及景区广场设计新颖别致，中心建筑面积为4100平方米，分服务区、展示区、休息区、办公区、商品区五个功能区域，与后面的群山和谐地融为一体，看上去让人怡然悦目，大家可以在这里拍照留念。

月亮湾

月亮湾是一个围绕月亮文化精心打造的月亮文化主题公园。集客服、休闲、购物、观景为一体，将水墨江南的建筑与青山绿水有机融合在一起。月色照耀之下，月在景中，景在月中。

【云姑沐月】该主题雕像位于明月广场，依据南宋孝宗皇后夏云姑被选前的村姑形象雕塑而成，由弯月、云姑、清泉、原石基座四部分组成，雕像面朝明月山，柔美雅静。

【生肖闹月】该景点以闹月为主题、十二生肖为主角。12块来自江苏宜兴的太湖石，惟妙惟肖地展现了锦鼠闭月、牯牛沐月、猛虎啸月、玉兔望月、虬龙舞月、银蛇盘月、骏马奔月、吉羊仰月、神猴揽月、雄鸡啼月、天狗守月、童猪拱月的影像。

【月柳黄昏】以爱晚亭为中心，以池塘、柳树、拱桥为衬托的景点，寓意"人约黄昏后，月上柳梢头"。

【二泉映月】一处为游客奏乐表演的休闲场所，力求展现泉月相映、水月同天的美感。置身其中，山泉叮咚，曲乐齐鸣，让人流连忘返。

【月亮街】月亮街由18栋大小不同、高低错落的单体徽派建筑组成，是明月山景区的配套服务功能区。月亮街上出售各类浪漫爱情的特色产品、土特产及当地的工艺品，是人们下山后漫步休憩的美妙去处。

【系情槛】"系情槛"一名取自于宋·词人周邦彦所作《拜星月慢·秋思》"夜色催更，清尘收露，小曲幽坊月暗。竹槛灯窗，识秋娘庭院……怎奈向、一缕相思，隔溪山不断。"自古多有问情人，何处登临不系情。世间眷恋绵绵不绝，纵使千山万水难以阻隔。片片情思跃然纸上，于此幻化成五彩之翼，竹槛之间随风摇曳，让天下寻情、誓情、诉情之人均有系情之所，使其寄情怀于山水，书祈愿于天地，系情结于心坎！"系情槛"也因相思满载而成为明月山入山的第一道"情关"。

【月之路】诠释月亮别名的游览线路。370 米竹林月影，情景如画。行于路上，曲径通幽处，满眼皆苔青，竹影绰约，流水潺潺，偶遇"婵娟""玉盘""素娥""冰壶"等 56 个月之别名，如逢不同风情的女子，对月吟唱，于阴晴圆缺之间，品鉴人生，怀想古今，如诗如梦，令人心旷神怡。

【蟾宫丹桂园】月宫又名"蟾宫"，因园内种的全是桂花树，又名"蟾宫丹桂园"。中秋时节，香飘满园，高朋满座！眼前这片清幽的杉树林，我们叫它"快活林"，夏天无论外面有多么炎热，一走进林子，你便会立刻感到它的清凉，有"天然空调"之称，各位现在可以随我进去感受一下。

【朱熹诗林】大家看，右边这个朱熹诗亭，是用来纪念南宋大理学家朱熹的。这散落在林中的大小奇石，每一块上面都刻有一个篆体字和一些象形生肖，这些字拼起来就是朱熹的一句名诗。你们猜猜看，是哪一句？看谁能在最短的时间把这句诗的 10 个字按顺序找出来。对了，这句诗就是"我行宜春野，四顾多奇山"。

【"六龟拜月"石】朋友们，休息片刻后，我们该起程前行了，去看看"六龟拜月"。大家看右边河道里的那块巨石，从它的左右两边可以看出六只乌龟的形状，所以取名"六龟石"，传说这是明月山的镇河石。乌龟，是吉祥、长寿的象征，相信明月山的"六龟石"能带给所有来到明月山的游客吉祥与如意。下面，我要考考大家的眼力，看您能找出几只乌龟，找出一只就能增寿十年噢！

【"圣境"牌楼】大家抬头看看四面的群山吧！山上，竹海万顷，青翠欲滴。

现在，我们已在鸟语花香、泉水叮咚的茂林竹海中穿行至"圣境"牌楼了。它是登攀明月山的开始，我们将由"人境"进入一种"仙境"。从地形上看，将山路由缓坡、斜坡直到陡坡，人行由低到高，步步抬升，最后宛若登上天府。往左边就是明月山索道下站了，观光缆车全长 2655 米，高差 1078 米，从这里乘索道可直至山顶梦月山庄，真可谓一步登天了！到了明月山索道，游客朋友可以选择乘缆车上山，继续游览山顶。到达山顶时间约为 40 分钟。也可以从右边的游步道拾级而上，一路上，大家可千万别错过"藤缠树，树缠藤，藤藤相缠，树树相连"的自然景象。

　　游客朋友们：我们现在看到的两条游步道，左边的石质游步道宽2.2米，既耐磨又防滑，与景区浑然一体；右边的是最近新建的"亲水木栈道"，全长1000米，色泽呈淡绿色，与山林相映成趣。

月亮湖

　　经过近20分钟的缆车观光，现在我们已经到达山顶。美丽的月亮湖送入眼底。海拔高度约为1530米，水面面积约60亩，是一座景观湖，是明月山月亮文化和爱情浪漫之旅的重要组成部分。水色澄绿，月出时分，月与水映，宛如镜花水月；木质的环湖栈道如嵌在湖上的项链，幽雅别致。若在湖边借酒问月，抒发豪情万丈，不失为一个与天地精神相往来的好地方。由悟月妙音寺、思月梦月山庄、揽月青云栈道、寻月星月洞、亲月月亮湖五大月亮景点构成，妙音禅寺钟声空灵，可静坐悟月、参禅；梦月山庄月光如水，可思月、冥想；青云栈道云雾弥漫，可揽月畅游；星月洞奇异梦幻，可寻月、猎奇；月亮湖镜花水月，可亲月、对饮。

　　【星月洞】 系天然石洞，位于明月山海拔1500余米的青云景区。洞长150余米，因洞内月光如昼，星光闪烁，故名星月洞。洞内上下贯通、冬暖夏凉、水溪潺动，狭长的小径迂回曲折，在洞内游走，如履银河。穿洞而出，见山面水，豁然开朗，林茂山秀，别具洞天。

　　【青云栈道】 位于明月山青云崖的峭壁之上，海拔1500多米，如盘云的游龙，蔚为壮观。栈道全长1700余米，因常年云雾缭绕，行走之上，有平步青云之感，故名青云栈道站在观景平台上，俯瞰群山，可感造化神奇。相传这就是嫦娥奔月的地方。

　　【妙音寺】 前身始建于晚唐距今1100余年历史的"明月寺"。"明月寺"在中国南禅历史上发出过耀眼的光辉，也是我国宋朝时期佛教丛林胜地，现"明月寺"遗址附近有着普同塔等僧人石塔墓冢多座。

　　【梦月山庄】 梦月山庄倚近湖而居。其布局借鉴中国传统的坐山观水建筑布局方式，分成主楼与附楼两大格局，主楼是一个高规格的接待楼，伫立其间，纵深俯瞰，月亮湖全景，尽收眼底。客房沿水面错层布置，形成中式特有的庭院空间。副楼沿西而卧，豪华别墅式酒店直延主楼东侧，沿水面的景观游步道贯穿休息、垂钓、赏景的各景观节点，湖上泛舟、临水垂钓、人造沙滩，尽添梦月山庄之活力与异域风情。如果您感觉疲劳，电瓶车、自行车，可稍代步，一满您足下遍行之逸兴。这是月亮情之旅的最后一站——"梦月山庄相拥"。在这里，您什么都可以想，什么都可以不想。在梦月山庄里，尽情地亲月、近月、揽月吧！

【云谷飞瀑】现在我们所看到的就是云谷飞瀑，它是明月山上最有名的景点之一，是宜春八景之首，有 119.18 高，3~7 米宽，是我国少有的长型瀑布之一，如我国最有名的黄果树瀑布只有 60 多米高，黄河壶口瀑布则更短，只有 20 多米高。瀑布从近 120 米的狮子岩山倾泻下来，经过四次撞跌，最后倾入水潭中。大家现在可以看到，毛毛细雨，云雾蒙蒙，如入仙境；如果站在旁边，凉风飕飕，寒气逼人，哪怕是最炎热的夏天，也会马上凉爽得起鸡皮疙瘩。难怪自古至今会有那么多文人墨客慕名而来，并对云谷飞瀑大为赞赏，留下了许多脍炙人口的诗篇，其中最有名的要数清朝诗人江为龙写的《云谷飞瀑》："青烟漠漠锁山腰，一道泉流玉屑飘；气吐白虹晴欲雨，瀑飞翠壁夜闻潮；终年匹练寒幽谷，尽日银河泻紫霄；我欲振衣千仞上，饱餐灵液涤尘嚣。"旁边那四个大字"云谷飞瀑"还是前任中国书法家协会主席沈鹏题的呢！多么苍劲有力！大家现在随我一起来看看瀑布潭，这潭里有一个很奇特的自然景观，往潭的左边看，看那块突出来的石头，它像什么？像一个躺在水中的人，身子在水中，头露在水面，大家再仔细看看，这石头人像有点像谁呢，大家可以展开充分的想象，又说像晚年的毛主席，是吗？仔细看看就知道了。非常遗憾的就是这人头像的下颚缺了一块。说到这人头像，传说就是前面讲明月山名字来的故事中的那位小伙子的化身，他是神仙派到这里来修炼的，据说只要修上一千年，就可以重回人间，与他的心上人重续前缘，数百年过去了，头部除了下颚就要完成了。我们一起来祈祷，祝愿他早日回到人间，重续前缘好吗？

明月千古情景区

明月千古情景区是由明月山旅游集团和宋城演艺联手打造的高端旅游文化演艺项目。明月山旅游集团是江西省大型综合性旅游企业，宋城演艺是中国演艺第一股，连续九届获得"全国文化企业 30 强"，旗下"千古情"系列演出创造了世界演艺市场的五个"第一"：剧院数第一、座位数第一、年演出场次第一、年观众人次第一、年演出利润第一。

该项目位于明月山温汤旅游度假区旁，于 2017 年 11 月底正式动工，总投资 10 亿元。历时一年工程建设，于 2018 年 12 月 28 日正式开业，景区整体占地面积 200 多亩，其中核心景区占地 150 多亩，由市井街、月亮湖、千古情大剧院和游乐综合体等部分组成，停车场占地面积 50 多亩，分为地下地上两个部分，共设计停车位 1200 多个。

随着明月千古情景区项目的建成开业，辖区的旅游业态进一步丰富，明月山"过夜游"市场的空缺与不足被逐渐弥补。同时通过对此类高端旅游文化项目的引进，使得明月山文化旅游产品种类更加多元化，也开拓了旅游产业新思路，提供了更多创新发展空间。在完善并优化旅游资源配置的同时，也推动明月山全域旅游的大发展，加强赣西地区旅游板块竞争力，打造江西乃至中国文化的新地标。

大型歌舞《明月千古情》浓缩了江西省宜春市多年的历史文化与民俗风情，分为《燃烧吧！瓷器》《明月皇后》《嫦娥奔月》《魅力江西》《十送红军》《有情人终成眷属》等场，数百位演员倾情演绎，万余套舞台机械上天入地，视觉盛宴，心灵震撼！

这里有"但愿人长久，千里共婵娟"的动情欢歌，这里有嫦娥与后羿相守相望的天地之情，这里有炉火纯青的制瓷技艺，这里有荡气回肠的红色赞歌、英雄背后女人的可歌可泣……让我们在风光旖旎的明月山下，恋一轮温柔的明月，寻一段浪漫的邂逅，许一世无悔的情缘，赴一场千年的约会。《明月千古情》，祝天下有情人终成眷属！

游客朋友们，明月山游览到此结束。全天我们山路弯弯，如入仙境；十里飘香，让人陶醉；山月相融，美景如画；人月相邀，情趣盎然。我们欣赏了山上的月亮湖，游玩了山下的月亮湾，领略了沿途的月亮景，但愿我们收获了月亮情。

"爱我，就带我去明月山吧！"这是人类最幸福的旅游口号，更是明月山给世人发出的最真诚的邀约！

八、瑞金市共和国摇篮旅游区导游词

［概况——叶坪革命旧址群——红井革命旧址群——中央政府大礼堂旧址］

概　况

游客朋友们：

你们好，欢迎大家来到共和国摇篮旅游区参观。景区位于江西省赣州瑞金市，由叶坪、红井、二苏大、中华苏维埃纪念园（南园和北园）四大红色景区组成，总占地面积 4550 余亩。这里是中宣部首批公布的全国爱国主义教育示范基地，也是全国红色旅游经典景区之一，是赣闽边际红色旅游集散中心，是培育爱国情感和民族精神的重要基地。

共和国摇篮旅游区历史厚重

瑞金，是闻名中外的红色故都、中央红军长征出发地、人民代表大会制度的初始发祥地，是党和国家初心使命的重要起源地。2019 年习近平总书记来到江西视察时强调："要从瑞金开始追根溯源，深刻认识红色政权来之不易、新中国来之不易、中国特色社会主义来之不易。"瑞金是一座古老而又传奇的千年古城。据考证，古时这里盛产黄金，先人在此掘地得金，金乃瑞气呈祥之意，故名瑞金。东汉建安七年（202），建置象湖镇，隶属雩都县。唐天佑元年（904），朝廷在象湖镇淘金场设置瑞金监，"瑞金"这个吉祥的名字就起源于这个时候。南唐保大十一年（953）南唐改瑞金监为瑞金县，从那时算起到现在瑞金建县已达 1000 多年。

1931 年 11 月 7 日至 20 日，第一次全国苏维埃代表大会在瑞金的叶坪隆重召开。大会向全世界庄严宣告：中华苏维埃共和国临时中央政府正式成立，定都瑞金，毛泽东当选为临时中央政府主席，"毛主席"的称呼就在这里喊出第一声，大会还通过了中华苏维埃共和国宪法大纲等决议案。从此，我们党领导的红色政权正式以国家形态出现。临时中央政府在瑞金成立之后，中国共产党领导苏区人民建立了适应革命战争的国家机构和机制，卓有成效地进行了管理国家的伟大尝试，为新中国成立后人民政权的建设、国家的管理积累了经验，锻炼了人才。在这片神奇的土地上，中国共产党开始了治党、治军、治国的全面探索，开创了中国共产党在政权、文化、经济、法治建设上的"百个第一"，如第一个国徽、第一面国旗，第一面军旗等等。瑞金作为赤色首都，也是毛泽东思想主要发源地，八一建军节的诞生地。我们的新中国，是从丛山之国——瑞金中央苏区走出来的。今天首都北京的各党政部门，多数可在瑞金看到她最初的模样。可以说，中华苏维埃共和国的建立就是中华人民共和国的一次伟大预演。

在 5 年零 8 个月的时间里，毛泽东、周恩来、朱德、任弼时、王稼祥、邓小平等老一辈无产阶级革命家，以及开国元帅中的九位，开国大将中的八位，还有 1966 年以前授衔的中国人民解放军将帅中的 35 位上将、114 位中将和 440 位少将，都曾在瑞金生活、工作、战斗过。

瑞金在中国革命征程中还作出了巨大贡献和牺牲，当年 24 万人口的瑞金，一共有

11 万人参军参战，5 万人为革命捐躯，其中 1.08 万人牺牲在红军长征途中，平均每一公里就有一名瑞金籍的战士倒下，瑞金有名有姓的烈士达到 17166 名。

除了贡献革命的有生力量，瑞金百姓为支持苏区建设和支援红军北上抗日战略转移，从 1932 年至 1934 年，一共认购战争公债 68 万元，为红军征粮 25 万担，其中 41.5 万元公债和捐集的所有粮食无私奉献给了苏维埃政府。

所以，有党史专家用"封建专制，昏天黑地；上海建党，开天辟地；南昌建军，惊天动地；瑞金建政，翻天覆地；北京建国，改天换地；改革开放，欢天喜地。"精辟地概括了瑞金在中国革命史和中共党史的重要地位。

共和国摇篮旅游区文物遗存丰富

光辉的革命岁月，为瑞金留下了大量珍贵的红色文化资源。从 1931 年 9 月至 1934 年 10 月，瑞金一直是中央苏区和中华苏维埃共和国政治、军事活动中心，中央党、政、军、群机构都驻扎在瑞金。由于当年中央机关在瑞金有三次迁移，使瑞金形成了叶坪、沙洲坝和云石山三大革命旧址群。目前，瑞金拥有列入江西省第一批、第二批不可移动革命文物 94 处 127 个点和第一批可移动革命文物 1134 件套：其中全国重点文物保护单位 4 处 37 个点，省级文物保护单位 22 处，市级文物保护单位 4 处，县级文物保护单位 21 处，一般文物保护单位 43 处；一级文物 148 件套、二级文物 365 件套、三级文物 621 件套，文物数量之多，这在全省不多见。共和国摇篮旅游区的旧址群、纪念园、博物馆各具特色，是融参观、瞻仰、会议、休闲、度假为一体的理想场所。一座宗祠，诉说革命的辉煌历史；一口红井，体现伟人的为民情怀；一篇著作，反映党与人民的相连血脉；一片旧址，铭刻革命者伟岸的身影；一草一木，洒满无数先烈的血迹；一山一水，诉说苏区精神的真谛。

共和国摇篮旅游区是文旅融合典范区

近年来，共和国摇篮旅游区以红色文化资源为根基，大力加强景区建设、打造旅游精品路线、擦亮红色旅游品牌。天南地北的游客们在红井景区尝上一口清甜的井水，在列宁小学听一场生动有趣的红色故事会，在纪念馆观看沉浸式裸眼 3D 影片，感受中华苏维埃共和国的发展历程，在叶坪景区给自己制作一张充满年代感的电子代表证，在"苏区纸币"DIY 体验区，参与印制苏区"钞票"。

在共和国摇篮旅游区，红色文化育新人、童心永向党、知来路启新程等一系列主题品牌活动深入人心，孩子们游红色旧址，学革命文化，从倾听者变成讲述者、体验者、参与者，通过寓教于游、寓游于教的方式让红色历史入脑入耳入心。丰富多彩的文旅融合项目，使得景区成为党政教育，红色研学生动的课堂。

景区最新打造的红井街，建有江西省首个数字水帘、元宇宙体验中心等 40 余个科技项目，涵盖吃住行游购娱等旅游要素，成为"红色旅游 + 科技"的示范窗口。革命历史融合现代科技，从聆听历史到触摸历史，游览历史到体验历史，共和国摇篮景区的魅力正不断散发，游客的体验感、融入感和代入感不断增强。

今天的共和国摇篮旅游区，红色文化赋能文旅产业，呈现出一幅千帆竞发、百舸争流的壮美画卷，激荡和凝聚起建设革命老区高质量发展示范区的磅礴伟力，正向全国最佳红色旅游圣地迈进。下面就让我们走进景区，去感受红都的历史，去了解瑞金的现在。

叶坪革命旧址群

我们接下来要到的地方就是叶坪革命旧址群。史传这里原来是叶姓人居住的村庄，所以叫作叶坪。后来叶姓人口减少，日渐衰落，又有谢姓人家在此繁衍，逐渐成为这里人口最多的姓氏。20 世纪 80 年代，为了保护革命文物，居民全部搬迁到旁边的新村去了。

从 1931 年 9 月至 1933 年 4 月，这里一直是中央苏区和苏维埃共和国政治、军事活动的中心，党的最高领导机关所在地。

【谢氏宗祠】这里就是第一次全国苏维埃代表大会会址，大家请看，它重现了当年开会的情形。房子原本为谢氏宗祠，初建于明朝，距现在已经有将近 400 年的历史。1931 年 10 月底，项英遵照毛泽东的指示，把这布置成了一座庄严的会场，成为一苏大会开会的场所。当时，红军把供奉谢氏祖先牌位的地方改为主席台，正中挂上一面红旗，旗上缝着一颗黄五角星和斧头镰刀图案，旗右侧是马克思像，左侧为列宁像。台中央下方红色横幅上写着"工农炮垒，民主专政"，主席台两侧贴着一副对联，上联是"学习过去苏维埃运动的经验"，下联是"建立布尔塞维克的群众工作"，主席台上方悬挂横幅标语是"全世界无产阶级联合起来。"

当时会场摆放了上百张长条木凳，供与会代表就座。宗祠中央是一个天井，为了能坐下所有代表，时任瑞金县委书记的邓小平，带领工人在天井下方铺了木板，用于摆放条凳。为了防止大会开会期间下雨，大家在天井坐不了，邓小平还特意安排工匠，在天井上方加盖了一层透明瓦的棚顶，这样既保证了采光，又使与会代表不会遭到雨淋，大会也能照常召开。

1931年11月7日，第一次全国苏维埃代表大会在这里隆重召开。参加大会的有来自闽西、赣东北、湘赣、湘鄂西、琼崖、中央苏区等根据地代表和红军、全总、海员的代表共610名。当天，红军叶坪广场上举行了隆重的阅兵典礼，毛泽东、朱德等领导人检阅了红军。下午，大会举行开幕式，项英致开幕词。晚上，大家观看了邓小平为大会精心准备的提灯庆祝晚会，将庆祝活动推向高潮。

大会历时14天，与会代表听取了毛泽东作的政治问题报告，朱德作的红军问题报告等内容，通过了苏维埃宪法大纲、土地法、劳动法及红军问题，经济政策、工农检察问题、少数民族问题等决议案；选举了毛泽东、项英、张国焘、周恩来、朱德等63人为中央执行委员会委员，组成中央执行委员会，作为大会闭幕后的最高政权机关。

会议结束后，由于办公场所紧缺，大家就想了个办法，在谢氏宗祠里用木板隔成15个房间，作为各个部委的办公室，每间房只可放几张桌子、几条凳子和一部手摇电话机。这个大厅，就成为中华苏维埃共和国临时中央政府的所在。在这里，中华苏维埃政府首次以国家政权的姿态出现，与当时的国民政府对立并存，"成为全国工农革命运动的指导者与组织者"，成为中国工农民主专政在全国范围内胜利的先声，创造了中国新社会的序幕。就在这些简陋的办公室里，当时的苏区干部进行了领导与管理国家的伟大探索和尝试，可以说这里是当时全世界办事效率最快的政府。

1933年4月，由于叶坪遭到敌机的频繁轰炸，临时中央政府从这里迁往沙洲坝。新中国成立后，当地人民政府按"一苏"大会的场景和临时中央政府原貌进行复原、陈列并对外开放。

【毛泽东同志旧居】这里就是毛泽东同志旧居。这是一栋典型的江南民宅，两厅一天井，始建于1927年，1931年9月至1933年4月，这里是中共苏区中央局的机关驻地。当时，在这楼上居住和办公的有毛泽东、周恩来等中央领导以及部分工作人员，楼下是老百姓住房。那时，毛泽东等领导人经常和群众促膝谈心，了解和解决群众的生活困难，关系十分融洽。当时，毛主席发现一楼居住的谢大娘房间很暗，即使在白天也得点煤油灯才能干活，就指示贺子珍叫来当地的木匠，自己亲自设计，将屋面部分小青瓦换为玻璃瓦，再把楼板锯成天窗，光线通过玻璃瓦照在天窗中，进入了谢大娘的家，谢大娘白天做事再也不用点煤油灯了。这件关心群众生活的"小事"在苏区成了一段佳话。

1933 年 4 月，中共苏区中央局搬迁到沙洲坝下肖村，与从上海迁来的中共临时中央分署办公，此后这栋房子就给了当地老百姓居住。

【红军烈士纪念亭】 这个亭子叫红军烈士纪念亭，也称五角亭，是临时中央政府为了悼念在土地革命战争中，英勇牺牲的红军指战员而建造。纪念亭和前面的红军检阅台、红军烈士纪念塔、博生堡、公略亭等五大建筑都是由第二次全国苏维埃代表大会准备委员会筹建，中共隐蔽战线"龙潭三杰"之一的钱壮飞设计，梁柏台担任工程指导，于 1933 年 8 月 1 日破土动工，1934 年 1 月竣工落成。五大纪念建筑物分布在红军广场周围，跟如今天安门广场周边的建筑分布极为相似。所以，这个地方被称为瑞金的"天安门广场"。可以说，来到叶坪旧址群，大家就看到了今天共和国的雏形。

1934 年 10 月，红军主力长征后，纪念亭被国民党反动派拆毁。1955 年春，按原貌重修。

【红军检阅台】 我们面前的这个建筑被称为"苏区的天安门"，它初建于 1931 年 11 月，是为一苏大会时检阅红军而建造，当时是用竹木搭成的简易便台。1931 年 11 月 7 日早上，一苏大会开幕前，红军在这里举行阅兵仪式，现在挂于台上的历史照片，真实地记录了当年检阅红军的情景。1933 年，临时中央政府决定重修检阅台，将原来的竹木结构改为砖木结构，成为当时集会、演讲和文艺演出的场所。1934 年 10 月，检阅台被国民党反动派拆毁，仅存遗迹。大家现在看到的是 1955 年按原貌修复后的检阅台。

【红军烈士纪念塔】 在广场中央的就是红军烈士纪念塔，它被誉为"苏区的人民英雄纪念碑"，塔高 13 米，塔座为五角形，塔身为炮弹形，布满塔身的一粒粒小石块，象征着无数的革命烈士。塔座四周镌刻着毛泽东、朱德、周恩来等领导人的题词碑刻。当年，塔的正前方地面上用煤渣（现为水泥）铺写着"踏着先烈血迹前进"八个苍劲大字，与烈士塔形成一幅完整的构图，表达了苏区人民对先烈的无比崇敬和怀念。1934 年 10 月，纪念塔被敌人拆毁，当地一个姓欧阳的大妈，冒着生命危险，把纪念塔被拆除后仅剩的一个"烈"字抬回家里隐藏起来。新中国成立后，她又把这块字捐献给了瑞金革命纪念馆。为重现历史风貌，当地政府于 1955 年在遗址上按原貌修复了纪念塔，塔上的字就是根据保存下来的"烈"字进行复原。如今，红军烈士纪念塔已成为红都瑞金的重要标志，更成为后人对革命烈士寄托无限哀思的地方。

【博生堡】右边大家看到的是四边形的博生堡，是为了纪念在第四次反"围剿"战斗中牺牲的红军高级将领赵博生烈士而建造。1934年10月，博生堡被国民党反动派拆毁，堡内的《纪念赵博生同志》碑刻被当地群众秘密保存下来，现珍藏在瑞金中央革命根据地纪念馆内。1955年按原貌重建。

【公略亭】左边大家看到的是三角形的公略亭，是为了纪念第三次反"围剿"时牺牲的红军高级将领黄公略烈士而建造。亭中立了块三棱锥体的石碑，刻有黄公略传略。1934年10月，亭子被国民党反动派拆毁。1955年按原貌修复。

好了，各位亲爱的朋友们，叶坪革命旧址群就参观完毕了，我们现在前往下一站红井景区参观。

红井革命旧址群

1933年春，叶坪经常遭到敌机轰炸。1933年4月，为安全起见，中央机关从叶坪搬迁到沙洲坝。由此，这里成为中央革命根据地的心脏，中华苏维埃临时中央政府的第二个驻地。红井革命旧址群距离市区5公里，是中华苏维埃临时中央政府1933年4月—1934年7月这期间的办公地点。

【红井】大家看，在我们的前面有一口井，它和其他普通的水井一样，朴实无华，毫不起眼，但挖这口水井的人，却来头不小，他就是我们敬爱的毛主席。当年，沙洲坝是个干旱缺水的地方，不仅无水灌田，就连群众喝水也非常困难。之前也有人想过挖井，可是他们一来穷，没人敢牵这个头；二来迷信，听信风水先生说沙洲坝是条旱龙，动不得龙脉，如果挖了井，十里八乡都要遭殃，所以没人敢冒犯。于是祖祖辈辈喝水、洗衣、喂牲口，都用同一口池塘里的脏水。由于水源污染，经常会发生呕吐、腹泻事件，有几个孩子就是因为喝了脏塘水得病而丧失了幼小的生命，水的问题严重影响沙洲坝人民的生活。

1933年4月，临时中央政府从叶坪迁来沙洲坝以后，毛主席在前面的元太屋办公和居住，他发现这里的群众喝的是池塘里的脏水，便把解决群众饮水难的问题挂在心上，只要一有空，他就同警卫员小吴商量着如何为群众挖井的事。

一天早上，毛主席就领着警卫员小吴来到元太屋不远的一块空地上，先用锄头刨了一个圈，定下了井位，接着便抢起锄头挖起来。他让警卫员通知驻地机关的同志一起前来挖井。毛主席一边挖井，一边乐呵呵地对大家说："听说有的乡亲迷信风水，不敢打井，怕得罪旱龙爷，坏了屋场害了人。可我不怕，如果旱龙爷怪罪下来，让它来找我好了！"

一席话逗得大伙都乐了起来。在毛主席的带领下，不几天时间，一口直径 85 厘米，深约 5 米的水井就挖成了。为了使井水更清澈，毛主席亲自下到井底铺沙石、垫木炭。毛主席爱民挖井的实际行动，为苏区干部树立了榜样，中央各机关和驻地村民纷纷挖井取水。从此，沙洲坝人民结束了饮用肮脏塘水的历史，喝上了清澈甘甜的井水。

后来，毛主席为群众挖红井的故事，被编入了小学语文课本中，名字叫《吃水不忘挖井人》，亿万少年儿童通过这篇课文，深切地感受到了领袖爱人民的浓浓深情。

1934 年 10 月，红军长征离开瑞金后，国民党反动派卷土重来，多次填埋这口井。村民们同敌人展开了针锋相对的斗争。敌人白天填，夜里村民们又把井挖开。就这样填了又挖，挖了又填，反复好几次，沙洲坝人民终于取得了胜利。

1951 年，沙洲坝人民为了迎接南方老革命根据地慰问团的到来，将毛主席带领军民开挖的这口水井进行了全面整修，并把这口井取名为"红井"，同时在井旁立了一块木牌，刻上"吃水不忘挖井人，时刻想念毛主席"十四个赤金大字，后来又将木牌改为石碑。红井是当年党和苏维埃政府关心群众生活，为人民群众办实事的历史见证，是党、红军和苏区人民血肉相连的见证。

在我们正前方的是一棵有 700 多岁的樟树，它是由一棵树长成了三根枝，很形象地表达了三大伟人，中间的是伟大领袖毛泽东，左边的是鞠躬尽瘁的周恩来，右边的是枪林弹雨的朱德。

【中央执行委员会旧址、毛泽东旧居】这栋房子原本是地主杨衍兰的私祠，称为元太屋，建于 1876 年，是典型的客家民居。1933 年 4 月，中央执行委员会从叶坪迁驻这里。

在这里居住和办公的有毛泽东、何叔衡、徐特立、谢觉哉等领导人。毛泽东同志在这里居住期间，经常深入群众，关心群众生活和生产，并作了长冈乡和才溪乡调查。在这间屋子里，他还先后写下了《必须注意经济工作》《关心群众生活，注意工作方法》等光辉著作。1934 年 7 月中央执行委员会离开沙洲坝迁往云石山。

【中央人民委员会旧址】这里原来是杨家财私宅，建于 1875 年。1933 年 4 月，中央人民委员会从叶坪迁驻这里。中央人民委员会是中央执行委员会下设的最高行政机关，负责指挥全国政务。先后在这里办公和居住的有张闻天、谢觉哉、贺子珍等。

张闻天于 1933 年 1 月随中共临时中央机关迁入瑞金，并居住在瑞金下肖村，主持中央宣传部工作。他在 1934 年 1 月底举行的"二苏大会"上顶替毛泽东，当选为第二届人民委员会主席。而后，他就从下肖村搬迁到这里办公。1934 年 7 月，中央人民委员会迁驻云石山。

中央政府大礼堂旧址

游客朋友们，我们现在看到的就是中华苏维埃共和国中央政府大礼堂旧址，它坐落在瑞金县城西北 5 公里处的沙洲坝老茶亭村。1996 年 9 月 20 日，江泽民同志来瑞金视察。在参观大礼堂时，他微笑着对周围的人说："来，来，来，我们看看苏区时期的人民大会堂"。

1933 年春，临时中央政府从叶坪迁到沙洲坝，为了解决大型集会的场所，尤其是为准备召开第二次全国苏维埃代表大会，临时中央政府决定建造一座规模宏大的礼堂。大礼堂于 1933 年 8 月 1 日破土动工，于 1934 年 1 月初竣工。

1934 年 1 月 21 日，二苏大会在礼堂开幕。毛泽东致开幕词，并在会上作了《中央执行委员会对第二次全国苏维埃代表大会的报告》。会议原定召开 17 天，但进行到第 9 天时，因得到紧急军报，提前于 2 月 1 日闭幕。在当天进行的选举中，毛泽东等 175 人当选为中央执行委员会委员。随后，在举行的第二届中央执行委员会第一次全体会议上，毛泽东继续当选为中央执行委员会主席，而中央人民委员会主席则由张闻天担任。

大礼堂坐北朝南，占地面积 1500 平方米，造型为 8 个角，从高空俯视，就像一顶红军的八角帽。大礼堂的门首上方镌刻有"中华苏维埃共和国临时中央政府" 14 个大字，这是由"苏区秀才"黄亚光所书。

大礼堂共有两层，楼面为回廊式，并有阶梯式楼座，楼下呈半圆形。当年，礼堂是用斗架梁，由 48 根木柱承受屋顶重量，整个礼堂可容纳 2000 多人。

大礼堂有三个特点：一是视线非常好，在楼上、楼下每个角度都可以看到主席台；二是大礼堂的回音效果很好，在主席台讲话不用扩音器大家也可以听得清楚；三是门窗特别多，大礼堂共有 17 道大门，41 扇窗户。为何门窗这么多呢？首先是防空的需要，一旦发现敌机轰炸，开会的人员能够迅速疏散进入防空洞，另外还利于大礼堂通风、采光。

1934 年 10 月，红军主力长征后，国民党反动军队卷土重来，拆除了大礼堂，使大礼堂仅存残墙断壁。现在大家看到的大礼堂是 1956 年按原貌修复，1961 年大礼堂被国务院公布为全国重点文物保护单位。

好了，游客朋友们，我们的参观暂时告一段落了。1934 年夏天，毛泽东来到了赣南会昌县，写下了著名的诗篇《清平乐·会昌》，诗中写道：东方欲晓，莫道君行早。踏遍青山人未老，风景这边独好。最后我就借这首诗，送给大家，欢迎大家再来风景独好的赣南参观、游玩。谢谢！

▍九、抚州市大觉山景区导游词 ▍

[概况——大觉山古镇——大觉明珠宫——大觉古寺——大觉山漂流]

概　况

游客朋友们：

大家好。欢迎大家来到有"神山圣水，觉者天堂"之称的——大觉山景区。

大觉山所在的资溪县是江西省人口最少、密度最小的县，全县森林覆盖率达87.3%，生态环境综合指数列中部 585 个县（区）第一位，全国第七位，是国家级生态示范区、全国绿化模范县，有"纯净资溪"的美称。

我们今天要参观的大觉山，坐落在赣闽交界处的武夷山脉西麓，距离资溪县城仅7 公里。景区总面积 204 平方公里，分为东、西两大片区。东区是以 30 万亩原始森林为核心的马头山国家自然保护区，野生动植物资源琳琅满目，拥有珍贵植物近 2500种，更有 40 余种一、二级国家珍贵保护动植物。西区则是以迄今 1600 余年的宗教文化和峡谷漂流为一体的综合性旅游景区。峰岩、潭瀑、幽谷等森林景观让游客流连忘返，这里建有"亚洲第一漂"——大觉峡谷漂流，还有大觉古镇、太空步廊、"三教合一"的千年大觉岩寺、大觉梦幻天宫、大觉者等景点，是一个融宗教朝圣、生态观光和娱乐休闲为主要特色的景区。

不少游客朋友来到景区肯定会有一个疑问，这座山为什么叫大觉山呢？我们还要从 1000 多年前的故事来说起。相传唐代杭州灵隐寺的大觉禅师云游到朱岩，看见朱岩东面重峦叠嶂，云雾缭绕，于是上莲花山探秘，在接近峰顶处，发现一个巨大的天然石洞，洞中竟然还有一处坍颓的佛寺。大觉禅师感叹此地风景秀美、环境清幽，是远离尘世、修身养性的好地方，于是决定在此修身弘法，朱岩由此香火旺盛，千年不衰。大觉禅师圆寂于此，后人为纪念他，将朱岩更名为大觉岩，寺庙更名为大觉寺，莲花山更名为大觉山。

大觉山是抚州市首个国家 5A 级旅游景区，曾先后荣获"中国十佳休闲旅游景区""最佳国际休闲旅游名山""全国网民最喜爱的旅游景区""中国森林体验基地""江西新赣鄱十景""江西省十大新旅游景区""江西避暑旅游目的地""抚州市十大王牌景区"等多种荣誉。

大觉山是神奇之山

大觉山的神奇一是在于极高的负氧离子。大觉山形成于晚中生代时期，经过 3 亿多年的陆地发展演变，造就了险峻巍峨，壮美荫深的山体形状，山峰平均海拔 900 米，主峰海拔高达 1647 米，景区森林覆盖率高达 97.43%。大觉山山峦苍翠峻拔，溪流清澈萦回，环境清新纯净，气候舒适宜人，空气中负氧离子平均每立方厘米达三万个，被专家誉为"生态王国，天然氧吧、动植物基因库"。当置身大觉山，您一定会觉得仿佛行走在中国画的意境里，有诗人夸赞道"声喧乱石中，色静深松里。漾漾泛菱荇，澄澄映葭苇"。大觉山的神奇还在于能够随人所愿。秀丽的风光，深厚的底蕴，吸引了不少名人雅士登临大觉山。资溪大儒李觏是北宋著名的思想家、教育家。相传，李觏的父亲婚后多年无子，于是便来大觉山拜佛求子，终于得偿所愿。

大觉山是神秘之山

大觉山的神秘之处在于超凡脱俗神秘景观。大觉山主峰周边有莲花峰、神龟峰、笔架峰、翠屏峰、将军峰、文曲峰、叠罗峰、金刚峰等 8 座山峰，拔地而起，依势而立，呈莲花状拱卫着大觉主峰，构成雄峻的"八地"景观。加上天湖、天岭、天岩、天廊、天桥、天街、天泉、天台、天界九个"天"字号的景点，合称为"九天八地"。这些无穷的美景，把一座大觉山装点得叠彩纷呈。大家请看，车窗外蓝天白云、青山绿水，连绵不断，移步换景，就像是一幅移动的自然山水画；如果恰逢雨后，在缥缈的云雾之中，山或远或近，树或隐或现，又像是一幅灵动的泼墨山水画，仿佛人间秘境。

大觉山的神秘之处还在于给游客一种与众不同的意境。有句诗这么写道："上观碧落星辰近，下睹红尘世界遥"，这是说有一个地方，离天空星辰近，离人间俗世远。我想，如果把这句诗放在大觉山的身上，应该是再合适不过的了。有人说，大觉山完全是一派江南的山水，江南的风物，江南的情怀。既有那种"淡烟流水画屏幽"的婉约，也有那种"自在飞花轻似梦"的清雅。在大觉山，我们还能看到迄今世界上发现的最大的神秘宝物——夜明珠，这个只能在神话小说中才能看到的宝物，我们一会就去参观。

大觉山是神圣之山

大觉山的"觉"源于佛教中的佛陀，指的是有觉悟的修行之人。大觉山的神圣就体现在大觉山是国内首个以大觉文化为主题的景区，是世界佛教自然文化大公园，山上的大觉寺。大觉山的神圣还体现在山上的大觉寺，它建在一个天然形成的大型花岗岩洞内，洞里面有非常多天然形成的佛像，有缘人还可以看到千面佛呢。大觉寺距今将近 1700 年的历史，和别的庙不同，它没有添加任何的一砖一瓦，堪称神圣。

下面请大家随我走进大觉山，开启"洗心、洗肺、洗脑"之旅。

现在映入我们眼帘的是山门石景观。上方的景点名叫"神龟问天"，底下"大觉山"三个字为中国书法协会、中国佛教协会洪海老师所题。慕大觉之名，沾灵山仙气，大家可在此留影，打卡拍照。

前方是悟缘廊，"悟"为觉悟之意，这个悟缘廊是通往我们洗肺之旅的唯一途径，也是我们乘坐观光车的必经之道。今天的行程咱们先游览古镇，之后乘坐观光车前往索道起点站，接着乘坐高空索道，走太空步廊、拜千年古刹大觉岩寺。下午安排大家体验亚洲第一漂。

大觉山古镇

接下来我们即将到达第一个景点，大觉山古镇。古镇坐落于深山峡谷中，古往今来，见证了无数朝圣信徒的脚步，激发了历代文人墨客的豪情。如今的大觉山古镇凌空而建，建筑为形、文化为魂，融入一河三街六巷九府，再现大宋风骨，成为禅修静养、休闲度假的胜地，续写着千年繁华。

古镇总占地面积为 60 亩，投资 6000 万元。2012 年，为了配合拍摄由曹颖和姚刚等影视明星主演的电视剧《天仙配后传》，景区专门修建了董府、吴府等一系列仿古景观建筑。所以，大觉山镇又叫大觉山影视城，整个影视城总投入资金 1.8 亿。这部电视剧在荧屏前给亿万观众揭开了大觉山"神奇、神圣、神秘"的面纱。

古镇为了再现北宋繁华井市，整体建筑都采用了仿宋风格，沿峡谷排开，依山傍水，错落有致。所有建筑采用立砖斗砌，檐椽、飞椽、望板均用老杉木制作，刷就粟壳色油漆。900多年前大宋商都的繁华，宋人生活的场景，如在眼前，可真实体验宋代的风土人情和生活习俗，仿佛时空穿越，就像陶渊明说的："问今是何世，乃不知有汉，无论魏晋。"

请大家往远处望，有廊宇拱桥、楼阁亭台、神殿府衙、商铺集市、茶楼客栈再现了大宋风骨；近前看，有董永和七仙女家宅、外形华丽的吴府、气质文雅的赏春苑续写着古镇文踪，将建筑为形、文化为魂的奥义，阐释得生动形象，将修身养性、品读文化、影视拍摄等功能融合得天衣无缝。

当您漫步古镇，仰望青山耸翠，俯首溪流淙淙，聆听松涛鸟语，沐浴清风花香，一定让您感觉心旷神怡，尘世喧嚣早已不见，犹如世外桃源。

现在古镇设有四星级宾馆，打造了近80间客房，很多客房都设有天窗，让您实现"打开天窗说亮话"的美好愿景，当然我们的客房也按照国家级水利风景区的标准，配备了节能环保型的水循环空调。

大觉明珠宫

游客朋友们，我们现在来到的就是大觉明珠宫，在这里我们将看到大觉山的镇山之宝——大觉明珠！

夜明珠，是一种在黑暗中能自行发光的稀有宝石，古称"随珠""悬珠""垂棘""明月珠"等。科学上所说的夜明珠是指荧光石、夜光石，是由最初的火山岩浆喷发，到后来的地质运动，并经历数千万年集聚而成的，含有发光稀有元素的石头，经过加工，就是人们所说的夜明珠。在中华民族5000年文明史中，夜明珠一直是最具神秘色彩，最为稀有珍贵，并为皇权私有。自古历代皇帝登基、太子还朝，夜明珠便作为镇国之宝，陪伴皇帝及"龙子龙孙"入主宫中。因此，古时候夜明珠成为一个国家至尊至崇的象征，披着神秘色彩的夜明珠在人们传统的意识中，与帝王将相同在，又与日月星辰相伴。

据史籍记载，史前炎帝、神农时就已发现过夜明珠，春秋战国时代出现的"悬黎"和"垂棘之璧"，价值连城，可比和氏璧。广为人知的随葬于慈禧太后嘴中的夜明珠，是一块具有近似球状形态、称重约 787.28 克拉的金刚石原石，1908 年估价 1080 万两白银，约相当于现在的 8.1 亿元人民币。

大觉明珠问世之前，号称"世界最大的夜明珠"是一颗出自我国内蒙古的直径 1.68 米，重 6 吨的夜明珠，业内估价 22 亿元人民币，曾于 2010 年 11 月 21 日在海南侨乡文昌市宝玉宫首次公开展出。

相信大家已经迫不及待了，接下来就请大家一起拭目以待，我们一起来倒数五个数"五、四、三、二、一！"（关灯、灯罩升起）。

我们眼前的大觉明珠，发掘于缅甸，打磨于广西，它直径 1.81 米，重达 10.08 吨，摩氏硬度为 4～4.5，通体为翡翠绿色，圆润而光滑，其直径、重量和价值远远高于之前的市面上出现过的夜明珠。2019 年 9 月 13 日，经世界纪录认证机构认证为世界最大的夜明珠。

通常来说，夜明珠在白天看不到它的光芒，但是到夜晚的时候，在黑暗中自然发出由绿到白的荧光，犹如一轮明月，这种荧光甚至足以照亮书本上的文字，而最神奇的是，大家可以从不同的角度看到它发出的 36 彩 72 霞和 108 光。（开灯）

据研究发现，夜明珠本身具有荧光和磁场，不仅有发光、驱蚊的作用，对人体也具有安神和理疗身心的功效，相信来到神山圣水、觉者天堂里的各位，接触到大觉明珠，更能大彻大悟，身心安康，好运常在！

我们接下来就去董永家看了看。这是一个古朴的农家小院，各种影视道具都按当年拍摄时原样呈现。院外有寒窑景点和大型水车，这座就是木质曲桥，前面就是董永家宅了。当年，七仙女摒弃门户之见，与凡间草民董永结为夫妻，并且为爱忠贞，又舍弃仙籍，来到大觉山这块福地与家人团聚。他们怀着一颗感恩天地、感恩大山之心，与森林为伍，与鸟雀共鸣，与泉水共游，与木屋同在，将整个身心融化于自然山水之中，这就是一种大觉吧！您说呢？

看过了古朴的民宿，接下来我们就去看看古镇里最豪华的飞来居吧！大家顺着台阶往上看，这座气派的建筑，就是飞来居。是电视剧《天仙配后传》里面，同样喜欢七仙女的天神吴冲天的府衙。吴府占据在大觉山镇的中央，院里佳木茏葱，奇花馥郁。吴府处处见水，中央赏花亭后一带清流飞泻而下，似从天降，水不外流，内敛聚财。现在吴府已开发成为高档的游客接待场所，有"隐隐笙歌处处随"，也有"谩摘青梅尝煮酒"，还有"旋煎白雪试新茶"，不一而足。

　　大家随我往这边走，前面这座亭子是官驿亭。它位居古镇中央，衔接了古镇各个建筑，为往来的游客提供了休息的场所。这里是大觉山漂流的中段，在这里临水而坐，看漂流健儿百舸争流、中流击水、浪遏飞舟，如身临其境，妙趣横生。

　　游客朋友们，我们现在从这边进去排队候车，出发下一站——索道起点站，前往大觉山的灵魂所在——大觉岩寺。

大觉岩寺

　　好了朋友们，现在随我往这边走，站在这彩虹桥上往对面山崖看。在那里还原了一座庄严慈祥的自然观音像，它头高 39 米，宽 26.8 米。为什么她会耸立在这里呢？相传有一只天庭下凡的狮子王，在我们大觉山无恶不作，残害三界，弄得民不聊生。如来佛祖为了制服狮子王，号令天上的菩萨和神仙下凡来到大觉山，共同将狮子王收禁，而观音菩萨便化身在此，亲自镇压狮子王。从此，大觉山风调雨顺，百姓安居乐业。

　　【天廊】大家再随我往这边走。抬头望去，大家是不是觉得大觉岩寺似乎近在咫尺，但是要真正到达，还需要走过眼前的这座天廊。天廊又叫作"太空步廊"，位于两座悬崖峭壁间，用钢筋铁索搭建，上面铺设了透明的有机玻璃。太空步廊长 100 米，垂直高度 100 余米，置身太空步廊，行走在全透明的玻璃栈道上，犹如在悬崖峭壁上悬空而过。这种"天堑变通途"的惊叹，那种步步惊心的刺激，似乎由心而生。站在步廊上，极目武夷山脉逶迤山峰，犹如置身太空云海之中。大自然的神奇魅力，人世间的酸甜苦辣，脑海里的万千思绪，仿佛瞬间要顺着山势冲出天际。正如刘禹锡的诗："晴空一鹤排云上，便引诗情到碧霄"。

　　俗话说"不到长城非好汉"，那来到大觉山，不走走这太空步廊，可能会是件遗憾的事。来，各位慢慢往上走吧。走在上面，您是不是怦然心跳，脚下有种凉飕飕的感觉，担心自己脚底无根，打滑跌倒呢？别担心！我们的安全措施您尽管放心。今天晴空万里，走在上面，胆子大的朋友可以透过玻璃往脚底下看，下面的景点一览无余呦。现在，让我们一起享受这太空漫步的感觉，体验一把神仙云游太空的情调吧。胆子小的朋友也别怕，抓着两边的栏杆，眼视前方，大胆往前走就是了。

　　【大觉岩寺】朋友们，我们终于到大觉岩寺了。大家请看，它是天然形成的岩洞，里面不添加一砖一瓦。看到上方这个金色的大字吗？这是梵文，罗马音译为"克鲁"，翻译成中文就是"吉祥"的意思。大家可以环顾四周，您会发现众多山峰围绕着这里，组成了一朵莲花，所以这座山峰也叫"莲花峰"，而寺庙就坐落在莲花正中。

现在，请大家随我进寺庙参观，佛门清净地，是禁止喧哗的，进去后，切记不要击打里面的法器。现在我们往这偏门进去。

我们来到的第一个殿宇是"天王殿"，中间这座大腹便便的佛像便是弥勒佛了，俗话说"大肚能容，容天下难容之事；开口便笑，笑天下可笑之人！"讲的就是弥勒菩萨了。民间还有一说，就是"拜大肚弥勒，笑口常开，烦恼无踪"，大家不妨拜一拜。大肚弥勒左右两侧的是"四大天王"，分别是东方持国天王、南方增长天王、西方广目天王、北方多闻天王。在《西游记》里，他们归属托塔李天王领导。四大天王分居四方，分别掌管"风、调、雨、顺"，跟老百姓的生活密切相关。他们保佑国泰民安，百姓生活安居乐业。

走出天王殿，我们现在所到的便是寺庙的正殿——大雄宝殿。这里供奉的是横三世佛。正中这位为娑婆世界教主释迦牟尼佛，右侧为东方净琉璃世界教主药师佛，左侧为西方极乐世界教主阿弥陀佛。大殿周围供奉的是十八罗汉。大家有没有发现，这里的这根石柱，就像中流砥柱一样支撑着这座岩洞。仔细看的话，它是不是又像一棵树呢？不错！就是菩提树，也叫"无忧树"，相传佛祖就是在菩提树下诞生的，也是在这棵树下悟道成佛的。所以，它也是佛教的"圣树"。

现在大家随我往左边走，这里就是地藏殿了。正中这位是地藏菩萨，在佛教四大菩萨中，地藏菩萨的愿力最深，因而也叫"大愿菩萨"，因其发愿"地狱不空，誓不成佛，众生度尽，方证菩提！"所以其实地藏王目前还是菩萨。下面这四位就是四大判官。左右是十殿阎罗，我们通常所说的阎罗王，指的就是这第五殿阎罗——包拯！大家看，在地藏王身后的这位是达摩祖师。

大家看这里，这是伽蓝殿，供奉的伽蓝神就是我们非常熟悉的关羽。他与韦驮菩萨同是佛教大护法，并称佛教寺院的两大护法神，伽蓝菩萨关羽为右护法，韦驮菩萨为左护法。关羽一生忠义勇武，坚贞不二，不为金银财宝所动，是一位受到佛、儒、道三教供奉的菩萨，乃古今唯一。他在儒教里面被誉为"仁、义、礼、智、信"的践行者和化身；北宋时，关羽又被纳入道教神祇，因他一生忠烈感动天庭，奉玉皇大帝敕令，与文昌帝君一同司掌文衡（即人间科举事项）、人间善恶的簿籍，历代商贾们更是敬佩关公的忠诚和信义，把关公作为他们发财致富的守护神，炎黄子孙又尊奉他为武财神；在佛教里，他担任了佛教警卫局局长，位居伽蓝殿之尊。关羽在中国儒释道三教受到尊奉，也反映了儒释道三教在历史的发展大潮流中，相互融合于中国文化的历史进程。

下面，请往这边，这里是观音殿，正中供奉的就是观音菩萨，他左右为龙女和童子。大家有没有看到这边的孙悟空，他正虔诚地向观音菩萨朝拜。在《西游记》中，孙悟空和唐僧他们师徒四人，历经九九八十一难后，最终取得真经，孙悟空也被观音菩萨感化，皈依我佛，所以在这里也有孙悟空。

我们右手边供奉的是送子观音。"送子观音"的形象，是由中国佛教信徒们所创造的。我们这里的送子观音很灵验的哦！相传，资溪著名思想家、教育家李觏的父亲婚后多年无子，于是便来到这里求子，结果真的有求必应，回家之后没多久，他夫人就生下了大才子李觏。

大家往这里面走，这里有一汪泉水，叫聪明泉。传说此泉原为油、盐、米洞，洞中会流出油、盐、米等食物，不管寺内和尚有多少位，所出的油、盐、米恰好够寺中的僧侣果腹。后来有一个和尚起了贪心，想多出油、盐、米拿去卖。在一天夜里，他偷偷将洞挖大，但却被佛祖发现，佛祖恶其贪得无厌，就将洞口堵塞，从此该洞再未流出过油、盐、米，只有清泉顺隙流出。千百年来这股清泉一直涓涓流淌，传说喝了此泉泉水，人会变得更聪明。因此，古时家中有读书人的香客，不顾路途艰难，都要求一杯聪明泉水回家给自家学子喝。

【钟鼓楼】 鼓楼位于大觉岩寺的正对面，采用石头铺贴，用翠竹树叶装饰，使建筑与大自然融为一体。钟鼓楼总规划面积为10700平方米，下部为六层的框架结构，上部与大觉岩寺洞口相平，广场底部建筑主要为商场和斋菜馆。

朋友们，请随我往这边出来，接下来我们继续出发，前往南天门，通往天界了……

【南天门】 出了寺庙，请大家随我顺着登山天梯往上攀爬，登山路有些辛苦哟，请大家务必注意脚下安全。大家请看，汉白玉打造的一座大型平台在阳光下熠熠生辉，离天三尺三的南天门便展现在了我们眼前，南天门现在是山顶重要的景观之一。这里海拔1100米，由四根汉白玉图腾柱组成，四周是汉白玉栏杆，依照"天圆地方"的中国传统文化元素布局。天台位于大觉岩寺的东方，正是太阳升起的方位。登上平台，山风拂面，弥望之间，松涛阵阵，俯瞰群山，郁郁葱葱，一种"无限风光在险峰"

"会当凌绝顶，一览众山小"的感慨和豪情油然而生，仿佛只要一脚就能踏入天界之感。

【姻缘亭、天街】跨过南天门这座天界的大门，你就可以"一步登天"到达天街了，天街地处大觉者峰和莲花峰之间，是传说中观世音菩萨施法，搬来南天门姻缘亭，镇压狮子王的地方。

姻缘亭矗立在莲花峰最高处，两层亭阁，地方天圆。莲花宝座上耸立着一根姻缘柱，它高 10 米，一龙一凤盘旋其上，龙凤双飞，龙凤呈祥。最顶端是观音菩萨端坐于蒲团之上，凝视远方，凡是来到大觉山的情侣都会来到姻缘亭，在柱子上挂上一把没有钥匙的爱情锁，将一段美好情缘永远锁定在大山上，锁定在神仙的护佑之中。

天街，既有民间闹市般的繁华，又有世外仙境般的空灵，上可以摩天，下可以接地，是人们避喧嚣，归本真，寻自我的绝好去处。

好了，看完了山上的景点，请各位跟随我乘坐缆车下山。

大觉山漂流

游客朋友们：资溪有三美——森林、峡谷和溪水，大家看完了大觉山山上的景点，接下来各位自然要体验一把大觉山峡谷漂流了。前方就是漂流起点站，被誉为"亚洲第一漂"的大觉山漂流就是从这里开漂。全程是既惊险又刺激！来这里，玩的就是心跳！漂流河道全长 3.6 公里，总高差 188 米，单程用时一个半小时左右，沿途要经过一谷三弯六潭九瀑十三坡，其中最大的一个坡落差有 13.8 米，大小弯道共 86 个，是世界上景区内漂流中的极品，被誉为"真正的勇士漂"，真正考验大家的勇气、意志和体能，也带给你无穷的乐趣。它能让你体验"男人一路心跳，女人一路尖叫"的刺激，冲峭壁、躲暗礁、绕险滩、搏急流，漂走世间烦扰，放飞生命激情。挑战落差，让生命的激情随地球的血液一起放纵地奔流，让生命的浪涛随地球的落差一起激荡，让生命尽情奔腾吧！但您千万记住安全第一哟，漂流虽好玩，安全不能忘。

好了，大觉美景数不尽，天缘有份再重来。今天的大觉山游览就到此结束了，谢谢您的参与。"极目天地远，穿花寻路难。时闻大觉者，踏波云水间。"愿大觉山的灵气一直伴随您，福佑您，再见。

十、上饶市龟峰景区导游词

[概况——主峰景区——龟文化博物馆——将军楼——好汉坡]

概 况

游客朋友们：

你们好！欢迎大家来到风景如画，被誉为"无山不龟，无石不龟"——龟峰旅游观光！

我们所在的龟峰位于江西省弋阳县境内，面积 97 平方公里，主要景点有双龟迎宾、龟峰卧佛、雄狮回首等。龟峰是世界自然遗产、世界地质公园、国家级风景名胜区、国家 5A 级旅游景区、国家森林公园、国家级水利风景区，也是江西省环鄱阳湖经济圈上的一颗璀璨的明珠。大家知道为什么这里叫龟峰吗？一些游客朋友可能已经猜到了，原因就是这里有无数形态酷似乌龟的象形石，并且整个景区远远看去像一只硕大无朋的巨龟，所以人们就把这座山命名为龟峰了。

千余年来，无数佛门高僧、文坛墨客、政界要员在龟峰的山水间留下他们的身影和字墨，像王安石、陆游、陆九渊、李梦阳、朱熹、徐霞客、夏言等，都曾在这里流连忘返，写下了许多精美的诗文篇章。龟峰也因独特的自然景观和深厚的文化底蕴，成为聚天下名山之幽、奇、险、秀于一体，融千年历史、宗教、民俗、养生文化于一炉的人与自然和谐相处的典范，因此也成为电视剧《西游记》等众多影视名剧的拍摄景点。

龟峰之美，美在"象形独秀"之奇

游客朋友们，龟峰石巧峰奇，象形独秀，这些龟形石造型得益于其特殊的构造、地理环境。龟峰石造型除龟形外，还有一种岩石风化残余的造型地貌，形象逼真，栩栩如生，惟妙惟肖，是龟峰的重要景观和看点。这类造型地貌以崩塌作用为主，残余的山体、石块规模一般相对较小，且在后期的风化溶蚀作用下常被塑造成千姿百态、栩栩如生的造型，此类地貌广泛分布于龟峰景区内。因此，千姿百态的龟峰，让人赞不绝口，有"三十六峰、八大景"之说。"象形独秀"之奇，引得无数高官政要、文人雅士纷至沓来，明代御史高明赞叹"殊胜长城壮汉关"。明代大旅行家、地理学家徐霞客游历龟峰之后，在其《江右游日记》中发出了"盖龟峰峦嶂之奇，雁荡所无"之慨叹，新中国第一任江西省省长邵式平也评价"大地文章集龟峰"，当代著名美学家王朝闻先生两度到龟峰考察，发出"龟峰值得留恋"的赞叹。大型电视系列风光片《走遍江西》主题歌更是给予了"龟峰绝景世无双"的至高评价。

龟峰之美，美在"中国丹霞"之奇

游客朋友们也许不知道，这里原来是与鄱阳湖连成一体的内陆湖，大约在 8000 至13500 万年的白垩纪时期，这一带的红碎岩长期沉积，由于中生代燕山运动，在地球内部巨大力量的冲击下，地壳不断上升产生了地层的断裂，断块升降差异较大，有的上升速度很快，有的却发展缓慢，有的长期经风雨剥蚀，以及地表水，地下水侵蚀溶洞等大自然的作用，地表岩石和地形遭受破坏，大自然的鬼斧神工逐渐形成了现在的这种特殊地貌。这里峰奇石巧、象形独秀，群峰错落、壁立万壑，奇峦如画、钟灵毓秀，集"奇、险、灵、巧"于一身。又有"三十六峰七十二景"之说，被誉为"江上龟峰天下稀"和"天然盆景"。2010 年 8 月在巴西首都巴西利亚举行的联合国教科文组织第 34 届世界遗产大会上，"中国丹霞"正式列入《世界遗产名录》，龟峰成功入选，成为上饶市第 2 处世界自然遗产地，是龟峰继 2007 年荣膺世界地质公园后再次获得的世界级名片。

龟峰之美，美在"洞穴佛龛"之奇

游客朋友们，我们在龟峰可以看到被誉为"中华第一佛洞"和"南方敦煌"的南岩石窟（南岩寺），它是龟峰的绝妙之景。南岩石窟三面红岩环绕，寺随岩架立，可以说是不瓦而栋、不檐而藩。岩下洞穴宽近 70 米，高 30 米，进深 30 米，面积近 1800平方米，可容纳一千多人，是我国在自然洞窟中开凿的最大的佛教石窟之一，单窟体积比龙门石窟中规模最大的奉先寺大近一倍。石窟内现存石龛 40 余座，摩崖石刻 10余处，依岩环列成半圆形，原貌保存较完好。龛内雕有释迦牟尼、文殊、普贤、观音及十八罗汉等佛雕，大殿正中央是盘坐于石龛之内的高 2.5 米的释迦牟尼佛像，双侧供奉着罗汉和僧人的佛像，石窟内这些佛雕、石刻风格也与云冈、龙门石窟的风格一脉相承，这样的石窟在江南罕见。另外，洞壁上还刻有云彩、花纹、佛教故事等，线条流畅，形象生动。"水月观音"佛像，是宋代作品，其身形、身段、眼神，在其他寺庙塑像中极为少见。这些均体现了我国古代劳动人民非凡的石雕技艺和聪明才智。

龟峰之美，美在"非遗文化"之奇

游客朋友们也许听说过弋阳腔吧，龟峰就是赣剧（弋阳腔）的发源地。弋阳腔是南宋末年流传于江西弋阳龟峰地区的南戏与当地方言土语以及地域民俗相融合、"辗转改益"滋生出的一种全新的地方腔调，因发源于弋阳而得名。其显著特色是"一唱众和"，以打击乐和丝、竹、弦、管等乐器配乐伴奏，唱腔可塑性大、声调高亢，既有南方温柔敦厚之雅韵，又有北方慷慨激昂之气质。弋阳腔也是中国高腔戏曲的鼻祖，被誉为中国四大声腔之首。至今保留下来的弋阳腔曲牌有 100 多个，保留剧目有 18 个整本、20 多个单折。为使这颗戏曲"活化石"再次熠熠生辉，弋阳县还计划将弋阳腔申报为"世界文化遗产"，先后筹建了"弋阳腔展览馆"，开辟了"弋阳腔网页"，举办了"弋阳腔国际文化艺术节"，以充分展现弋阳腔珍贵的艺术价值和魅力。

下面就让我们开启龟峰之旅吧！

主峰景区

【神龟迎宾】大家请看前方，有四座小山峰，中间两座呈柱状，两旁为馒头状，合在一起看，就像两只神龟相对而望，昂着高高的头，伸着长长的脖子，在夹道欢迎大家的到来。这便是龟峰最热情好客的两只迎宾龟了，我们把此景称为"神龟迎宾"。

【锁春洞】奇岚如画广招天下客，佳景宜人囊括四方春。龟峰由于四周山壁环绕，森林覆盖率高，形成独特的小气候，夏无酷暑，冬无严寒，年平均气温为 17.9℃，非常适合休闲疗养，一直是周边省市人们度假的首选地。我们现在经过的山洞长 77 米，宽 16.2 米，高 8.2 米，穿过此山洞才算真正进入龟峰。

穿过山洞，大家是不是感觉眼前一亮，仿佛进入了另一个洞天？这里的树木葱葱郁郁，一年四季都是常绿的，有人说是这个山洞把春天留在了龟峰，所以把它称作"锁春洞"。

【展旗峰】请大家往回看刚才穿过的这座山峰，您看它海拔高 110 余米，山体博大，东高西缓，像一面迎风招展的巨旗，我们称它为展旗峰。据我国著名风景名胜专家、清华大学教授朱畅中鉴定，展旗峰完整无缝，形色俱佳，是全国最大丹霞岩巨石之一。山壁上布满了大大小小的洞穴，就像战旗上的弹痕累累。为什么表面会有这么多大小不一的洞穴呢？因为这里的紫色红砂岩和砂砾岩的胶结以钙质为主，很容易溶解流失，在水流的冲刷、风化溶蚀和冷热物理变化中，丹霞崖壁上的砾石逐渐破碎脱落，留下凹坑。加上龟峰原来是和鄱阳湖连成一体的内陆湖，水浪的不断冲击，凹坑进一步发展形成了众多形状各异的洞孔岩穴，大小可达 3—15 厘米，深可达 2—10 厘米。溶蚀风化洞穴常顺层密集分布，呈蜂窝状洞穴。蜂窝状洞穴在丹霞地貌景区都有发育，但以龟峰景区的展旗峰最为突出典型。

我们可以看到，展旗峰石壁上有 180 多条流水线从峰顶通到山腰，遇到暴雨的天气，雨水飞泻直下，好像群龙飞舞，非常壮观，唐代礼部尚书李益曾经题诗"崖前飞瀑如庐岳"，把它和庐山的三叠泉媲美。

【千年驼背龟】在巨岩的右下方有一个突起的小石包，形似乌龟的小脑袋，与整块巨岩相连在一起，又形成了一只巨大的神龟，因为它的后背高高拱起，我们叫它"千年驼背龟"。

【三叠龟峰】请大家抬头看对面的山峰，峰顶突起的部分像三只乌龟重叠在一起。最上面一只乌龟胖乎乎的，伸长脖子向前眺望，中间的居然是只绿毛龟，背上长满了青草，最下面一只就可怜了，被压得扁扁的，仿佛透不过气来。这就是三叠龟峰，龟峰名字的来历也和此峰有关。龟峰以前是乌龟的"龟"字，明代有位大理寺少卿李奎认为那时龟峰形象有些粗俗化了，而"三叠龟峰"整体看上去像皇帝、大臣用的圭璋玉器，因此把它改名为两"土"相叠的"圭"字。1998 年，弋阳县大力开发旅游，请专家来做旅游整体规划时，认为龟峰以龟形山石为胜，应该"名副其实"，所以又重新更名为乌龟的"龟"字。

【老人峰】三叠龟峰左侧是老人峰。山峰看上去像一位精神矍铄的老人，穿着宽大的衣袍，端坐在树丛中。老人峰身首匀称，头额颈背比例协调，如雕似刻，神形兼备，栩栩如生。古代有位叫邹荫龙的诗人为老人峰写过一首诗：

山回路转见奇峰，迭坐危崖一老翁。

几度沧桑眼底过，低眉瞑目听秋风。

在地质原理上，它属于丹霞崩塌残余造型地貌，主要是山体的主体部分经长期流水侵蚀发生崩塌后退，残余的小部分山体、岩块在风化溶蚀等作用下被塑造成千姿百态、栩栩如生的造型。我们在这里看像老人，还有二看、三看、四看，在不同方向能显示多种精美造型，是丹霞景观中的珍品，有世界绝景之誉。

【金钟峰】龟峰在传说中是东海龙王的龙宫，所以很多景点的命名和这个传说故事有关。请看老人峰左侧，这座石峰颜色黝黑，形如巨钟，名曰金钟峰，传说是东海龙宫的报警神钟。金钟峰是龟峰景区的主峰之一，在上面可观龟峰全景。除其雄伟壮观外，它还是龟峰的气象钟，在当地民间流传着这样的谚语："云绕金钟峰，无雨便是风。"大家请再仔细看，峰顶还趴着一位小小的"天气预报员"呢，它是我们龟峰最小的乌龟了，不信您瞧，在它身后还残留着刚刚孵化出来的蛋壳呢。

【锦屏峰】 请大家再往三叠龟峰的右侧看，正对面的这座石峰，断面平展如削，石色赤红，颜润如玉，传说是玉帝赐给龙宫的如意锦屏，有点石成金、化腐朽为神奇的功能，故名锦屏峰。有人作诗赞美它：半天奇石舞东风，向雾妖娆山腰峰。嶂下乔灌争挺拔，一连锦屏大山中。何当再觅如意锦，化腐为奇建新功。也有游客称它为五指峰，请伸出您的右手作个对比，是不是挺像的？在锦屏峰上有一幅意味深长的景观，请看，我们把流水线从左往右数，在第三条比较短的那条线末端，有一块三角形深褐色的石头，形状像只蛤蟆半蹲半葡，向上张着嘴，与流水线相接，构成一奇妙景观——金线吊蛤蟆，是龟峰八大景之一。

【三足鼎立】 我们现在站的地方是二看老人峰的位置，请大家抬头看前方树丛中的这座山峰，在这里看老人峰，已经看不到老态龙钟的老人踪迹，而是一位雄赳赳的古代武士雕像，武士身着戎装，头戴头盔，加上顶上的缨丝，显得英姿勃发，似乎准备随时出征。老人峰头部和身子连接处只有三个点支撑着，形成"斜而不落，落而不坠"的玄妙景观，人称"三足鼎立"。

【振衣台】 拾级而上的平台为振衣台，为不规则长方形大石坪台，长10米，宽3米，面积约30平方米，唐代中叶由人工开凿而成，传说是龙王最心爱的公主梳妆打扮之地。古往今来，人们在此观景览胜，抒发情感，写下了许多赞美龟峰的诗篇，这石壁上方方块块的题刻，就是证明，它记载了龟峰的悠悠历史。据《龟峰志》记载，唐代诗人李益、词人温庭筠、宋朝文学家赵师秀、李苪、理学家朱熹、名相陈康伯、爱国诗人谢枋得、明朝文学家李梦阳、李开芳、费元录、地理学家徐霞客、清朝禁烟英雄林则徐等都先后游览过龟峰，太平天国沛王谭星部曾在龟峰安营扎寨，清朝名臣曾国藩曾在此处写下数封家书，民国时期蒋介石、顾祝同等也到过龟峰。新中国成立后，胡耀邦、康克清、邓子恢、杨成武、皮定均、李志民、叶飞、邵式平、汪东兴、吴克华等中央和地方党政军领导先后来这里巡视游览。

【天然三叠】 现在我们走到了三叠龟峰的脚下，此处名为天然三叠，三叠龟峰、卧牛峰、双剑峰三座天柱般的巨石相距不到5米，呈三足鼎立之状，拔地而起，壁立万仞，从特定角度看，叠而不叠，分而不分。清嘉庆年间书法家黄骏挥毫写下"天然三叠"四个楷书大字。

【一线天】 这就是一线天，是十分典型的丹霞嶂谷地貌。长十余米，高七十余米，它由三叠龟峰和卧牛峰并立而就，两峰相距不过数尺，峰壁陡峭，人入其中，仰而观之，只见青天一线，给人"苍天无边似有边"之感，仿佛进入了另一个天地。左壁上"一线天"三个字为明天启年间一僧人所题。"一线天"景观在龟峰有六处之多，以骆驼峰"一线天"最为奇险。

【四声谷】 此处是四声谷，为龟峰一特有自然景致，"四声谷"三个字，为明代书法家王思任所题，人立于字下，背壁曼声高呼，四处答响，余音绵绵，给人以无穷乐趣。这一景观曾以《回声》为题，被载入初中语文教材，所以又叫回声谷。各位朋友如果有兴趣不妨试试。

【摩尼洞天】 从这上去，就是摩尼洞天，巨石上刻有"摩尼洞天"四个字，洞中巨石颠倒，风声阵阵，势若将倾，构成洞中洞，天外天的绝妙景观，令人赞叹不已，请顺着这狭缝朝下看，老人峰就在其中，大家在此看老人峰，会别有一番感悟，这就叫门缝里看人。

【点将台】 站在这块叫着"点将台"的小石包上，我们向西边方向观看，那道崎岖不平的山脊是电视剧《西游记》的拍摄基地之一，该镜头表现了唐僧师徒四人不畏艰难、踏平坎坷的决心。当然也展示了龟峰山峰奇险、风景优美的景色。

龟文化博物馆

现在映入大家眼帘的这幢就地取材，用红石砌成的两层楼房就是中国第一家龟文化博物馆。龟历来是长寿和吉祥的象征，我们的祖先把龟看作是吉祥的象征和长寿的代表物，作为特殊灵性的神奇动物而供奉。它是最大的神物、灵物、吉祥物之一，与龙、凤、麒麟并称为"四灵"或"四神"，外加白虎，又称"五瑞"。其实四灵中，只有龟是现实中的动物，其他的龙凤麟都是传说中的。龟是一种神秘而蕴藏着丰富文化内涵的动物，中华民族的龟崇拜源远流长，由此积淀而成的龟文化蔚为壮观，渗透到政治、经济、天文、地理、医学，乃至人的思想意识形态、社会风土民情各个领域。

早在新石器时代，古人已将龟视为护身之宝。殷商时期，人们将占卦的内容刻于龟板上，从而留下"甲骨文"，迄今历史学家还根据甲骨文来了解上古的故事。周代有一种叫作"龟人"的官，职责就是掌管乌龟，"若有祭祀，则奉龟以往"，战国时期，大将的旗帜以龟为饰，是"前列先知"的意思，令中军也以龟为号，汉武帝时代钱币上铸有龟图案，唐代五品以上的官员佩戴"龟袋"，袋分金、银、铜三种，以金袋为最高贵。古时不少诗人还以龟为名作号，如李龟年、陆龟蒙、杨龟山，现今日本人姓名中仍有许多带"龟"字的。古人还把龟用于天文记载，把天宫分成四个主要的宫，其中北宫玄武中"玄武"就是北方一种神龟的名称。龟文化还渗透到古代哲学中，战国时期的五行说认为：龟代表"水"，表示颜色中的"黑"，占卦方位的"北"，象征品质中的"智"，龟已成为先行先知灵物。历代关于龟的作品也很多，魏武帝曹操的《龟虽寿》，即是中国古文学借龟言志的典范之作。龟不但在中国文化中占有重要地位，而且在中国饮食文化中也有特殊作用。龟肉、龟卵营养丰富，味道鲜美，所谓"龟身五花肉"，即是指龟肉含有牛、羊、猪、鸡、鱼等5种动物肉的营养和味道。现代研究表明，龟肉富含人体所需的各种营养成分，自古以来就将龟作为高级滋补品和防止疾病的食疗佳品。除食用外，乌龟最大的价值是药用。远在秦汉时期我国第一部药物专著《神农本草经》即对龟的药用做了详细的记载。明代李时珍所著的《本草纲目》中认为龟体中含有较多的特殊长寿因子和免疫活性物质，常食可增强人体免疫力，使人长寿。大家在龟峰游玩，不仅能看石龟，还可以赏龟，玩龟，品龟，还可以把龟的长寿之道带回家。

将军楼

现在映入大家眼帘的这座楼叫将军楼，也称作"三十六峰楼"。民国二十四（1935）年，国民党第八军军长赵观涛中将因身患肺病，到处寻医问药都难以奏效，经有关专家建议，到龟峰疗养一段时间定能好转，因为龟峰空气纯净，尤其对肺病等一类的慢性疾病有着特殊的疗效，于是赵观涛在此处建别墅一幢，用于疗养休息，后称其为"将军楼"。楼的设计造型属美式建筑风格，石木结构，上下两层，有寝室、浴室、客厅、警卫室和阳台，还有秘密地下室和通道，总面积为422.59平方米，据说当时花了6000大洋。由于此楼地处位置适中，窗栏开阔，适宜观景，故而又称为三十六峰楼。

现在我们就到将军府上来做做客吧。将军楼后方有一巨大石峰，眼珠暴凸、浑身黝黑、表皮起皱，就像一只张开大嘴、向天乞食的癞蛤蟆，称为蟾蜍峰。俗话说癞蛤蟆想吃天鹅肉，由于看到天上的天鹅飞过，不禁流出了口水，把下颌都浸烂了。当地有诗形容它：

> 堪笑蟾蜍不自量，终年开口向天张。
>
> 天鹅自有冲天翅，凭尔痴心盼断肠。

这实质上，是规劝人要量力而行，切莫异想天开。不过这只蛤蟆还是很有本领的，据《弋阳县志》记载："石蟾蜍能纳云气，以占晴雨"。每逢天气由晴转雨，石蟾蜍周围便云雾缭绕，并有光晕异彩出现，不久便有雨点散落。

我们现在可以看看脚下的石块，类似于龟背上的裂纹，错落有序，称为"龟背石"，在龟峰景区较为多见。它是在晚白垩纪的红色砂岩、粉砂岩中，沿层面常见的一种收缩节理构造，是在细砂岩、粉砂岩及泥岩沉积后露出于水面，其中所含水分因蒸发而快速脱失，组成岩石的颗粒之间，因水分子脱失而距离缩短发生收缩形成的一种成岩构造，反映了一种炎热干燥的古气候特征。景区的龟背石以最稳定最显自然美的正六边形发育为特征，发育之完好，特征之典型，是国内外其他丹霞地貌园区难以媲美的，具有较高的观赏和科学研究价值。

在这里请大家看左侧的三叠龟峰，它的右侧边凹凸不平，从上往下看是不是像一群猴子首尾相连，我们称它为"金猴捞月"。面前的这石块在对面观景台看像小鸡，到这看，却成了展翅欲飞的老鹰，形态逼真，让您不得不赞叹大自然的鬼斧神工。放眼望去，十分精致的丹霞峰林、丰富多样的丹霞造型石，与低海拔常绿阔叶林巧妙融合，构成了极具特色又极为神奇的自然美。有山、有水、有树、有石，千姿百态、玲珑别致，就像一尊放大了的山水盆景、天赐的园林，有丹霞橱窗、丹霞模式标本，丹霞天然博物馆之誉。在现有的世界遗产中具有不可替代的价值。这么美的景色大家千万别错过，快以这里为背景，拍上一张"打卡"照吧，大家留影时请注意安全，不要跨出护栏。

前方这一巨大长方形石块，横亘在游道上，石块上镌刻着"忠魂石"三个大字。这名字的来历和方志敏有关。方志敏青少年时期，经常和邵式平等志同道合的好友来龟峰游玩，把它称为是心目中的"佳山水"，参加革命后，他还借助龟峰的屏障几次躲过敌人的追捕。1935 年 8 月 6 日凌晨，36 岁的方志敏在南昌下沙窝英勇就义。同一时间，弋阳百姓听到一声巨响，见天空有白马飞过，发现灵芝峰倒了半截，方志敏曾经藏身的山洞被掩埋了，您看这乱石都是从灵芝峰上倒塌下来的。为了永远怀念弋阳人民的好儿子方志敏，大家把这块倒下的巨石称为忠魂石，我们从这里经过要低头鞠躬，表达对英雄的敬仰和思念。

【好汉坡】 我们现在要走过的这道山坡，名为好汉坡。顾名思义，走过此坡各位先生将会成为好汉，各位女士也一定是巾帼不让须眉了。这话虽然是玩笑之语，但如经常爬坡登高运动，定会健康长寿。站在好汉坡，我们似乎进入了龟峰的动物王国。这里有狮、有羊、有虎、有马、有猪、有象、有骆驼，是龟峰景区一处观景的好地方。

请看我们的右边，有一组石峰，两石一前一后，前者如惊恐万状、狂奔逃命的山羊，后者若凶猛异常的老虎在追逐，好险呀！虎头已接近羊尾，构成一幅虎赶羊群的惊险场面。此处故名为"老虎赶羊"。有诗曰：

疑是初平叱化来，羝羊相触势崔嵬。

终朝不牧牛山草，留得青青萌孽险。

大家请看，前面这座石峰，形若雄狮，故名为狮子峰。此头石狮非同寻常，当您站在正面观看形如一头座狮，体形高大，气势傲慢，霸道威武，当绕到它后面眺望，却又变成席地而卧回首吼叫的兽王，恍如它的头是随着游人而转动，您看它张开的大嘴，连口中大牙都清晰可数。故而后人写下《狮子峰》赞道：

孤岩奇矗怒威冲，盖顶雄狮扭动躯。

横眉竖牙惊凶兽，回首东望看锦绣。

传说这头狮子是当年负责镇守东海龙宫大门的一员大将，东西龙王交战，当杨二郎率天兵天将攻城时，狮大将军竭尽职守，战死疆场。狮大将军虽然死了，但威风不减当年。再看狮子峰南面那尖尖的石峰，为象牙峰，又是狮大将的刀剑，紧靠象牙峰是朝帽峰，是狮大将的桂冠。

大家从左边看，景色非常开阔，引人注目的便是那只大骆驼了。你瞧，三叠龟峰、双剑峰、金钗峰连成一起便成了一只西行的大骆驼，而三叠小龟则成了驼身上背负的货物。我们还可以四看"老人峰"。它就像一只大熊猫，有鼻有眼，憨态可掬。

接下来跟各位游客朋友介绍一幅非常生动而又幽怨的画面，这就是望郎峰。请看，在三叠龟的东侧，有一孤立的长条形石峰，像一位身着罗裙的女子，神情凝重，依山眺望，似盼夫归家的村女，又如望郎远行的乡妇，所以故名为望郎峰。相传，这是一位龙宫素女，丈夫随龙王远征，一去不归，于是她站在这里日盼夜望，思情连绵。此峰有形有神，相貌清秀，姿态逼真，尤其是清晨或黄昏观看，苍天之下，白云苍狗，观此景，如临其境，看此峰，如见真人，催人泪下，明代宰相费宏在《望夫石》诗中叹道：

化石谁妇家，山头眺日辉。

行人疑问信，引人若啼饥。

秋雨流为泪，春梦成作衣。

最怜心不转，辛苦望郎归。

我们从这里就将返回到山脚下，您瞧，对面的两只巨龟也正昂首欢迎着我们的返程呢。

游客朋友们，今天的龟峰景区参观就结束了，祝大家健康长寿龟鹤延年，平安喜乐万事顺心！

‖ 十一、南昌市滕王阁旅游区导游词 ‖

［概况——一楼东厅：时来风送滕王——二楼东厅：人杰图——三楼中厅：临川梦——四楼东厅：地灵厅——五楼中厅：滕王阁序——六楼正厅：古乐厅］

概 况

游客朋友们：

大家好！欢迎来到"江南名楼"，被《光明日报》评为"中华文化地标"的滕王阁风景名胜区参观游览！

滕王阁位于南昌的中心城区，赣江与抚河的交汇处，是国家级风景名胜区、国家 5A 级旅游景区，与湖北黄鹤楼、湖南岳阳楼并称为"江南三大名楼"。滕王阁始建于唐永徽四年（653），是古代江南唯一的皇家园林，为唐太宗之弟"滕王"李元婴任洪州都督时所建，故名滕王阁，因初唐诗人王勃所作《滕王阁序》而名扬天下，名贯古今。

滕王阁是一座历史名阁

滕王阁历史悠久，距今已有 1300 多年的历史，经过了战争、自然灾害与火灾，兴废次数达到了 28 次之多，其中唐代 5 次、宋代 1 次、元代 2 次、明代 7 次、清代 13 次，这在我国历史上是极为罕见的。滕王阁的第一次重修是在唐上元二年（675），洪州都督阎伯屿见滕王阁呈衰败之势，便于当年重修此阁，重阳节盛会上王勃写就《秋日登洪府滕王阁饯别序》，使这座楼阁盛千载而不衰。其后，宋大观二年（1108），滕王阁因年久失修而塌毁，侍郎范坦重建，比唐阁范围更为扩大，并在主阁的南北增建"压江""挹翠"二亭，逐渐形成以阁为主体的建筑群，华丽堂皇之形貌，宏伟壮观之气势，被誉为"历代滕王阁之冠"。最初滕王李元婴把它用于观赏歌舞，是作为娱乐用途，之后这里又成为南昌一处接官洗尘、饯别送行的场所。历代的滕王阁及其附属建筑，基本上是官建官管官用。所以，这座文化大殿堂，在历史上曾是游观、雅集、歌宴、拜诏、迎送、祭祀之地。明代开国皇帝朱元璋也曾设宴阁上，命诸臣、文人赋诗填词，观看灯火。明代景奉年间（1450—1456），巡抚都御使韩雍重修滕王阁，并把名字改为"西江第一楼"。1926年10月，北伐军兵临南昌城下，守城的北洋军唯恐城外建筑居高临下为北伐军所用，将煤油用消防枪喷射至城外民房商埠，城外街巷一片火海，烈焰三日不息。滕王阁被焚毁，仅存"滕王阁"青石匾一块。抗战时期，滕王阁旧址成为日军养马场，古阁之迹荡然无存。1942年，古建大师梁思成先生偕同其弟子莫宗江根据"天籁阁"旧藏宋画，绘制了八幅《重建滕王阁计划草图》。1989年九九重阳节，在梁思成的弟子、滕王阁重建总工程师陈星文先生的指导下，唐风宋韵的第29代滕王阁终于落成并对外开放。

滕王阁是一座文化名阁

一千多年来，围绕着滕王阁所展示的文化现象，极为丰富多彩。唐代是我国封建社会的鼎盛时期，文学艺术的繁荣景象是空前的。李元婴建造滕王阁后，诗人王勃登阁作序赋诗，王绪写《滕王阁赋》，王仲舒著《滕王阁记》，史书称之为"三王记滕阁"佳话。其后，唐代文学家韩愈也欣然作文，由此开创了"诗文传阁"的先河，自此人文荟萃，文脉绵延不断。白居易、杜牧、韦悫等历史名人纷至沓来，留下诗文。唐宋八大家中，欧阳修、王安石、苏辙、曾巩，都登临过滕王阁。除欧阳公仅对王勃序留有评说外，另三位都有咏叹之作。正如清代诗人尚镕《忆滕王阁》诗中所云："天下好山水，必有楼台收。山水与楼台，又须文字留。"江南名楼滕王阁，就是这样一座将好山好水尽收眼底的楼台，一座屡屡浴火重生的千年楼阁，一座被千古奇文赞颂的名阁。

滕王阁不仅建筑华丽独特，而且还是一座书法艺术的宝库。

第一块匾是挂在滕王阁最高一层阁檐下的一块高达5米的匾额，上面的苏体"滕王阁"三个字，就是源自苏东坡墨迹《滕王阁诗序》的《晚香堂法帖》。

第二块牌匾"东引瓯越"，是取自王勃《滕王阁序》里的"控蛮荆而引瓯越"，指的是江西的地理位置东面与浙江福建相连接，这是唐代褚遂良的书法。西面为"西控蛮荆"，指江西的西面与湖南、湖北接壤。南、北两面分别是"南溟迥深""北辰高远"，暗喻王勃遭贬离朝廷越来越远了。

第三块牌匾"江山入座"，是指登上滕王阁江山一览无遗的盛况，足可见我们滕阁之高。西面是"水天空霁"。南、北面分别是"栋宿浦云""朝来爽气"。

第四块匾是最下面这块九龙匾"瑰伟绝特"，它出自唐代书法大师怀素先生的书法，号称为天下第一草书匾，一般的匾额多采用隶书、楷书等字体，达到庄严凝重的效果，以狂草入匾，实属罕见，意思是赞美眼前的雄伟建筑，瑰丽、雄伟、奇绝、独特。出自唐朝韩愈的《新修滕王阁记》中的"愈少时，则闻江南多临观之美，而滕王阁独为第一，有瑰伟绝特之称"。自此，滕王阁就有了"西江第一楼"的美誉。西面是"下临无地"，南面牌匾是画家启功所书"襟江"，北面是吴作人所书"带湖"。滕王阁对称的两个亭子分别取名"压江"和"挹翠"，取"南观大江之雄，北揽西山之秀"之意。

滕王阁是一座建筑名阁

现代滕王阁是南昌市的标志性建筑之一，主体建筑为宋式仿木结构，突出依城临江，瑰伟绝特的气势。

滕王阁主体建筑净高 57.5 米，建筑面积 13000 平方米，其下部为象征古城墙的 12 米台座，滕王阁东西宽 80 米，南北长 140 米。台座两边有两座辅亭，分别为压江亭和挹翠亭，与主体建筑形成了一个"山"字。从飞机上俯瞰，滕王阁就像一只展翅欲飞的巨大鲲鹏屹立在赣江之滨。

滕王阁共有九层，其中底座两层，底座以上部分为七层，取"明三暗七"格式，新阁的瓦件采用的是碧色的琉璃瓦，因唐宋多用此色，屋顶以歇山式为主，局部还有悬山式屋顶，五角、六角、八角攒尖顶亭子。正脊鸱吻为仿宋特制，高达 3.5 米。勾头滴水均特制瓦当，勾头为"滕阁秋风"四字，而滴水为"孤鹜"图案。台座以下有南北相通的两个瓢形人工湖，北湖之上建有九曲桥，楼阁云影，倒映池中，盎然成趣。

滕王阁的屋脊、屋角采用的是上翘的檐角，形如飞鸟展翅，人们将其称为飞檐翘角。飞檐为中国建筑民族风格的重要表现之一，通过檐部上的这种特殊处理和创造，不仅扩大了采光面，有利于排泄雨水，而且增添了建筑向上的动感，将屋顶向上托举。现在咱们看到的是滕王阁的斗拱，与西方的石制建筑不同，中国古代的木质建筑以斗拱为基本，在立柱、额枋的檐檩间或构架间，从枋上加的一层层探出成弓形的承重结构叫拱，拱与拱之间垫的方形木块叫斗，合称斗拱。

众所周知，江南有三大名楼，另外两个叫黄鹤楼、岳阳楼都属于楼，为什么滕王阁会以阁命名呢？它与楼在功能上又有什么不同呢？

从作用上看，楼更加偏向于实用性，而阁更加娱乐化。像岳阳楼、黄鹤楼最早就是用于军事瞭望的；而阁多用于藏书，或是供佛或是看歌舞的，如北京颐和园的佛香阁是佛阁，宁波的天一阁是藏书阁滕王阁当年就是为欣赏江景、观看歌舞所建的。

从建筑设计上看，楼是重屋，即二层以上的房屋，是建筑在高处的建筑物。万丈高楼平地起，楼的一楼大都是直接连接地面的。如楼房：两层以上的房屋；楼榭为高台之上的房屋，泛指楼房；楼堞为城楼上的矮墙；又指有上层的车船，其上层也叫楼；阁是有基座，且座为空心的。一种架空的小楼房，是中国传统建筑物的一种。由干栏建筑，即树干为栏的木阁楼，演变而来，其特点是通常四周设隔扇或栏杆回廊；

下面让我们登楼参观吧！

一楼序厅：时来风送滕王阁

各位游客，现在我们进入的是滕王阁的第一层，此层又称为序厅，由此拉开了游览滕王阁的序幕。首先进入大家眼帘的是一幅大型的汉白玉浮雕，名为《时来风送滕王阁》，它改编自明代小说家冯梦龙的《醒世恒言》中的最后一篇《马当神风送滕王阁》，讲述了一个当年王勃来滕王阁作序的神话故事。

王勃，山西河津人，当年他从山西老家出发，看望在越南边境做县令的父亲。没想到当小船经过江西九江的马当山时，忽然风浪大作，船只无法继续前行，于是停靠在马当山脚下。王勃闲来无事，傲立于船头吟诗作对，恰巧被当地的水神中源水君听见了。这位水神十分欣赏王勃的才华，化身成一名白胡子老爷爷，上前对王勃说道，明天是九九重阳节，如果你赶到洪州，参加都督阎公举办的滕王阁宴会，写下一篇文章，定能名垂青史。可当时王勃离南昌还有七百里水路，一夜之间根本无法到达，于是这位老者幻化出一阵神风相助，霎时，王勃所乘的小船跟随仙鹤们逆流而上，就像一艘离弦的箭一样向洪州驶去，第二天，夜行七百里的王勃，及时登上了滕王阁，在宴会上挥毫写下了千古名篇《滕王阁序》。各位游客请看，画面的右下方是中源水君相助的情景，左边是王勃作序的场景，整幅画面呈螺旋形，代表着这股神风。这个故事是说王勃时来运转，有神风相送，来到滕王阁。把这个故事放在一楼，也是希望登上高阁的人们可以时来运转，一生好运！

西厅展示的真人硅胶像再现了王勃参加滕王阁宴会的场景。

公元 675 年，王勃从老家山西出发，前往交趾，也就是如今越南边境为官的父亲。路过南昌时，恰逢李元婴王爷被调离南昌后新来了一位都督——阎伯屿，人们尊称他阎公都督。那是滕王阁第二次重建完成，阎公决定九九重阳节的时候在滕王阁上宴请宾客，为新修的滕王阁作篇序文。当时的王勃探望父亲时恰好经过，听说此事，前往拜见。阎公都督早就听说过这位初唐四杰之首的才子的名气，便也请他参加宴会。早在宴会开始的前一天，阎公都督早已提前让自家女婿吴子章准备好了一篇序文，准备在宴会上即兴作出，大出风头。宾客们都知道他的用意，所以宴会开始后相互谦让，而初来乍到的王勃并不知晓此事，见无人作序，便毫不推辞，接过纸笔，当众挥毫泼墨。阎都督十分不悦，拂衣而起，转入帷帐之后，并命人去看王勃都写了些什么。听说王勃开首写道"豫章故郡，洪都新府"，都督便说：不过是老生常谈而已。听到"物华天宝，人杰地灵"这两个成语后，便沉吟不语，想着再往后听听。当听到千古名句"落霞与孤鹜齐飞，秋水共长天一色"时，都督不得不叹服道："此真天才也，当永垂不朽！"王勃写下了著名的《滕王阁序》，接下来写了序诗：闲云潭影日悠悠，物换星移几度秋。阁中帝子今何在？槛外长江空自流。诗中王勃故意空了一字，然后把序文呈上都督阎伯屿，便起身告辞了。阎大人看了王勃的序文，正要发表溢美之辞，却发现后句诗空了一个字，便觉得奇怪。旁观的文人学士们你一言我一语，对此发表各自的见解，有人说，一定是"水"字；有人说，应该是"独"字。阎大人听了都觉得不能让人满意，怪他们全在胡猜，非作者原意。于是，命人快马追赶王勃，请他把落了的字补上来。待来人追到王勃后说道："我家都督有言，愿千金求得一字。"王勃于是在随从手心比画后叫他握紧拳头返回禀报阎都督，当随从见到都督张开手掌见空空如也后，都督非常生气，莫非戏弄本官，可又一转念，"空空如也，空者，空也"莫非是一个"空"字，果不其然，阁中帝子今何在？槛外长江空自流。大家听后一致称妙，阎大人也意味深长地说：一字千金，不愧为当今奇才……

二楼东厅：人杰厅

现在我们来到的是"人杰厅"。这里主要描绘的是江西从先秦以来的历代名人，一共有80位。虽然他们的时代、服饰、地位、年纪、职业、性格和人品不同，但和谐地统一在同一画面中。因为时间的原因我就简单介绍其中的几位。

第一位是我们左边这位着道袍的张天师，他是东汉的张道陵、道教的始祖，虽然不是江西人，但是一生都和江西有着极其密切的关系。目前道家的影响在海外特别大，尤其是日本、韩国人对道家很是推崇。

第二位就是在张天师旁边的和尚——慧远大师。晋武帝太元六年（381），慧远奉道安之命，来到庐山宣扬佛法。而庐山的清幽安宁、云雾缭绕、曲径通幽的风景，在慧远心中也逐渐形成了一个奇幻的境界。时隔五年，慧远在庐山创建东林寺并结白莲社，自此一住30余年，四处讲学，直至圆寂那一天。在庐山的锦绣谷、石门涧等处都有着他讲经说法的足迹。

在我们现在看到的拐角处就是有名的"徐孺下陈蕃之榻"！徐稚（97—169），字孺子，号聘君，江西丰城人，东汉时名士，满腹经纶而淡泊名利，时称"南州高士"。徐孺子小时候就很聪明。十五岁时来到今天丰城、南昌、进贤三县交界的楮山，拜当时著名学者唐檀为师。和豫章陈蕃关系非常好，平时不接待宾客的陈蕃，居然破例在太守府中为徐孺子特备一榻，徐来则张之，徐去则撤之，这就是"徐孺下陈蕃之榻"的由来！所以我们现在也经常可以看到"欢迎XX下榻XX酒店"的标语，"下榻"一词就是来源于此

不知道在看的过程中大家有没有注意到有一位特别的人物在这里？非常棒，有朋友已经指出来了，他就是中国历史上著名的奸相——严嵩。为什么他的画像也放在这里呢？这里我们就不以人品来评论其文品了！王廷相曾经这样评论严嵩的文才："诗思冲邃闲远""文致明润宛洁"，王世贞评论他"孔雀虽有毒，不能掩文章"，表示不能因人废文，以肯定他"独为迥出"的文学功力。

三楼中厅：临川梦

游客朋友们：我们现在来到的是三楼中厅，眼前这幅丙烯壁画是汤显祖的《临川梦》。这幅《临川梦》讲述的就是汤显祖首次来到滕王阁上，排演牡丹亭的故事。这

位手握长须的老者就是汤显祖，在画面中沉睡的女子是官宦家的女儿，名为杜丽娘。一日在春日游园时感觉困倦了，于是在牡丹亭下睡着了，在梦中结识了一位英俊潇洒的岭南书生柳梦梅，于是二人在梦中相识相知相爱。可是当她醒来后发现，这一切终究是一场梦境，不料相思成疾，郁郁而终，死后她的家人将她葬在了梅花观内。三年后，柳梦梅进京赶考，在途中病倒了，便借助进了梅花观，机缘巧合之下拾得杜丽娘的肖像，感觉似曾相识，如痴如醉。于是杜丽娘托梦与柳梦梅相聚，并告知他只要开棺掘墓，自己就能起死回生。于是，柳梦梅照做开棺，没想到杜丽娘真的活了过来，最后两位有情人终成眷属。整幅画面选用了蓝灰色为梦幻基调，画面中的每位人物都紧闭着双眼，突出了《临川梦》中"梦"的主题。

世人熟知汤显祖，生在江西临川，父辈为他刷名"显祖"，希望他今后能够品学兼优，入仕为官，盛名传海内，显达耀宗祖。良好的启蒙教育和祖辈的言传身教，让汤显祖从小具备了勤奋好学、严于修身的优良品质。他 5 岁开蒙，12 岁能诗，13 岁学古文，14 岁补县诸生，21 岁中举，可谓少年得志，举业顺畅。著有流芳千古、享誉天下的"临川四梦"——《牡丹亭》《紫钗记》《南柯记》《邯郸记》这四部作品。汤显祖晚年评说："一生四梦，得意处惟在牡丹。"汤显祖的"临川四梦"奠定了他在中国文化史和中国戏剧史上的地位，而《牡丹亭》拾遗了他人生梦想的缺憾，也表达出他毕生追寻的人间至情，更被海内外誉为戏剧艺术珍品。他在《宜黄县戏神清源师庙记》中感慨："人生而有情，思欢怒愁，感于幽微，流呼啸歌。"唯有如此多情的汤显祖，才能通过艺术想象的投射，把自己对现实世界的愤懑与失望，对理想世界的向往与憧憬，寄托于《牡丹亭》剧情唱段中，以极富人本主义色彩的笔调，创造并渲染了一个"为情而死、死而复生"的传奇故事。

2015 年秋，国家主席习近平在访问英国时，专门讲到了被誉为"东方莎士比亚"的汤显祖。莎士比亚和汤显祖是同时代的人，他们如同东西方双峰并峙的文学巨人，辉映世界。巧合的是，两人都是 1616 年逝世的。2016 年 9 月，中央专门在北京召开纪念汤显祖逝世 400 周年座谈会，高度评价汤显祖是我国文艺史上的一座丰碑。

四楼东厅：地灵厅

游客朋友们：我们现在来到的是四楼"地灵厅"，与二楼的人杰厅相对应。地灵厅上《地灵图》讲的是江西的名山秀水，壁画从赣南至赣北的顺序依次描绘了江西的奇山异水。

【大庾岭】第一座山是地处江西最南部的景点大庾岭，因为盛产梅花，故称梅岭。它位于赣州的大余县，是江西省与广东省交会处的名山，在两山之间有一条小路，梅关古驿道，这条古驿道是唐朝时宰相张九龄奉唐玄宗李隆基的诏令，花了几年时间在这里修了一条长三四十公里的古驿道，这条古驿道虽然只有几米宽，但是唐宋时期唯一一条通往广东的路，1934—1936年陈毅元帅奉命留守苏区，就在这里打了三年的游击战，1936年在被敌人重重包围的时候写下了著名的《梅岭三章》"断头今日又如何，创业艰难百战多。此去泉台招旧部，旌旗十万斩阎罗"。而当年他被困的这个地方也被开发成了一个旅游景区，因为风景秀丽成为赣南的一处胜景！

【龟峰】形似乌龟形状的山峰，就是位于上饶弋阳的龟峰，因为它的山体层叠像一只只大大小小的乌龟，无山不龟，无石不龟，无岭不龟，故得名为龟峰。这里还是老版《西游记》外景拍摄地之一，主题曲当中"你挑着担，我牵着马"拍摄场景便是在这儿。

【龙虎山】两峰对峙的是道教祖庭龙虎山。《水浒传》的开篇第一回就是"张天师祈禳瘟疫，洪太尉误走妖魔"，作者施耐庵就把《水浒传》的故事开始在龙虎山。在这里，我们可以了解到源远流长的道教文化和碧水丹山的山水文化，还有千年悬棺之谜。在两岸的崖壁上您会发现有很多的棺木，这些棺木都是2600多年前春秋时期古越族留下来的，在科技那么落后的条件下，古人是怎么将棺木放到离水面那么高距离的悬崖呢？早在1997年鹰潭市政府就悬赏30万，但至今还是一个谜？

【井冈山】从左边一直蜿蜒过来的青绿色山峰就是中国革命的摇篮井冈山，井冈山有著名的五大哨口，画面中描绘了一大哨口黄洋界。历史上著名的以少胜多的黄洋界保卫战就发生在这里。主峰五指峰，海拔1583米，也是第四版百元大钞上的图案，所以被称为中国最值钱的山。

【庐山】中国三大避暑胜地，世界文化景观——庐山，李白笔下的"飞流直下三千尺，疑是银河落九天"描绘是庐山。苏东坡笔下的"横看成岭侧成峰，远近高低各不同"描绘的是庐山，毛主席笔下的"一山飞峙大江边，跃上葱茏四百旋"描绘的还是庐山。游客上山之后都住在牯岭镇，山上常住人口有一万三千多，分布着全世界20多个国家和地区不同风格的七百多栋别墅，所以庐山有了"万国建筑博物馆"的美誉。最著名的就是当年蒋介石和夫人宋美龄，毛主席和夫人江青国共两党的最高领导人都住过的美庐别墅。

【鄱阳湖】 最顶上的是含鄱口的望江亭，天气晴朗可以在这儿远眺鄱阳湖——中国最大的淡水湖，画面中间有一条明显的界线，那是鄱阳湖与长江的分界线。每年的十月到来年的二月份，是鄱阳湖观赏候鸟最佳的时期。

【石钟山】 最边上紧挨着鄱阳湖的是石钟山，是古代南北文化交流和贸易往来的重要交通枢纽和军事要塞，所以历代为兵家必争之地。因山体状若洪钟得名石钟山，又因大文豪苏轼的《石钟山记》而闻名。

江西的名山秀水除了这奇山异水还有很多，千年瓷都景德镇，中国最美的乡村婺源，萍乡的武功山，中国七仙女传说之乡的仙女湖等等，都非常值得一去。

五楼中厅：滕王阁序

请看中厅是苏东坡先生手书的《滕王阁序》，分为序文和诗文两部分，诗文既是对序文的延续，也是对序文的概括。唐高宗上元三年（676）九月初九重阳节，洪州都督阎公在新落成的滕王阁大宴宾客，当地知名人士都应邀出席。王勃正好路过这里，也应邀参加。因为他才 26 岁，所以被安排在不显眼的座位上。阎都督的女婿很会写文章，阎都督叫他预先写好一篇序文，以便当众炫耀一番。大家酒酣之际，阎都督站起来说，今天洪州的文人雅士欢聚一堂，不可无文章记下这次盛会，各位都是当今名流，请写赋为序，使滕王阁与妙文同垂千古。话毕，侍候的人将纸笔放在众人面前。但是大家推来推去，没有一个人动笔。后来推到王勃面前，王勃竟将纸笔收下，低头沉思。过了一会儿，王勃卷起袖口，挥毫即书。阎都督见是一个青年动笔，不太高兴，走出大厅，凭栏眺望江景，并嘱咐侍从将王勃写的句子，随时抄给他看。才过一会儿，侍从抄来《滕王阁序》的开头四句："南昌故郡，洪都新府。星分翼轸，地接衡庐。"阎都督看了，认为这不过是老生常谈，谁都会写，一笑置之。其实，这十六个字把南昌的历史和地理的概况都交代清楚了，纵横交错，起笔不凡。接着，侍从又抄来了两句，"襟三江而带五湖，控蛮荆而引瓯越"。阎都督看了有些吃惊，他想，这少年以三江（泛指长江中下游地区的江河）为衣襟，又将五湖（南方几个大湖的总称）为飘带，既控制着南方辽阔的楚地，又接引着东方肥美的越地，大有举足轻重、扭转乾坤之气。写出这样有气魄的句子，没有大胸襟、大手笔是不可能的，侍从接着抄上来几句，更使阎都督吃惊："物华天宝，龙光射牛斗之墟；人杰地灵，徐孺下陈蕃之榻"。原来，王勃在这里用了两个典故。前一个典故是说，物有精华，天有珍宝，龙泉剑的光芒直射天上二十八星宿中的斗宿和牛宿之间，意思是洪州有奇宝；后一个典故就是我们前面提到的"徐孺下陈蕃之榻"，意思是洪州有杰出的人才。阎都督越看越有滋味，越看越钦佩，连声称赞"妙！妙！妙文难得！"王勃写完后，走到阎都督面前，谦逊地说："出丑之作，望都督指教。"阎都督高兴地说："你真是当今的奇才啊！"于是重新就座，阎都督把王勃奉为上宾，并亲自陪坐。最后王勃还提笔写下了《七律·滕王阁》。

> 滕王高阁临江渚，珮玉鸣鸾罢歌舞。
>
> 画栋朝飞南浦云，珠帘暮卷西山雨。
>
> 闲云潭影日悠悠，物换星移几度秋。
>
> 阁中帝子今何在，槛外长江空自流！

六楼：古乐厅

游客朋友们：我们现在来到了滕王阁第六层为古乐厅，这一层也是滕王阁的最高层，滕王阁的阁顶是一个藻顶。它是由288个小斗拱组成，这些斗拱由下往上数共有12层，每一层有24个斗拱，意寓着一年有12个月，24个节气。斗拱层层叠叠向上旋转，预示着宇宙无穷之意。藻井中间悬挂着精雕细刻的"母子"宫灯，随着气流变化，宫灯不停地微微转动，它是中国彩灯中最富有特色的传统手工艺品之一，具有浓厚的地方特色，以雍容华贵、充满宫廷气派而闻名于世。

大厅的两边是大型唐三彩壁画，名为《大唐舞乐》，是盛唐文化的集大成者，以提炼的唐文化基本元素为载体，融唐诗、唐乐、唐舞于一体，反映了盛唐的辉煌典雅和泱泱大气。南面龙墙上面是以男性歌舞乐伎为主的舞蹈。如有中国唐朝宫廷乐舞《秦王破阵乐》、有从西域传入中原，以跳跃和急促多变的腾踏舞步为主的一种男子独舞《胡腾舞》、有古老的传统民俗燕乐舞蹈《五方狮子舞》；北面凤壁上面是以女性歌舞乐伎为主的舞蹈。有唐玄宗所作之曲，用于在太清宫祭献老子时演奏的《霓裳羽衣舞》、从西域传入中原的著名健舞《柘枝舞》、有通过丝绸之路传来的西域旋转性的舞种《胡旋舞》。

这两侧的舞蹈都有着一个"胡"字，这是指胡人的，外邦的，由西域流传入唐朝的舞蹈，可见唐代的民族文化大融合已达到了空前的高度。龙墙再现了男子的阳刚之气，凤壁再现了女子的飘柔之美。整幅画面体现了唐朝歌舞升平，繁昌荣盛的历史景象。

游客朋友们：滕王阁的文化积淀真是太深厚了，滕王阁是南昌的骄傲，是豫章古文明的象征，乃中华民族文化遗产之瑰宝，希望我今天的讲解能够给大家带来收获与快乐，我们的游览到此结束了，欢迎下次光临。感谢各位对我工作的支持和配合，希望大家能留下宝贵的意见和建议。祝大家在回程路上一路平安。工作顺利，身体健康，家庭幸福！谢谢大家！

十二、萍乡市武功山景区导游词

［概况——石鼓寺服务区——福星谷——高山草甸——金顶］

概　况

游客朋友们：

大家好！欢迎来到被中国国家地理杂志评为中国十大"非著名"山峰之一——武功山景区观光游览！

武功山位于江西省萍乡市东南部，居罗霄山脉北段，主峰白鹤峰（金顶），海拔 1918.3 米，是集人文景观和自然景观为一体的山岳型景区，荣获了国家 5A 级旅游景区、国家级风景名胜区、国家地质公园、国家自然遗产等殊荣，与庐山、衡山并称为江南三大名山。

朋友们，听到"武功山"几个字，大家可能会想这座山是不是就像嵩山、武当山一样，和武侠、武功、武术有关呀，其实不是的。武功山的名字是怎么来的呢？这里有一个非常曲折的过程，武功山的人文历史将近 2000 年，它的第一个名字叫作"泸潇山"，得名于境内的泸水、潇水两条河流。后来，东汉的葛玄、东晋的葛洪等道教丹鼎派的名人，先后来到这里修道炼丹。由于葛玄在道教被尊为太极仙翁，葛洪被尊为小仙翁，所以武功山的第二个名字叫作"葛仙峰"。在他们之后，又有一个来自四川的姓武的人，带着老婆和两个儿子，来到这里练气修道。后来，这个姓武的人和他的儿子们一直留在武功山，他的老婆则另找了一座离武功山不远的地方修炼，就是如今吉安泰和县境内的武冈山，因此武冈山也被称为"武姥山"。这姓武的夫妇两人得到武功山山川灵气的滋养，同一天得道升仙。因此，为了纪念他们，武功山又有了第三个名字"武公山"。南朝陈朝时，有位将军出兵协助陈武帝平定侯景之乱，途经"武公山"祷告求拜，武仙人感之托梦并授以平乱之策。后来陈武帝有感于山中神灵相助之功，于是赐名"武功山"，一直沿用至今，已有 1400 多年的历史。

萍乡武功山的核心区域面积为 163.4 平方公里，景点 200 多处，以高山草甸、峰林地貌、飞瀑温泉、千年祭坛、优越生态为主要特点，其资源类型与特色被专家概括为"山景雄秀、瀑布独特、草甸奇观、生态优良、天象称奇、人文荟萃"。

武功山是一座文化名山

武功山峰顶神秘的古祭坛群距今已有 1700 多年的历史，被誉为华夏一绝；千百年人文积淀，孕育了雄冠江南的文化内涵，流传着众多的文化故事。第一个故事是：葛仙筑坛武功山。赤乌元年（公元 238 年），葛玄栖身武功金顶，修真炼丹六载。丹成后，葛玄将"秘术授弟子郑隐，（葛）洪就隐学，悉得其法焉。"道教尊葛玄为太极葛仙翁、葛洪为"小仙翁"。宋徽宗和宋理宗分别赐封葛玄为"冲应真人"、"冲应孚佑真君"。葛玄、葛洪祖孙金顶炼丹所筑之坛，为石头垒砌而成，中间不用梁柱支撑。这种石构"无梁殿"建筑，是研究江南古代祭祀文化的"活化石"，被誉为华夏一绝。第二故事是徐霞客游武功山。明崇祯十年（1637）正月初一日，明代地理学家徐霞客开始了纵览武功山胜景之行。在这座大山里，他迎雨雪，冒酷寒，风餐露宿，游集云、登绝顶、探九龙，他尽情饱览了武功山道佛胜地风采，不由得发出"不几谓武功无奇胜哉"的赞叹！在正月初三的这一天，徐霞客夜宿金顶。第二天一早，他一觉醒来，推门一看，白鹤峰雨停雾起，但见大雪覆盖着的千山碧玉如簪，一轮红日喷薄而出，如金在冶。见此奇景，徐霞客禁不住诗兴大发，不由赞叹"千峰嵯峨碧玉簪，五岭堪比武功山；观日景如金在冶，游人履步彩云间"。第三个故事是张程编撰《武功山志》。万历初年，尚宝司少卿张程与同是进士的大哥张秩回家丁忧。在家乡，他与理学家邹守益关系甚密，常常一起上武功山游历。在山游玩之时，他有了编撰山志的想法。万历九年（1581），他再次上山游览。下山后，他马上着手组稿编辑。随后，他再三征求乡贤名流意见，最后分山水、坛宇、褒崇、仙释、物产、灵验、诗文等卷，编撰了一部流传至今的《武功山志》。

武功山是一座生态名山

武功山的雄奇和秀丽是大自然的杰作，是亿万年地质演变所铸就的花岗岩穹窿地貌；这里有丰富而又珍贵的地质遗迹，罕见的变质核杂岩构造和断块山构成的地貌、花岗岩地貌、风化剥蚀地貌和流水地貌，以及由这些地貌叠加而成的复合地貌景观等。在武功山山体周边露出有华南地区较全的晚古生代和中生代地层，这些地层和花岗岩是武功山山体的主要物质组成。强烈的地壳构造运动在这些岩层中留下了清晰的记忆，断层、褶皱等地质现象随处可见。所有这些，反映了武功山地质文化的广博内涵。

景区内 10 万亩高山草甸绵延于海拔 1600 多米的高山之巅与巍峨山势相映生辉，堪称天下无双；气势恢宏的高山瀑布群、云海日出、穿云石笋，奇特的怪石古松、峰林地貌和保存完好的原始森林、巨型活体灵芝等景观令游人叹为观止。武功山气候温和，四季分明，雨量充沛，年平均气温 14℃~16℃，夏季最高温度为 23℃，低于同期庐山、黄山气温，是良好的避暑胜地。景区生态优良，森林覆盖率达 88.1%，动植物资源丰富，植物物种 2500 余种，动物物种 1900 余种，被中国科学院专家誉为天然动植物园。

武功山是一座活力名山

武功山以开放的胸襟面向世界，依托丰富的旅游资源开展形式多样的旅游主题活动。所以，武功山又有户外天堂、摄影天堂和滑翔天堂之称。这三大称号是广大的户外爱好者、摄影爱好者、滑翔爱好者自动自发地送给武功山的桂冠。何为户外天堂？由于草甸视野开阔、地势平缓，亚热带季风气候十分宜人，而且安全系数高，早在十多年前，每年都有很多广州、深圳、湖南的驴友来到这里开展户外运动。这几年，武功山顺势而为，已经举办了多届武功山国际帐篷节，第一届有 3000 多人参加，一届比一届人多，凭借草甸的天然优势和在外届的良好口碑，武功山作为户外天堂的名号越来越响亮。2013 年，《时代》杂志中评选的最令人惊奇的照片中，萍乡武功山的帐篷节就有入选。2017 年被央视新闻联播栏目誉为国内最大的户外帐篷节活动举办地。何为摄影天堂？在这样无遮无拦的地方，很容易拍出大气的照片来，所以武功山也是很多摄影爱好者流连忘返的地方。除了看草木，还可以尽情领略到天象奇观：云海，日出和佛光。何为滑翔天堂？由于金顶海拔高度差大，山顶与地面海拔相差 1700 米，加上这里没有高压电塔等障碍物，具备十分理想的无动力滑翔条件，吸引了来自全国各地的滑翔爱好者。

下面让我们开启武功山之旅吧！

石鼓寺服务区

我们现在来到的是石鼓寺服务区。为了提升游客的游览体验，方便游客集散、游览、登山、换乘、购物，2015年武功山景区投入资金6500万元对石鼓寺服务区进行了提升改造，2017年8月份全部完工。新建了转运车场、景观廊亭、旅游厕所、登山门禁及景区配套基础设施等，初步形成了融游客换乘、商业、宗教、文化景观为一体的综合功能服务区。

【石鼓寺牌坊】 在我们面前的大气磅礴的山门是石鼓寺牌坊，牌坊正面匾额"武功山"为行书，由中国书协顾问、解放军书法创作院院长李铎书写，大家看山门正面楹联"金解囊橐，结成缘，想东晋仙翁，西江福主，祖武念修，今又仰；鼎镇乾坤，安善座，喜泸山虎伏，渌水龙美，神功浩荡，民难名"，这副楷书楹联，由中国书协理事行书专业委员会秘书长王学岭书写。这原本是金顶白鹤峰寺庙里的古联，明代的信士摘抄流传下来。主要内容是写武功山的道教文化、本土武公王爷文化和山水特征。囊橐是宝库的意思，东晋仙翁是葛玄，祖武是指祖先武公老爷，泸山是指泸潇山，渌水是萍乡流往湘江的一条河流。上联意思，宝库里炼出金丹，结成道缘，回想东晋的仙翁葛洪，西江的福主，祖先武氏道长的修行，现在又来拜仰。下联，高山之顶镇守乾坤，安住善座，欣喜泸潇山藏虎，渌水龙王羡慕，神仙的功德之浩荡，民众诉说不尽。

【石鼓寺】 这座依山而建的寺庙叫作石鼓寺，最早建于宋延佑年，清初重建，据载：清乾隆下江南时，拜谒当时的主持通仁禅师。乾隆见庵前有石若鼓，就将庵赐名为石鼓寺。后来古庙损毁，现在我们看到是2003年重建的，占地30亩，是按照佛教建筑的纵轴式建制，包括大雄宝殿、钟鼓楼、厢房等建筑。

现在我们看到的是武功王爷殿，里面供奉的是武功王爷三父子，武功王爷殿殿门楹联"武道昭显，四海威扬称仙界；功德巍峨，万民踊跃齐来朝"出自江春发老师，为行书，由中国书协分党组书记驻会副主席陈洪武书写。武功王爷殿背面楹联"我武维扬，聪明正直而壹；其功无量，上下天地同流"为行书，由中国书协理事广西书协驻会副主席刘德宏书写。

大雄宝殿里中间供奉的是佛教横三世佛：中间是释迦牟尼佛，主管中央婆娑世界。左边是西方极乐世界的阿弥陀佛，主管西方极乐世界。右边为东方净琉璃世界的药师佛，主管东方琉璃光世界。旁边供奉的是十八罗汉，大佛的后面供奉的是大慈大悲的千手观音，以及骑着狮子代表智慧的文殊菩萨和骑着六牙白象的普贤菩萨是守护华法的行者。

【赣西傩福柱】 这是由七根石柱圆雕组成的武功山传统民俗文化巨篇：赣西傩福。首先向大家解释一下"傩"是什么，简单地说，"傩"是古代尊天祭祖的一种仪式。流行在宫廷的叫作"大傩仪"，在帝王登基、寿辰和战胜他国时，祭天拜祖，进行欢庆祝福。流传在民间的，属于平民傩，多在春节时举行，是民间尊天祭祖驱逐疫鬼欢庆丰收的活动。

赣西的傩舞主要在萍乡，萍乡傩文化历史悠久，最古老的傩面具是由石头和青铜制成的。萍乡傩文化被列为国家非物质文化遗产，民间的傩舞队还作为文化交流项目到法国、日本、韩国、新加坡等地表演，享有国际声誉。

这七根圆雕柱表现了傩舞中的七个情节：尊天，祭祖，劝善，赐福，驱邪，惩恶，享太平。

福星谷

福星谷是武功山景区投入重金打造的一条精品线路，是为了改善游客的游览体验而专门量身打造的，是汇集生态、文化、养生等诸多要素的旅游产品。这条线路将深山古寺、竹海梯田、飞瀑流水、怪石古松、峰林地貌、千米栈道、云海日出、远古祭坛、高山草甸等巧妙地融合在一起，而且设计上充分照顾到人的舒适度、愉悦度，很人性化，使得整个行程非常的轻松有趣，是在武功山观景的最佳通道。

现在我们正式进入福星谷了，大家有没有感觉到有什么异样？是不是觉得进入山谷之后，空气特别的纯净清新，身心非常的舒坦？这就对了，因为我们已经进入了武功山的"天然氧吧"里，经过气象部门的检测，武功山森林空气中的负氧离子每立方厘米常年在4~7万个（空气中负氧离子达到一万个，就是优质空气，超过七万个就对人体过度氧化，反而有害了），在夏季的时候，这里的氧浓度最高，是最佳的吸氧环境。负氧离子可以使人的血氧含量浓度增加，促使血液中的葡萄糖转化成ATP（三磷酸腺苷，一种提供身体能源的物质），ATP在有氧环境中会释放大量的能量，让人心情振奋、充满活力。

有的朋友可能会直观地认为，这些负氧离子就是周围的树释放出来的，其实远远不是这么简单。森林负氧的形成和武功山的大气候有关，武功山处于亚热带季风气候带上，夹在影响整个中国气候的秦岭和南岭之间，由于气流爬升的过程中动能转换为势能，导致温度下降、密度增加，相应的氧气的浓度也增加，形成了富氧气流，在山腰的时候气流遇到了武功山的针叶林，针叶林释放出生物电，这种生物电会将空气中的二价氧转化成三价氧，也就是俗称的负氧。所以，我们现在呼吸的每一口空气，都带着贝加尔湖的湿润水汽、太平洋的温暖阳光和武功山的植物清香。

【南方红豆杉】在我们右下方有一株南方红豆杉是常绿乔木，树皮淡灰色，纵裂成长条薄片；芽鳞顶端钝或稍尖，脱落或部分宿存于小枝基部。叶2列，近镰刀形，长1.5~4.5厘米，背面中脉带上无乳头角质突起，或有时有零星分布，或与气孔带邻近的中脉两边有1至数条乳头状角质突起，颜色与气孔带不同，淡绿色，边带宽而明显。种子倒卵圆形或柱状长卵形，长7~8毫米，通常上部较宽，生于红色肉质杯状假种皮中。种子可榨油；树皮含单宁；木材可供作用材。分布于长江流域以南各省区，以及河南和陕西。国家一级重点保护植物，我们看到的这棵树树龄达300年以上。

【福星岩】我们右下方一个石台上是一块象形石，叫作福星岩，因为有人说那块石头像是坐着的民间传说中福禄寿三星中的福星，这位福星呢正在这山谷中播撒着福气，所以今天来到这里的游客朋友们都是有福之人。

【江西杜鹃】大家请看这岩壁上的灌木，只有一米多高，看起来很不起眼，但是很有来头，它的名字叫江西杜鹃，是杜鹃花科、杜鹃属的植物物种，是最早在我们武功山发现而命名的一种杜鹃花，它们开花的时期是在五月份，花期大概一个月。

这种奇异的杜鹃花的神奇之处，有两个方面：一是这种杜鹃开的花和别的杜鹃有很大的不同，别的杜鹃的花的颜色都是红色、紫色或者红紫相间的，而江西杜鹃的花是纯白色的，别的杜鹃花基本上都没有香味，而这种杜鹃十分难得的是有着淡雅的清香，俗话说香花不美、美花不香、又香又美的却多刺，而这种花兼具香、美、无刺三大特色于一身，可以说是非常难得；二是这种花只喜欢高山绝壁环境，很难移栽到平地上，很多人都试过把它挖下山种到花钵里，到现在为止都还没有人成功过，也就是说这种花到了平地上既不能生存也不能繁殖，要欣赏它，只有爬上山来。

【葛仙采药】朋友们，我们回头看一下右下方对面的山峰，那里一块石头似乎要和山体分离，石头的形状就像一个老者背着一个竹篓在采药，大家看，那竹篓里已盛满药材了，这景点叫"葛仙采药"。该景点是花岗质混合岩经日积月累的风雕雨蚀而形成的锥形峰，是武功山的神奇绝景之一。

高山草甸

现在在我们面前的就是武功山的高山草甸。所谓高山草甸，就是指相对高差大于

1000 米的高山上的草甸。武功山山脚的最低的地方是海拔 200 多米，而最高的地方海拔达到 1918.3 米，相对高差达到 1700 多米，是无可争议的高山，而我们的草甸生长在海拔 1600 米以上的山顶，和地面的相对高差也有 1400 多米，所以可以称之为高山草甸。武功山草甸绵延 120 余里，其中地势较为平坦，最宜游人欣赏的是金顶、观音宕、九龙山和发云界四大草甸。

武功山的高山草甸是武功山标志性的景点，也是体量最大的一个景点，经过专家的考证，武功山的高山草甸是全球同纬度海拔最高、面积最大（超过十万亩）的高山草甸，堪称"江南一绝"。武功山高山草甸具有独特性、唯一性，非常壮美、雄浑。

构成草甸的草不是草原的牧草，而是高山的茅草和野古草，茅草学名叫作芒草，这种草可以长到一两米高，生长于海拔 40～2400 米，叶片很坚韧，叶片是锯齿状和颗粒状，有些朋友看到这样一大片云中草原，第一个想法就是怎么不在这里放牧牛羊呢，告诉大家，这是不现实的。第一，这里实在是太险峻了，牛羊很难上来，即使上来了，在这样的到处是悬崖绝壁的山上，也很容易摔下山，让放牧的人血本无归；第二，这里海拔高，寒冷、缺氧，很不利于牲畜的生存；第三，这里的芒草根本不是很好的牛羊草料，就连什么草都吃的山羊都不会去碰触它们；第四，当然我们景区的管理机构也不会允许有人来这里放牧牛羊，因为高山草甸是我们独一无二的景观资源，是构成武功山魅力的重要因素，保护都还来不及，哪里还会允许牛羊来践踏破坏。所以，我们的云中草原，只有观赏的功能，而没有农牧业方面的经济价值。

武功山的高山草甸是怎么形成的？根据地质专家和植物专家的推测，总的来说这是一种生态效应的结果，武功山植被随着环境的梯度变化呈现了明显的垂直分布，在高山上形成了森林线，超过森林线，树木就难以生长，就被能够适应高寒气候、大风气候、贫瘠土壤的茅草和灌木丛取代，从而形成了高山草甸。具体来说有六个方面的因素：

一是太阳辐射的影响。太阳辐射主要由三部分组成：紫外线、可见光和红外线，高山上紫外线辐射极强，会破坏细胞分裂和生长，从而抑制植物的生长，所以不利于高大的木本植物生长，而利于草本植物的生长。

二是温度的影响。随着海拔的增高，空气越来越稀薄，保温作用差，不利高大植物生长。同时，随着海拔的升高，温度也会逐渐地降低，我们都知道海拔每上升 100 米，温度就会下降 0.6℃，草甸和平地的高差在 1400～1700 米之间，温度至少比地面低8℃～10℃，下面零度的时候，这里可能就是零下10度，而一般的阔叶林和针叶林的耐寒性都比不上茅草，所以到了山顶，大树基本上看不到了。

三是水的影响。由于高山风大，土层薄，持水能力差，水分少等，导致土壤处于半干旱状态，适宜草本植物生长，而木本植物适宜湿润和半湿润地区生长。

四是土壤的影响。土壤是植物生活的基质，土壤能够为植物生长发育提供必要的条件，如固定和支撑，供应水分、养分等，高山土层薄，石质化强，植物只能形成浅根系，高山土壤的养分又少，也不利于木本植物生长。

五是风的影响。武功山山高风大，风会加快植物蒸腾的速度，会加剧植物失水和散热，很容易使得植物干枯，而且强风能对高大植物产生机械性伤害，比如刮断枝条和主杆，或者直接刮倒在地、露出根系，可以直接把一棵大树摧毁，所以导致了木本植物难以存活。

六是火的影响。很久以前山里的农民有冬季放火烧山的习惯，把原本长在山顶的一些大树烧死了，然后砍掉大树去制作木炭或者当柴烧，这种人为的破坏，使得金顶的大树逐渐稀少；山火也会改变山顶的土层，使得其营养能力逐渐降低，越来越不适合大树的生长，所以木本植物就逐渐地从山顶撤退了，留下了对生存环境要求比较低的茅草和灌木占据了这广阔的生存空间。这是草甸形成的次要原因。

金顶

【金顶石碑】这里就是武功山的海拔1918.3米的最高点，这座石碑建于2000年，碑的底座是萍乡地图的形状。在2014年的时候，这座石碑被雷击打碎了，在2016年的时候，景区将它重建了。为确保游客和景区游务设施的安全，景区投入资金600余万元在金顶区域安装了防雷设施。在金顶，整个江西都在你的脚下，可以纵览整个江西。

【古祭四坛】让我们来欣赏武功山四座千年古祭坛，分别叫作：葛仙坛、冲应坛、求嗣坛和汪仙坛。这是武功山最富特色的人文绝景之一，它们都是石头垒砌成的无梁殿，最早的是三国东吴时期建成的，距今已经有1700多年的历史了，被誉为研究江南古代祭祀文化的"活化石"。

祭坛是用来做什么的呢？粗略地说，它们有三大功能：一是作为道家修炼者的炼丹基地，古代的修道者在这里用武功山的矿石、泉水和药材炼制能够使人长生不老、羽化成仙的丹药，相当于一个作坊；二是古代老百姓祭天祈福的地方，当他们遇到旱灾、蝗灾、瘟疫的时候，就会到来这里烧香、跪拜，祭祀求福，希望感动上天，消灾去难。三是作为求子的地方，当古代的老百姓生育不了儿女的时候，也会来这里祭拜，希望武功山的神仙保佑，让他们能生出儿女，延续香火。

祭坛的建筑材料是武功山特有的花岗岩石块、石条，非常的坚硬牢固，可以抵挡千年风雨的侵蚀，大家可以看到这些石头都发黑了，这是一千多年的岁月留下的痕迹。有的朋友会想，古代没有水泥，这些石头是怎么黏合在一起的呢，根据古籍记载，古人采用的黏合剂是石灰、桐油和糯米的混合物，可以粘得非常的坚牢，不比水泥差，在科技不发达的时候，古代劳动人民的智慧不得不令人佩服。

【葛仙坛】亦称老坛、观日台、金顶，全称为"东吴雷霆玄省之坛"，是为了供奉道教丹鼎派祖师葛玄所建。公元 238 年，即是三国时期吴国孙权当政的赤乌元年，著名玄学家，江苏句容人葛玄到处游览名山大川，云游到武功山的时候，看到这里云蒸霞蔚、仙气缭绕，于是停留下来，登山炼丹 6 年，进行了道教理论研究和实践活动，被当地人称为"葛仙人"。

【冲应坛】亦称银顶，也是为了纪念葛玄而修建的，"冲应"在道教有阴阳之说，因为在北宋崇宁三年（1104）和南宋淳祐六年（1246），宋徽宗和宋理宗分别赐封葛玄为"冲应真人"和"冲应孚佑真君"，这个祭坛因此而得名。

【汪仙坛】亦称望仙坛、玉顶，明朝知府汪可受体恤百姓，但是在官场因为正直而触怒权贵，遭到贬官，汪可受于是辞官来到武功山出家修道。他死后，老百姓在这里建设祭坛来纪念祭拜他。

【求嗣坛】这里就是求子非常灵验的求嗣坛，亦称龙坛，供奉的是道教的葛玄、葛洪、慈航道人（即佛教中的观音菩萨）以及龙王，所以这里除了可以求子还可以求雨，这种道佛和民间传说的神仙共处一庙的情形再次说明了武功山儒道释三家合流的文化包容性，大家可以看到，观音菩萨的像朝向南面，对应的当然是南海送子观音。前面的一眼泉水，被人称作"仙水"，来求子的人都会喝这里的泉水，还会带一些泉水回家喝，据说喝了之后非常灵验。而神龛下面也有一个泉眼，当地一直有这样一句话"摸个石子成才子"，很多香客会把手伸进去摸，如果摸到石头就是儿子，如果摸到硬币就是女儿。

南宋绍定五年（1232），吉安一个叫作文仪的人到了中年还没有子嗣，听说武功山庙里供奉的葛真人非常的灵验，有求必应，于是和妻子一起来到武功山进香求神。在此之前，金顶道观的住持玄真子曾经拜访过文仪，文仪给玄真子捐献了银两修筑庙宇，玄真子给文仪留下了一首偈子："朔风渐紧，颓波不兴，天地正气，在子一身"。这次文仪上山，见到玄真子，向他请教偈子的含义，玄真子只说天机不可泄露，之后果然连生四子。其中4年之后，即宋端平三年（1236），文仪和妻子生下了大儿子，这个儿子生下来的时候祥云绕屋，所以取名叫作"天祥"，后来文天祥高中状元，最后做到丞相，后来抵抗元朝入侵，壮烈殉国，和陆秀夫、张世杰并称为"宋末三杰"，并写下了《正气歌》《过零丁洋》等千古名篇，留下了"人生自古谁无死，留取丹心照汗青"这样的千古名句。那玄真法师的偈语终于有了应验："朔风渐紧"正是指元朝势力在扩张，"颓波不兴"是说南宋已无力复兴了，至于"天地正气，在子一身"更明明白白指的是文天祥了。

文仪为了报答武功山神仙的保佑，曾经捐钱在山顶上修建了一座铜瓦殿，文天祥做官后还亲自写了"葛仙坛"牌匾挂在殿上。后来铜瓦殿毁掉了，现在我们看到的是1986年当地村民重建的。

各位游客朋友，武功山景区参观到此结束了。祝大家健康相伴，平安相随！

▌十三、九江市庐山西海景区导游词▌

[概况——女神岛——西海之星——桑田岛]

概　况

游客朋友们：

大家好！在我国长江中下游九江市境内，有一处"最美的湖光山色"，她就是我们今天要参观的庐山西海景区。

庐山西海地处江西省九江市的庐山西麓，昌九工业走廊中段，地跨永修、武宁两县，犹如一块大翡翠洒落在赣北大地，又似一颗明珠，镶嵌在北大门，熠熠生辉。景区主要由庐山西海柘林景区、庐山西海巾口景区、庐山西海云居山景区组成，是一处集国家重点风景名胜区、国家5A级旅游景区、全国水利风景区、中国养生环境胜地、亚洲最大土坝水库、全国十佳生态旅游示范景区、中国体育旅游精品景区、全国中小学生研学实践教育基地为一体的山岳湖泊型特大景区。拥有着"诗画西海、运动西海、健康西海、时尚西海、文化西海、幸福西海"六大名片。

西海景区总面积达 495 平方公里，8000 多个大小岛屿星罗棋布，山水交融。目前已开发的岛屿共有 8 座，其中 7 座是浮桥相连，岛与岛之间通过形状各异的浮桥相连，移步换景，美不胜收。游客们乘船穿梭于各个岛屿之间，舟行碧波上，人在画中游。岛相依，桥相连，舟相伴，幕阜、九岭山脉，层峦叠嶂，碧波万顷，绿岛拥翠，犹如颗颗翡翠落玉盘。泛舟湖上，满眼皆是清澈的湖水和绿意盎然的岛屿，远山含黛、近水含情的西海之美令人叹为观止。

大美湖岛风光

庐山西海原名柘林湖，因亚洲第一大水电土坝拦河工程所在地——柘林镇而得名，又因地处世界文化景观庐山西边，故又名庐山西海。其水域面积达到 308 平方公里，相当于 4 个尼斯湖大小。湖水深邃纯净，平均水深 45 米，能见度逾 11 米，属国家一级水体。

"天上云居，诗画西海"。整个景区湖水清澈，碧波荡漾，风光秀丽，四季各具特色。这里春和景明，百花斗艳；夏荷飘香，避暑天堂；秋高气爽，稻香鱼肥；冬雪封盖，银装素裹。无论哪个季节来这里游玩，都会有令人心旷神怡，流连忘返之感。散布在景区的岛屿大小各异，分布有疏有密，罗列有致。岛屿稀疏处，湖面开阔、深邃、浩渺、宛如海面。群集处众岛又形成似连非连景象，湖面被分隔得宽窄不同、曲折多变、方向难辨，形成水上迷宫的特色景观。湖湾幽深多姿，景色绚丽多彩，众岛星罗棋布，堪称世界奇观。流连在这青山绿水之间，带给游客的是宁静、惬意与美好。

走进庐山西海，既可登高俯瞰千岛落珠胜境，也能漫步滨湖小道感受湖风吹拂，如痴如醉，心旷神怡。白天，走进岛屿体会蓝天碧水；晚上，喝一杯西海白茶感慨人生，再泡个原生态的富矿温泉恢复元气，这绝对是动静相宜的美好体验。

在西海，山与水碰撞出"爱的火花"，连岛屿都"进化"成了心的模样。在西海，公路与湖景联动，造就了"中国最美水上高速"。驰骋在"水上高速"，窗外青山穿行，碧波荡漾，山水交融，移车换景，让人深刻体会到"行驶湖岛高速，感受如画仙境"的惬意和幸福。

古朴山水胜境

庐山西海东南隅的云居山，素有"云岭甲江右，名高四百洲"的美誉，这里是世界闻名的礼佛朝圣中心。云居山真如禅寺，五宗归一，有1200多年的历史，是中国佛教曹洞宗的发祥地。农禅并重、禅风浩然，高僧大德辈出，被誉为"新中国佛教领袖的摇篮"。海灯法师、星云法师、十一世班禅、柬埔寨国王西哈莫尼等先后前来参访。这里禅风严谨，制度完备，被佛教弟子敬奉为世界坐禅中心。它又被誉为"中国佛协领袖的摇篮"。新中国佛教协会首任名誉会长虚云长老曾在此于1956年至1959年重建真如禅寺，最后圆寂在云居山；佛协的第三任会长赵朴初先生曾是虚云长老的秘书，也是云居山真如寺的俗家弟子；第四任会长一诚大师在此修行了50年，并担任真如寺方丈；前不久圆寂的中国佛教协会会长传印，从1954年就随侍于虚云长老身边，在云居山修行达25年之久。真如禅寺千余年来一直坚持"农禅并重"的古朴严谨禅风，1988年赵朴初先生把真如禅寺和苏州灵岩山寺、福建莆田广化寺列为全国佛教三大样板丛林。鼎盛时期，真如禅寺僧尼有1500多人，山上寺庙有近百座。如今，云居山除真如禅寺外，还有瑶田寺、南阳寺、圆通寺、观音寺、小云门等10多处县级以上文物保护单位。

云居山不但是宗教圣地，而且奇山异石、溪水瀑布、摩崖石刻、古寺塔林、名胜古迹比比皆是，五龙潭瀑布、千年银杏林、莲花城等秀丽风光最负盛名。白居易、黄庭坚、朱熹、王安石等名人留下300多篇赞美云居山的诗文画作。苏轼赞之为"冠世绝境，大士所庐，四百州天上云居"。

生态魅力西海

庐山西海属于九岭山脉东端，区内最高峰高山尖海拔969.4米；地处亚热带季风气候区，森林覆盖率高，气候温暖湿润，一年四季分明，无霜期长，光照较充足，雨量充沛。景区内气候温和，多数山地土层深厚，适宜各种植物生长，在中国植被区划上属亚热带常绿阔叶林地区，东部中亚热带常绿阔叶林。森林覆盖率达84%，有国家一级保护树种之一的伯乐树，是我国亚热带特有的单型科古老原始类型树种。

良好的生态造就了优良的空气。这里空气负氧离子含量每立方厘米达到15万个，使庐山西海拥有着"一级水质，一级空气"的美誉。在这里，如果幸运的话，我们还能看到体态晶莹透明，呈现粉红色的桃花水母。它们浮上水面，随着波浪浮动，恰如水中漂浮的桃花瓣，成为庐山西海一大"靓景"。而且每年只有在春季桃花盛开时节和夏末秋初七夕之际，才有机会在西海看见。它们颜色绚丽，淡红的、洁白的、乳白的、棕紫色的，五彩缤纷。而且它们身体透明，分成四瓣，柔软如绸，有铜钱那么大，好像一只只彩色的降落伞，又好似一块块漂亮的小手帕，缓缓地一张一缩，悠悠然飘荡上下，星星点点，浮浮沉沉，摇曳多姿，与西海两岸绽放的千万朵桃花相辉映，与碧水中五彩斑斓的鹅卵石相衬托，美妙得无以言表。桃花水母诞生于 5.5 亿年前，出现的时间比恐龙还早几亿年，所以被称为生物进化研究的"活化石"，具有极高的研究价值和观赏价值。但是桃花水母对生存环境有极高的要求，水质不能有任何污染，活体罕见，极难制成标本，我国这一稀有物种已濒临灭绝，已经被国家列为世界最高级别的"极危生物"，有着"水中大熊猫"之称。因为优良的水质，庐山西海已经成为全国最大的桃花水母繁衍地。

在庐山西海，不同的季节可以探寻不同的美，您在这里可以感受到"水天相映成一色，人船穿游翡翠中"的绝妙意境，也能体会到"一生西海天下情"的诚挚与悠然。这里不但有惊险刺激的峡谷漂流、诗情画意的湖上花岛、丰富动感的水上游乐，还有轻松有趣的柑橘采摘、原汁原味的农家美味、新潮时尚的网红美食。在西海，春观景、夏漂流、秋采橘、冬泡泉，是娱乐休闲、美食打卡、度假康养的理想天堂。

下面让我们开启西海之旅吧！

女神岛

游客朋友们，我们现在已经到达了女神岛。在这里您可以观赏秀雅湖岛仙境、聆听美妙神话意境、探寻绚丽岛林幻境、赏鉴奇绝西海大境。本岛以西海女神浪漫感人的爱情故事为主题，打造仙境般的精品主题岛屿，重点突出游览、观光、体验。主要景点包括女神广场、女神馆、镜心楼、镜中林、观海平台等。

追寻女神脚步，踏赏西海胜景，我们现在到达的就是女神岛观海平台。观海平台由观景廊和观景阁组成。观景廊为悬空建筑，由林中伸出去的钢架使平台凌空而起，站在平台，可以感受从山腰俯瞰西海仙景的大美景象；想问下大家，站在此处，您看到的庐山西海的景致是不是又不同了？不过，还有一个更好的观海场地，让您更有一种大爱的感觉，那就是前面的观景阁，它是以西海最负盛名的桃花水母为蓝本创作，高 2.7 米、宽 1.3 米，分为上下两层。一层为敞开空间，供游客休憩喝茶等休闲活动；二层可供游客登高望远，远眺美丽西海之风韵。下面请大家到观海阁的二层去赏鉴西海的神韵吧！

世界每一个美丽的地方，都有一个美丽的化身；世界每一美丽的地方，都有一个美丽的故事，西海也不例外。大家沿台阶而上就能看到西海女神了。我们一起加油！登临西海至高神殿，拜谒西海女神，幸福吉祥将长伴您！

现在我们所在的位置就是女神广场。它由西海仙子雕塑、女神馆、景观挑台、广场等组成。

在广场的中央竖立着雪白的"西海仙子"雕塑。雕像采用铸铜材料，整体高度约8米。基座设计灵感来源于桃花水母，形状似桃花水母的头部，而广场深色的地砖，从基座伸出，就像是水母的触须，并向周围蔓延开来。雕塑以西海仙子飞仙时最美的一刻为原型设计建造，展现了西海仙子的飘逸身姿，足下彩云流转，似波涛中的朵朵浪花，又似桃花水母飘逸的触须，她身披七色彩带，彩带中间有飘旋的桃花。整个西海仙子好似逆风翱翔在彩云之上，尽显美丽西海之纯净、灵秀。您看，这西海仙子跃浪而起，画了一个圆圈，飘飘然腾飞而去，不禁让人浮想联翩……

西海之星

游客朋友们，咱们现在前往的是庐山西海的网红景点——西海之星。此岛主要有归去来兮看台、护塔龙王、西海玻璃观光塔、空中咖啡馆等景点。在此岛，可以体验到99米玻璃观光塔带给您的悬空刺激感，可以360°欣赏西海千岛落珠的壮观秀丽，将整个庐山西海尽收眼底，更能俯瞰爱心岛的神奇，感受"西海之恋"的浪漫。

现在请大家随着我手指的方向看，前面就是西海之星的入口了。现在请大家换上鞋套步入观光电梯，随着电梯的迅速攀升，各位朋友们将置身于88米的高空中，西海之星还在66米处的2楼为游客们准备了空中咖啡厅，游玩累了可以歇歇脚。让大家轻松自在享受悠闲时光的同时，还能欣赏到高空的美景。

好了，各位朋友们，下了电梯，我们到达的就是88米高的720°无死角观景平台，很多人第一次登上西海之星，都会大喊"好高呀，太吓人了！"告诉你们一个小技巧，您先别急着往下看，等您的身体已经适应这个高度的时候，沿着横梁慢慢前行，眼睛注视前方就能得到缓解哦。错过脚下的美景没关系，可千万不要错过眼前的风景。大家不要怕，慢慢往前走。来，我们直接先到三楼对门的那块地方，大家记住，风景虽好，安全第一，可千万别把身体往外探，别把手机相机等贵重物品放置在栏杆。

您看，在我们下方，湖水悠悠，小岛青翠。清澈的碧波江水，曲折萦回在千山万壑间，犹如一条长长的青罗带，山环水转，秀丽无比。您有没有发现，离我们比较近的一座小岛，它非常像一颗心的形状。这是一座与生俱来的浪漫岛屿，所以大家把它叫爱情岛。庐山西海，是一个充满美丽和浪漫的地方，见证了许多最美的相遇，制造着一个个浪漫的回忆。

大家立于玻璃观景平台之上，在惊险的感官体验下欣赏西海美景是不是又别有一番风情？散落于湖中的大小岛屿风光悉数尽收您的眼底，有此番美景，脚下透明玻璃带来的恐惧，想必大家早已被抛诸脑后吧。面对如此仙境，您是否想起了范仲淹先生的大作《岳阳楼》中的"至若春和景明，波澜不惊，上下天光，一碧万顷，沙鸥翔集，锦鳞游泳，岸芷汀兰，郁郁青青。"这不也是对西海最好的写照吗？此刻，蓝湖、翠岛，是西海最浓重的色彩。从广阔的天空到湛蓝的湖面，从星罗的岛屿到苍翠的高山，这就是美丽的庐山西海。您看，这蓝色纯粹的水面倒映着整个天空，就像一幅色彩浓重，但却让人心旷神怡的山水画。

桑田岛

游客朋友们，前面抵达的就是桑田岛了。桑田岛包括不忍去亭、农耕展区、农耕文化主题广场、五色福台、司母戊鼎等景点。此岛以农耕文化为主题，展示和再现了江西修河流域传统的农耕文明。"七百里修河，激情扬波，滋润着赣西北沧桑大地；五千年文化，厚重深远，彰显出山与水无穷魅力。"请随我手指的方向看，大家看到了什么？对，是一面背景墙，可以隐约地看见绵延起伏的山水、层层叠叠的梯田，还可以看见农夫在田间勤劳地耕作。该背景墙展示了修河农业文明的源远流长，也展现了西海人淳朴、勤劳和自强不息的精神。

我们现在来到的这处景点叫农耕文化主题广场，也是岛上主要的集散广场，小型演艺和节庆活动举办的场所。前面有一个五色福台，这五色分别是青、红、白、黑、黄，它指的是土壤的颜色，东青、南红、西白、北黑、中黄的五色福台，大体反映了我国土壤在这五个方位上的分布情况。我国东临大海，又是很多江河的入海口，所以土壤长期被水淹，其中的氧化铁被还原成氧化亚铁而呈灰绿色，所以是青土。而南方闷热潮湿且多雨，大量易溶于水的土壤物质受雨水冲刷而流失，最终剩下氧化铁和氧化铝，因而土壤呈现红色，我们江西就是我国红壤最多的省份。西部气候干旱，土壤以盐土和碱土为主，这类土壤中富含碳酸钙、石膏等白色矿物质，加上可溶性盐在土壤表层聚集，所以土壤变成了白色。东北地区气候湿润而寒冷，黑色的腐殖质在土壤中大量积累，而且降解缓慢，经年累月，黑色不断加深，因此称作黑土。黄土则主要分布于我国中部的黄土高原，黄土颗粒细腻，适宜耕作。五色土代表各色土壤所衍生出来的不一样的农耕文化，这表明我国地域辽阔，农业文明多姿多彩、灿烂辉煌，也寓意着各位游客朋友们的人生绚丽多彩和灿烂辉煌。有人可能会问，为何五色福台祭祀的是土而不是其他元素呢？这是因为土地就像空气、水和阳光一样，在维系人类生存方面起着不可替代的作用。土地聚财，是财富之母，它能给人们带来希望，衷心祝愿五色福台给各位带来财运，带来幸福。

好了，游客朋友们，我们马上要回到司马码头了，愉快的西海景区之行即将结束。说了这么多，也道不尽庐山西海景区的美，还有更多美景等待您发现、探寻。山水相连，人文相融，魅力西海，欢迎您再来！

十四、赣州市三百山景区导游词

[概况——福鳌塘——知音泉——九曲十八滩——东风湖]

概 况

游客朋友们：

你们好，欢迎大家来到国家5A级旅游景区、国家级风景名胜区、国家森林公园三百山景区旅游观光！

三百山坐落于江西南部，地处赣、粤、闽三省交界处，赣州市安远县境内，总面积197平方公里，是东江的源头，粤港居民饮用水的发源地，也是我国南方重要的生态安全屏障和全国唯一对香港同胞具有饮水思源特殊意义的旅游胜地，被誉为粤港澳大湾区的后花园。同时，还入选全国首批保护母亲河行动生态教育示范基地、"饮水思源·香港青少年国民教育基地"和"寻找中国最美星空·2020年度推荐星空目的地"。

大家知道三百山名字的由来吗？三百山得名有两种说法，一说是山民们为躲避战乱，在此地三百多个山头搭建了三百多个山寮垦荒种地、繁衍生息，故名三百山。另一说法是相传在晋朝，有陈、杨、胡三位高人用法术"点豆成兵"帮助当地百姓免受土匪、强盗的侵犯，又做了很多好事，深受百姓拥戴。在他们得道成仙之后，百姓为纪念他们，就在东风湖边上建"三伯公庙"，以祭祀之用，将山名也改为"三伯公山"。因客家方言"伯"和"百"同音，故名"三百山"。

游客朋友们，我们所在的三百山景区核心区 36 平方公里，由福鳌塘、九曲溪、东风湖、仰天湖、尖峰笔等五大景点组成，现有景观、景点 68 处，其中一级景点 10 处、二级景点 27 处、三级景点 31 处。三百山属寒武纪火山地貌，其景观集火山构造、奇峰幽壑、清溪碧湖、飞瀑深潭、密林古树、珍禽异兽、怪石险滩、温泉等诸奇景于一体，熔清幽、奇秀、雄险、古朴等特色于一炉，是一处纯天然、高品位的风景名胜区。人们把清澈秀丽的东江源，壮观密集的潭瀑群，保存完好的常绿阔叶林，无可挑剔的环境质量并称为三百山的"四绝"。

东江源头三百山，一江清水供粤港

游客朋友们，大家应该都知道香港居民的饮用水大部分是由内地的东江提供的，而东江源头就是我们这里的三百山。据《辞海》记载："东江，珠江支流，东源寻乌水、西源九曲河，均出自江西南部的安远"；《二十五史·明史》记载："安远府南有三百坑水下流广东龙川县"。民间也有歌谣唱道："江西九十九条河，只有一条通博罗"，这条河就是由三百山坑水汇集而成的镇江河了。镇江河经定南县九曲河，流经龙川、河源汇入珠江的支流东江，直至深圳东深供水工程，成为粤港居民饮用水的供给源，因此东江有着"生命水"之称。咱们在三百山风景名胜区入口处可以看到一块巨大的纪念碑，纪念碑上题写有"一定要保护好东江源头水"这 11 个大字，这是周恩来总理亲笔所题的。因此，三百山景区成为全国唯一一个对香港同胞具有饮水思源教育意义的旅游胜地。2019 年，江西省委统战部和香港国民促进会在三百山景区设立了香港青少年国民教育基地。"同饮一江水，赣港一家亲"。近年来，赣港两地人民亲情互动，共同护源、爱源。香港全国人大代表关心东江源头的发展，深港社团十多年来，每年开展"思源之旅"，带领学子们到三百山寻宗探源，接受爱国主义教育。景区始终遵循习近平总书记提出的绿水青山就是金山银山理念，坚持保护为主、合理开发的原则，大力发展生态旅游，保持一江清水供粤港。

康养福地三百山，天然氧吧生态优

游客朋友们，三百山生态环境优美。景区地处中亚热带南缘，由于山高谷深，人迹罕至，保护有力，很好地保存了中亚热带常绿阔叶林生态系统，森林覆盖率高达98%。区内森林茂密，古木参天，巨藤倒挂，遮天蔽日，方圆数十里渺无人烟，保持着原始的山野景象。景区动植物资源十分丰富，其中高等植物有 271 科 1702 种，珍稀植物 300 余种，野生动物 1361 种。国家重点保护的树种有青钱柳、东京白克木、乐昌含笑等 40 余种，国家重点保护的高等动物有云豹、金猫、毛冠鹿等 38 种。这里未受第四纪冰川的侵袭，是世界孑遗植物的生长天堂，也是我国生物多样性保护的重要节点和南方的重要生物基因库。全世界只在中国赣州独有的突托腊梅在这里郁郁成林，摇曳生姿，芬芳满山。三百山是"天然氧吧"，空气中负氧离子最高可达 10 万个每立方厘米，负氧离子浓度远超其他森林的平均水平和世卫组织公布的空气标准含量（1000—1500 个）。三百山也是"避暑胜地"，年均气温 15.1℃，一年四季气候温凉，舒适宜人。三百山有如此优越的生态优势，无怪乎被人们称为难得的康养福地了。

人间仙境三百山，奇峰秀水四季美

游客朋友们，三百山属寒武纪火山地貌，中山逶迤、重峦叠嶂、壁立千仞、峰奇石异，主峰海拔最高 1169 米，是武夷山余脉与南岭九连山余脉绵延交错地带，也是中亚热带湿润常绿阔叶林与南亚热带季风常绿阔叶林过渡地带。其独特的地质及地理区位形成了独特的地质景观及生物群落，山内满谷纵横，溪流密布，剑河深涧，水秀瀑雄。景区内景点景观各具特色，让人叹为惊奇。气势恢宏的福整圹瀑布被人们称之为"东江第一瀑"，怪石嶙峋的旱峰滩被誉称为"东江第一滩"，东风湖青山拱翠，俯影沉碧；九曲十八滩滩潭密接，知音泉危崖耸立，双瀑对鸣，实为天下绝景；三池三瀑三潭，远绝尘寰，真正人间仙境。玉兔思凡、神龟饮泉、双狮逐鹿等一系列峰石景观形神具备，惟妙惟肖；林海日出、竹林弯月一旷一幽，令人心驰神往；云雾雨雪、彩虹、雨凇树挂瞬息万变，使人流连忘返。景区观赏植物种类繁多，四季山花野果不断，秋冬红叶满山，动植物景观千姿百态、各有千秋。人间仙境三百山，真可谓奇峰秀水四季皆美。

下面让我们开启三百山之旅吧！

福鳌塘

游客朋友们，前方就是我们的福鳌塘区域了，我们将沿福鳌塘依次参观护源石、火山瑶池、滴水观音、思源亭、思源宝鼎、东江第一瀑、漫云栈道、玻璃桥等，全程步行参观，大约需要一个半小时。接下来我们依次参观。

【护源石】游客朋友们，现在看到的这个就是护源石。护源石是 2017 年庆祝香港回归 20 周年时所立，石碑上"一定要保护好东江源头水"为周恩来总理的亲笔题词。1963 年，香港遭遇了 60 多年来最严重的一次干旱，350 万人的生活因缺水陷入困境。当年 12 月，周恩来总理亲自批示，拨专款用了 11 个月的时间在深圳建成了东深供水工程，把东江的水引到香港，从此结束了香港长期缺水的历史。护源石形状像一只手掌，寓意用手护源，石头高 5.23 米，与东江流域长度 523 公里相对应，宽 3 米，代表赣、粤、港三地；护源石底座长 4.65 米，与三百山到香港的距离 465 公里相对应；花坛采用圆形，寓意"圆圆满满"。

【火山瑶池】游客朋友们，左边的这个湖是火山瑶池，面积约 300 亩，海拔大约 900 米，是一个天然的山间小盆地。据地质专家考证，在 8 亿多年前，这里是个火山口，火山喷发后形成了一个巨大的环形坑口，周边的森林缝隙水汇集到这里，形成了现在这个湖。湖水常年保持一定的水位，从不枯竭，我们也称它为"东江源头火山湖"。

除此之外我们民间还把这个火山瑶池称之为福鳌塘。因为站在远处山顶往下俯瞰的时候，这个湖的形状，像是一条龙头鲤鱼身的鳌鱼。咱们有一个成语叫独占鳌头，就是和鳌鱼有关系。大家都知道古代科举考试的状元，他是可以去到金銮殿面见皇帝接受封赏的。在金銮殿的殿前台阶上，就刻有一幅巨大的鳌鱼浮雕。状元就一个人站在鳌鱼的头部位置，接受皇帝封赏。所以在古代，人们就用独占鳌头来形容读书人中状元或者某个领域很厉害的人。今天咱们到了这个鳌鱼的头部（站在那里停留别走过了头），都可以拍一张照片，祝各位以后能步步高升，独占鳌头。特别是还在读书的小朋友要拍一张，也愿各位小朋友能学业有成，前程似锦。

【滴水观音】游客朋友们，请往这边走，小心台阶。这座滴水观音雕像是为了庆祝香港回归，由赣粤港三地信众共同捐资所建。这座滴水观音菩萨慈祥庄严，左手持净瓶，屹立在三百山东江源湖畔，与对面的思源宝鼎遥相辉映，为天下苍生挥洒甘露。同时建在这里也是有保护我们东江源头水长流不断，确保一江清水向南流的深刻含义。除此之外，滴水观音的方向也很讲究，它面朝香港，背靠祖国大地，就像我们安远人民一样。在这里守护着这一方清水往南流，让香港的同胞喝上安全放心的水。雕像总高 11.69 米，寓意主峰海拔 1169 米。本体高 9.36 米，莲花底台 2.33 米。这朝拜台阶共 197 个，与我们三百山总面积 197 平方公里相呼应。

游客朋友们，请往这边走，香港社团共捐建了三座建筑，一座是我们刚刚看到的滴水观音雕像，另外两座是前方的思源亭和思源宝鼎。

【思源亭】 游客朋友们，这个就是思源亭，它是在 2007 年香港回归 10 周年的时候所建，与对面的思源宝鼎同时建成。大家看，在亭子两侧的柱子上写着一副楹联，"港深甘泉，奔流千里源此出；三百雨露，哺育万物恩难忘"，它表达了香港同胞饮水思源的情怀。安远文化底蕴深厚，楹联文化可谓源远流长，它是中国第五个，江西省首个"中国楹联之乡"，处处弥漫着浓浓的联韵。

【思源宝鼎】 思源宝鼎建于 2007 年，外观以西周大克鼎为原型，为三足圆鼎，思源宝鼎高 4.65 米，重 4.65 吨，寓意着香港到三百山距离 465 公里。直径 330 厘米，与三百山名称相呼应。思源宝鼎寓意着赣粤港三地人民同心护源，因水结缘的情谊。

【东江第一瀑】 我们接下来前往东江第一瀑进行参观，现在我们走的这条路台阶比较多，请各位游客一定要注意脚下的安全。大家抬头看到这条气势雄伟的瀑布便是我们三百山的标志性景观，叫作东江第一瀑，瀑布落差将近有 120 余米，每到夏天雨水丰富、水量充足的时候，它就像是一条巨龙倾泻而下，水雾弥漫，气势磅礴；飞瀑两侧峭壁凌空，古木参天，镌刻在摩崖上的石刻"东江源"三个大字，为叶剑英长子、全国政协原副主席叶选平所题。瀑布的最佳观赏角度，在瀑布底下的观瀑台，从下往上观赏这条瀑布，犹如一条白色巨龙从树丛深处猛扑直下，好像要吞天化地。飞至中途，化为巨大水瀑，呼啸着汹涌而下，直坠百米深潭。声音隆隆，空谷轰鸣，如千军万马厮杀战场，又如大漠狂风席卷天地。

知音泉

游客朋友们：大家顺着我手指方向看，前面密林深处有一个形如竖琴的巨大石屏，石屏两侧各有一瀑布，北侧的瀑布三坎三曲，雄伟壮观，我们把它喻为男性。南侧的瀑布直泻而下，落差百余米，细长优美，我们把她喻为女性。高低大小不同的两个瀑布，从石屏两侧相向汇入石屏前的深潭。潭中水清见底，潭面四周峭壁突兀，丛菁密林，藤结箩障，走近潭边，只听见双瀑齐鸣。

这就是三百山景区鼎鼎有名的知音泉，它以双瀑齐鸣而著称。知音泉有一个美丽的传说，很久以前，有个仙女思念凡间，她携琴来到人间寻觅知音。到了三百山这个清秀美丽，仿佛世外桃源的地方，就被这里的景色深深地吸引住了。她停留了下来，日夜弹奏，希望优美的琴声能够帮她找到知音。这时，碰巧福鳌塘下游有一位姓陈的落魄书生上山来砍柴。他听到琴声后，非常陶醉，顺着琴声他结识了仙女。正所谓日久生情，经过了一段时间的交流，仙女觉得书生就是她苦苦寻觅的知音。于是她就请观音出面做红娘，但是不知道怎么的，这个事情传到了玉帝的耳朵里。玉帝很是生气，神仙怎么能够和一个凡人恋爱结婚呢？于是，玉帝便派天兵天将前来拆散这对幸福鸳鸯。可仙女不愿离开人间，书生也拉住仙女不放。天兵天将大怒，把仙女手中的瑶琴抢夺过来，并将瑶琴化成石琴，插在他俩之间，把他俩隔开。到了这个时候，仙女知道她和书生是不可能结合了，于是她急中生智，立刻把书生和自己化成一股纯清的溪水，汇合在石琴下的深潭中，他俩真正结合在一起了。溪水日夜不息地奔泻、流淌，发出的声音犹如仙女和书生合奏的一曲曲琴音，在向人们诉说他俩真挚、永恒的爱情。相传找不到知音的人，喝了这里的溪水之后，很快就能找到知音了，所以人们把它取名为"知音泉"。大家不妨试试，在解渴之时，或许还能找到自己的知音。

九曲十八滩

游玩了知音泉，让我们来体味一下小溪的缠绵。穿过这片茅草林，我们就看到了以浅滩、深潭、流泉、飞瀑而闻名的九曲十八滩。它是三百山千百条溪涧汇集，注入东风湖前的一段河滩，九曲十八滩的主要特点是河道曲曲折折，山环水绕，水就山势，形成几处大河弯、浅滩深潭，一个接一个。两岸山峰夹峙，森林茂密，视觉空间愈向里愈幽静，曲径通幽处，常难辨水之来去，路的走向。

游客朋友们，我们现在所看到的这个高 20 多米，长近 60 米，巍然矗立于游览步道右侧的天然巨石屏障，它的整个岩面光滑平整，让我们感受到了大自然造物的鬼斧神工，这正是摩崖刻字的好地方，整座岩石状如铁板，又显得坚固异常，我们把它叫作铁板岩。同时人们又称它为"铜墙铁壁"。这是"巨蚌出水"，你们看，巨大的蚌壳浮出水面，似乎在呼吸着三百山的灵气。来也让我们感受一下三百山的灵气，大家深呼吸……

在我们刚刚深呼吸的时候朋友们是否隐约可听见有水从高处下落的声响了，转过这个山峦，我们就已到"清心泉"了。清心泉距福鳌塘中心区 4 公里，整个瀑布三坎三叠，流水形状好像一张太师椅，每个潭面都十分宽阔，水清见底，瀑布落差有 50 余米，气势恢宏。我们现在所站的位置是瀑布的第二坎上，瀑布从我们的头上喷泼而下，又从我们的脚边再流下去。瀑布飞泻的水珠扑面而来，使我们顿感一阵凉意，令人清心悦目，感觉十分舒畅。同时这里也是最佳的天然氧吧，负离子的含量为每立方厘米 6.8 万个，是我们城市的 200 至 300 倍。这里就是清心泉，也有人把它叫作"师椅飞泉"。我们朝对面山峰看去，在对面山中，那五个山峰错落有致，高矮不一，形如仙人五个手指尖，故称"仙指峰"。不知不觉，我们差不多已走完了东江第一河滩。由九曲十八滩上行，过了豹子潭，就到了龙潭景点。我们听到的轰隆的水鸣声处就是"龙潭"。龙潭瀑布像一挂水帘，从河滩上奔泻而下，落入潭中发出震耳欲聋的响声，整个深潭因长时间的冲刷，潭外围岩石呈圆形，潭面宽阔，波光粼粼，水深不见底，潭四周峭壁突兀，地形奇特，置身于其间，真疑闯入了仙境。

东风湖

游客朋友们，现在大家看到的就是我们美丽的东风湖，它是一个人工湖，始建于 1966 年，建成于 1969 年。距今已经有五十多年的历史了。当时主要目的是防洪以及蓄水备用。在此之前这里是由三百山上的千百条溪流汇成的一条河，每当夏季降雨量暴增时，经常是河水猛涨，直冲下游，给下游河道两边的农田，道路设施造成破坏。所以当年为了解决这个问题就建了这个人工湖，当接近夏季时会将湖水缓慢排出一部分，用于容纳暴雨形成的小股洪水，之后再缓慢地排出到下游河道。有效地保护了下游两岸的良田以及道路等设施。那么到了秋冬季节比较少雨时，这个湖水又变成了紧急备用水源，但一般都很少动用这里的水。

东风湖依山而建，呈东西走向，长约 5 公里，南北宽 50～120 米不等。所以我们也把这里称作十里长峡，或者十里碧波。那为什么当时给它取名叫东风湖呢，大家都知道东风这个词在中国传统文化中是比较吉祥且神圣的，所谓万事俱备只欠东风。20 世纪六七十年代也正在刮起建设祖国的东风，很多东西都用东风来命名，比如东风汽车，东风牌半导体收音机，还有解放军威震世界的东风核导弹。所以咱们这个湖也紧跟潮流取名叫东风湖了。

亲爱的朋友们，今天的东江源—三百山参观到这里就结束了。饮水思源，感恩遇见，有缘再见！

第五章

导游服务中常见问题及处理

一、导游规范服务问题及处理

（一）导游规范服务概述

导游规范化服务又称标准化服务，是指导游严格按照国家和行业主管部门制定的统一标准，按时按质按量提供的导游服务。本书所涉及规范化服务知识问题主要包括两大部分：一是导游服务程序和标准；二是导游带团技巧和讲解方法。

（二）导游规范服务常见问题处理

1. 导游服务一般包括哪些内容？

答：（1）导游讲解服务，包括沿途讲解、参观景点讲解以及讲座、会见、交流、参观访问等情况下所提供的各种讲解服务；

（2）旅行生活服务，主要包括旅行过程中的吃住行游购娱等活动安排和帮助游客处理旅途中遇到的各种问题；

（3）市内交通服务，主要指导游人员同时兼任驾驶员时提供的开车服务；

（4）文明引导服务，主要指引导客人遵守规范，文明旅游。

2. 导游在沿途讲解中要特别注意哪些问题？

答：（1）掌握节奏，指示应明确及时，确保导游所讲与游客所见有机结合；

（2）把握信息质量，讲解的信息量要适中，确保主次分明、重点突出；

（3）提高参与度，讲解中调动游客参与，实时互动；

（4）劳逸结合，讲解要与组织活动、游客休息结合起来。

3. 地陪接团前应做好哪些物质上的准备？

答：（1）带团必备用品，如社旗、导游证件、导游讲解器、接站牌、接待计划等；

（2）个人必备物品，如个人用药，换洗衣服，身份证等；

（3）足够的团款和经费。

4. 导游服务的纽带作用体现在哪些方面？

答：（1）承上启下。导游是连接和沟通"上"（旅行社、旅游管理机构）和"下"（游客和其他相关旅游服务部门）的纽带和桥梁；

（2）连接内外。导游既代表旅行社利益履行合同、实施旅游接待计划，也代表游客利益，负有维护游客合法权益的责任；

（3）协调左右。导游在接待服务中，还要负责协调与其他旅游接待部门的横向关系，以确保旅游合同得到落实。

5. 接待港、澳、台游客时，导游需要注意哪几个方面？

答：（1）传播文化。港、澳、台游客对祖国的人文历史、对改革开放以后祖国的巨大发展和变化非常感兴趣，导游应多宣传祖国的文化与经济成就；

（2）熟悉禁忌。通过多种途径，了解港、澳、台游客的禁忌，以免产生不必要的误解；

（3）多安排文娱活动。在旅游活动中，可以考虑多安排一些文娱活动，丰富旅途生活，使他们玩得开心尽兴。

6. 地陪在机场接团后，要做好哪些工作？

答：（1）作简短的自我介绍，并表示欢迎；

（2）核实人数，若与计划不符，要立即报告旅行社；

（3）集中清点行李，并提醒游客带好随身行李，引导其上旅游车。

7. 导游语言的"五不讲"内容是什么？

答：（1）有伤游客自尊的话不讲；

（2）有损游客人格的话不讲；

（3）埋怨责怪游客的话不讲；

（4）蛮横无理的话不讲；

（5）讽刺挖苦的话不讲。

8. 导游散客接站的服务准备工作有哪些？

答：（1）信息准备。认真阅读接待计划，了解迎接的日期、航班或车次，游客姓名、人数及下榻的饭店等，联系交通工具，与计调部确认司机姓名并与司机联系，约定出发的时间、地点，了解车型、车号；

（2）物品准备。做好出发前的准备，准备好迎接游客的姓名牌或小包价旅游团欢迎标志牌、地图、导游证、旗子、各类票据等。

9. 导游服务时的礼节有哪些？

答：（1）问候礼仪。每天首次见到游客，应主动问好，问好时要面带微笑、语气热情，尊老爱幼，主动给予照顾；

（2）回答礼仪。游客提问时，要耐心听取，及时解答，不能置之不理，如果自己正在说话或讲解时，可示意稍等，讲完后再解答；

（3）讲解礼仪。导游讲解时，要面对游客，不宜背对游客；声音要高低适中，语气要亲切自然，表情要自然大方；不得抽烟，不咀嚼食物，不指手画脚，适当运用手势。

10. 导游进出游客房间，要注意哪些礼节？

答：（1）提前预约，到游客的房间，要在电话中预先约定并准时到达，进门前先敲门，经允许后方可入内；

（2）注意时间，尊重游客的休息习惯，尽量避免在休息时间或深夜打扰游客，因急事必须打扰时，要表示歉意并说明原因，事办完后尽早离开，以免影响游客休息；

（3）注意地点，一般不在房门口与游客商谈日程或其他问题；

（4）男女有别，不单独去异性游客房间，如必须单独去异性游客房间，进入房间，房门要半掩；

（5）不随意动物品，未经同意不要随意接触、翻看游客的物品、书籍等。

11. 导游与游客交谈时要注意哪些礼节？

答：（1）交谈的内容要合适，一般应与游客交谈游客知道或熟悉、感兴趣的话题，比如新闻、工作、业务等；

（2）交谈的态度要真诚，交谈时表情要落落大方，谦虚适度；

（3）交谈行为要适当，同对方保持一定距离，不要用手指指人；

（4）掌握听话艺术。游客说话时，做到"四不"，即"不打断""不补充""不纠正""不质疑"；

（5）规避交谈禁忌，不询问游客的收入、婚姻状况、年龄、家庭、个人履历等私人问题，不随便谈论宗教问题，不背后批评、议论旅游团内的任何人。

12. 请介绍地陪团队导游服务的工作程序。

答：（1）准备工作；

（2）接站服务；

（3）入住饭店服务；

（4）核对商定日程安排；

（5）参观游览过程中的导游、讲解服务；

（6）游客就餐、购物、观看文娱节目服务；

（7）结束当日活动服务；

（8）送站服务；

（9）后续工作。

13. 导游如何与司机进行良好合作？

答：（1）尊重司机，出发前与司机多沟通，征求司机对整个游程的意见和建议，制定最佳、科学的游览线路；旅途中，与司机多交流，保证信息的双向传递；

（2）关心司机，随时注意其情绪和心态的变化，提醒并协助司机做好安全行车工作；

（3）理解司机，换位思考，及时化解矛盾，及时处理与司机之间的矛盾，避免将矛盾激化。

14. 地陪搞好与领队关系的途径有哪些？

答：（1）尊重领队，消除与之争高低的念头；

（2）支持领队，树立与其协作共事的理念；

（3）理解领队，加强沟通交流，避免正面冲突。

15. 红色旅游景区导游讲解的特别要求有哪些？

答：（1）以发生的革命事实为依据；

（2）讲解时严肃认真；

（3）要充满对革命先辈的崇敬；

（4）一般采用"课堂讲解法"和"触景生情法"等讲解方法进行导游讲解。

16. 山地景观应从哪几个角度进行讲解？

答：（1）形态美角度，如：雄、奇、险、秀、幽等；

（2）人文美角度，即从传统文化与名山的关系入手讲解；

（3）相映美角度，即由于季节、气候的变化使山地景观有不同的景色，与整体环境相映成趣。

17. 地陪致欢迎词的主要内容有哪些？

答：（1）代表所在接待社、本人及司机热忱欢迎旅游者光临本地；

（2）介绍自己及所属单位；

（3）介绍司机；

（4）表示提供高质量服务的诚挚愿望；

（5）预祝旅游愉快顺利。

18. 水体景观应从哪几个角度进行导游讲解？

答：（1）直接观赏的角度，可以从形态美、倒影美、声音美、色彩美、光泽美等方面入手；

（2）文化欣赏的角度，可以从力量、温柔、纯洁、无私等角度入手；

（3）背景依托的角度，可以从海洋、江河、水乡入手；

19. 古村落景区应从哪几个角度进行导游讲解？

答：（1）讲古村落的全景、布局；

（2）讲古村落的历史以及发生在这里的一些典故；

（3）讲古村落的外部风格；

（4）讲古村落所处的地域文化；

（5）讲古村落的民风、民俗。

20. 如何对道教宫观进行导游讲解？

答：（1）讲清道教宫观建筑的平面组合布局（主要包括两种：一种是按中轴线前

后递进、左右均衡对称展开的传统建筑手法，另一种是按五行八卦方位确定主要建筑位置，然后再围绕八卦方位放射展开具有神秘色彩的建筑手法）；

（2）讲清道教宫观建筑组成及功能（一般包括五大部分：供奉祭祀的殿堂、斋醮祈禳的坛台、修炼诵经的静室、生活居住的房舍和供人游览憩息的园林建筑五大部分）；

（3）要渲染道教宫观建筑在殿堂等主体建筑艺术特色（包括奇妙构思、精美的艺术装饰、形态各异的神像雕塑和壁画等方面）。

21. 作为导游，要怎样才能讲好博物馆？

答：（1）要做好知识准备，做到"点""线"结合；

（2）要熟悉陈列的内容，如陈列顺序、陈列类别、所在位置和揭示的主题等；

（3）要客观讲解，据题发挥，从客观性入手，进而上升到艺术的高度；

（4）要深入浅出，通俗易懂；

（5）要知识性、趣味性并重。

22. 佛教寺庙导游讲解的要领是什么？

答：（1）讲清佛教寺庙的基本格局，包括照壁（影壁）、牌坊、山门、钟楼、鼓楼、天王殿、大雄宝殿、藏经殿等；

（2）讲清佛教寺庙的艺术特征，如佛教雕像的艺术性等；

（3）讲清佛教寺庙的思想内涵，如制造气氛、警示作用和静心效果等。

23. 导游讲解中国古代建筑的要领是什么？

答：（1）突出建筑的功能性，如实用性、艺术性等；

（2）突出建筑的风格特色、表现形式、结构内容和历史价值；

（3）突出建筑的结构原理，就是把那些游客感到难以理解、不可思议的内容，用深入浅出的方法在讲解的过程中给予科学的解释。

24. 乡村旅游导游讲解的内容主要有哪些？

答：（1）讲解我国农村发展的政策；

（2）讲解乡村面貌的变化；

（3）讲解乡村旅游的概况，如资源特色、旅游土特产品、特色餐饮等；

（4）交代乡村旅游的注意事项，如安全、当地风土人情、习俗等。

25. 森林旅游导游讲解的内容主要有哪些？

答：（1）讲解森林对人类生存的意义，引导教育游客爱护环境；

（2）讲解森林旅游对人体的健康作用；

（3）介绍森林当中的各类动植物；

（4）交代森林旅游的注意事项（走山间小路应靠山墙内侧行走，不跑不跳，不探身往下观看峡谷、瀑布或深潭；不擅自到未经允许参观的旅游景点和危险地带游玩；注意塌方落石、泥石流、滑坡、路肩塌陷等警告标志；不饮用山中的水、采食林中的果实和蘑菇等食物）。

26. 地陪旅游接待计划的主要内容有哪些？

答：（1）组团社信息，主要包括组团社的联络人姓名及电话号码；

（2）旅游团信息，主要包括旅游团名称、收费标准，旅游团组成人员的情况及导游信息；

（3）旅游线路信息，主要包括全程旅游路线、沿途各站点、乘坐的交通工具及接站时间、地点等；

（4）旅游团队交通票据情况；

（5）旅游团队特殊要求和注意事项。

27. 地陪致欢送词的主要内容有哪些？

答：（1）感谢：对领队、全陪、游客及司机的合作分别表示谢意；

（2）惜别：表达友谊和惜别之情；

（3）征求意见：向游客诚恳地征询意见和建议；

（4）致歉：对行程中有不尽如人意之处，恳请原谅，并向游客赔礼道歉，进行最后的弥补；

（5）祝愿：期望再次相逢，表达美好的祝愿。

28. 地陪在旅途中如何做好讲解工作？

答：（1）上车后，首先应向游客报告当天的天气情况、重要新闻以及当天活动安排和中晚餐时间、地点；

（2）行车中，地陪应向游客介绍本地的自然景观、人文景观、风土人情，讲解将要去参观的游览景点的概况、特色和历史价值，还应讲解游览过程中的有关注意事项，特别解释并强调文明旅游；

（3）到景点后，讲解应繁简适度，所讲内容应包括景点的历史背景、特色、地位、价值等，讲解语言应生动，富有表达力，要告知在景点停留的时间及参观结束后的集合时间、地点；

（4）游览过程中，应让游客充分地游览观赏，做到导游讲解与参观游览相结合，同时，地陪应注意游客的安全，随时清点人数，防止游客走失。

29. 地陪接站的时间要求有哪些？

答：（1）团队接站：首次接站，提前30分钟抵达机场（车站、码头），在出站口醒目位置处等待；

（2）散客接站：首次接站，若是乘飞机而来的游客或小包价旅游团，应提前20分钟到达机场，在国际或国内进港隔离区门外等候；若是乘火车而来的游客或小包价旅游团，则提前30分钟进车站站台等候。

30. 游客要求购物时，地陪购物讲解的知识要点有哪些？

答：（1）基本情况，如商品名称、产地，如果是名牌，还要讲解品牌内涵及生产企业的基本情况，实事求是地说明商品的优点，不能夸大宣传；

（2）商品历史，商品的文化承载与动人传说，如景德镇的陶瓷、袁州夏布等；

（3）生产工艺，介绍旅游商品生产制作的基本过程和工艺特色，如景德镇的陶瓷、文港毛笔、狗牯脑茶等；

（4）鉴赏保存，讲解区别商品品质的基本方法以及保存方法和技巧。

31. 地陪送团前的交通票据"四核实"的内容有哪些？

答：（1）计划时间；

（2）时刻表时间；

（3）票面时间；

（4）问询时间。

32. 地陪送站服务的要求有哪些？

答：（1）信息确认与传递：游客离站的前一天，地陪应确认交通票据及离站时间，通知游客移交行李和与饭店结账的时间，离饭店前，地陪应与饭店行李员办好行李交接手续；

（2）征询意见与建议：地陪应诚恳征求游客对接待工作的意见和建议，并祝游客旅途愉快；

（3）移交行李与票据：地陪应将交通和行李票据移交给全陪、领队或游客，在游客所乘交通工具启动后方可离开；

（4）提醒与协助办理手续：游客离境，地陪应向其介绍办理出境手续的程序；如果是乘机离境，地陪还应提醒或协助领队或游客提前72小时确认机座。

33. 全陪接团前的准备工作有哪些？

答：（1）熟悉接待计划：上团前，全陪要认真查阅接待计划及相关资料，了解游客的全面情况，注意掌握其重点和特点；

（2）做好物质准备：上团前，全陪要做好必要的物质准备，携带必备的证件和有关资料；

（3）做好知识准备：主要包括了解游客所在国（地）的知识，旅游线路上各地的景点情况，一些专题知识等；

（4）提前与接待社联络：根据需要，接团的前一天，全陪应同接待社取得联系，互通情况，妥善安排好有关事宜。

34. 全陪与地陪如何搞好合作？

答：（1）相互尊重，充分沟通：如全陪应及时将游客的要求、意见和建议告诉地陪，地陪也应将自己的考虑和安排征求全陪的意见，尤其在旅游过程中出现问题时，全陪和地陪更应加强磋商，取得共识后再同领队和游客沟通；

（2）密切配合，相互支持：如地陪带领游客进行讲解时，全陪应殿后，照顾游客的安全，当发生游客走失、突然患病或发生安全事故时，全陪和地陪更应通力合作，做好走失游客的寻找、伤患者的抢救和其他游客的安抚工作。

35. 全陪首站（入境站）接团服务有哪些要求？

答：（1）接团前，全陪应向接待社了解本站接待工作的详细安排情况，提前半小时到接站地点与地陪一起迎候游客；

（2）接到旅游团后，全陪应与领队核实有关情况，协助领队向地陪交接行李；

（3）代表组团社和个人向游客致欢迎词。

36. 全陪核对、商定日程工作的要求有哪些？

答：（1）仔细认真：全陪应认真与领队核对、商定日程；

（2）及时反馈：如遇难以解决的问题，应及时反馈给组团社，并使领队得到及时的答复。

37. 全陪旅游途中服务的要求有哪些?

答：（1）做好协调工作：争取相关交通部门工作人员的支持，共同做好安全保卫、生活服务工作；

（2）做好组织工作：组织好娱乐活动，协助安排好饮食和休息，照顾游客的生活，努力使游客旅行充实、轻松、愉快；

（3）做好提醒工作：提醒游客注意人身和物品的安全；

（4）做好保管与交接工作，保管好行李托运单和交通票据，抵达下站时交予地陪。

38. 全陪带旅游团队乘坐火车时要做好哪些工作?

答：（1）上车后，首先要为游客找好座位（铺位），帮助游客安放行李，提醒游客要遵守铁路规定，不影响其他乘客；

（2）在途中，特别是夜间旅行，提醒游客注意安全，保管好自己的行李物品，对途中所经过的地区，特别是途经风光秀美的地区时，应适时地指导游客观赏并作简要的介绍，并根据情况，妥善安排照顾游客用餐；

（3）合理组织相关活动：对于长途旅行而言，游客容易疲倦，全陪可以与领队或团长合作，组织有益的活动，抓住机会与游客建立良好的关系；

（4）关注列车到站时间，提醒游客做好下车准备。

39. 全陪末站服务要做好哪些工作?

答：（1）当旅行结束时，提醒旅游者带好自己的物品和证件；

（2）征求旅游者对整个接待工作的意见和建议；

（3）致欢送词，对客人给予的合作表示感谢并欢迎再次光临。

40. 《全陪日志》的内容主要有哪些?

答：（1）旅游团的基本情况；

（2）旅游行程安排及交通工具的运行情况；

（3）各地的旅游接待质量以及游客对各方面服务的满意程度；

（4）游客对服务的满意程度及改进意见；

（5）若出现过问题或事故，应实事求是地写清问题或事故的发生、处理经过以及游客的反映。

‖二、导游应变服务问题及处理‖

（一）导游应变服务概述

导游应变能力是指在从事导游服务过程中，面对突发性的意外事件等情况，导游能迅速地做出反应，并寻求合适的方法，使事件得以妥善解决的能力，通俗地说就是应对变化的能力。导游应变能力表现在：能审时度势，随机应变，在变化中产生应对的创意和策略，让突发性事件的负面影响减小或消失，甚至能在处理过程中产生积极的影响，提升游客的满意度。灵活应变能力有三个特点：第一，综合性，把人的认识能力、判断能力、决断能力、创新能力、优化能力结合起来应对环境的变化；第二，随机性：没有固定模式，需要因人制宜、因事制宜、因时制宜、因势制宜；第三，时效性：要求在很短的时间内拿出应对措施并付诸实施，延误时间就会失去良机。灵活应变能力在决策活动中有广阔的运用。它促使每一个决策主体要审时度势，针对不同的决策对象、不同的内外关系、不同的决策环境，灵活机动，随机处置。在发挥灵活应变能力时要注意把灵活性与原则性结合起来，把可变性与稳定性结合起来，防止在决策中随心所欲、变化无常的不正常现象发生。

（二）导游应变服务常见问题及处理

1. 由于客观原因，旅游团要提前离开某地，地陪应做好哪些工作？

答：（1）行程安排上：尽量抓紧时间，将计划内的行程安排完成。若有困难，地陪应优先安排参观本地最具代表性、最具特色的旅游景点；

（2）信息传递上：一是向旅行社报告，与饭店、车队联系，及时办理退房、退餐、退车事宜；二是及时通知下一站，做好变更接待计划安排。

2. 地陪按原定计划到机场接一个入境旅游团，可是没有接到，该如何处理？

答：（1）立即与旅行社联系，查明原因，了解该航班情况；

（2）如果推迟时间不长，地陪可留在机场等候；

（3）如果推迟时间较长，地陪应按旅行社的安排、重新落实接待事宜。

3. 在带团过程中，有一位异性游客对你表现出过分的热情，作为导游在与其交往时要注意哪些问题？

答：（1）要充满自信与异性坦然相处；

（2）言行有分寸，不单独去异性房间，不单独与异性相处；

（3）对异性的挑逗和非礼要求，要委婉但明确地表示拒绝并设法找借口避开，必要时应采取断然措施。

4. 一位外国游客在景德镇游玩时想购买一套中国茶具，挑来挑去也决定不了购买哪一种好，找到你帮助定夺。作为导游应如何给他出主意？

答：（1）应向游客如实介绍景德镇瓷器的品种及其特色；

（2）协助游客进行选择，实事求是地介绍有关情况；

（3）引导游客对瓷器的质地和品牌进行鉴别；

（4）不喧宾夺主，是否购买由游客做出最后的决定。

5. 一名国外游客在我国旅游期间所带财物被盗，导游该如何处理？

答：（1）确认被盗后，应立即报告旅行社、公安机关和保险公司，协助查找线索，力争破案；

（2）若找不回被盗物品，导游应协助失主持旅行社出具的证明到当地公安机关开具失窃证明书，以便回国出关查验或保险公司索赔；

（3）安慰失主，缓解他的不快情绪，并协助购置相关生活物品。

6. 在旅游过程中，发现游客感冒拉肚子时，地陪该如何处理？

答：（1）劝其及早就医，并多休息，必要时陪他去医院；

（2）关心病情，安排好患者的用餐；

（3）禁止导游擅自给患者用药；

（4）说明看病的费用自理。

7. 在庐山西海的游览过程中，团中有部分年轻游客要求组织他们到湖中游泳，导游该怎样安排？

答：（1）耐心劝阻游客不可到湖中游泳；

（2）若想游泳可组织他们到游泳池游泳；

（3）导游绝不可置全团不顾，陪少数人游泳；

（4）提醒游泳者注意安全，以免发生溺水事故。

8. 有一位英国传教士在井冈山旅游期间散发宗教宣传品，地陪该如何处理此事？

答：（1）一定要予以劝阻，并向他指出不经我国宗教团体邀请和允许不得在我国境内散发宣传品；

（2）不听劝阻并有明显破坏活动者应迅速报告井冈山当地公安机关处理。

9. 带旅游团从南昌前往三清山的途中遭遇车祸，部分游客受伤，地陪该如何处理？

答：（1）立即抢救伤员，由全陪或领队陪同送往就近医院；

（2）及时报警，严格保护现场；

（3）报告旅行社，并通知有关单位（上级主管部门、外事部门等）负责人和保险公司赶赴现场处理；

（4）做好团内其他游客的安抚工作，组织他们继续参观游览；

（5）最好与领队或全陪联署写出事故书面报告。

10. 有一境外游客在牯岭镇散步，想进入其中一户居民家中参观，向你提出这一要求时，应如何回答？

答：（1）向游客说明：陌生人贸然进入居民家中属于不礼貌行为，突然的造访容易引起麻烦和误解，可在之后的旅游活动中安排家访；

（2）如若执意要参观，应先与居民联系，说明情况，征得同意，方可进入。

11. 有一个境外旅游团游客间闹矛盾，提出要分开用餐，使得原本两桌分为三桌，全陪应该如何处理？

答：（1）首先耐心解释说明我方难以照办的理由；

（2）让他们自行调整席位，解决矛盾；

（3）如仍有人坚持分餐，可协助其与餐厅联系，但餐费自理，并告知综合服务费不退。

12. 在前往餐厅用晚餐的途中，有游客提出将中餐换成西餐，地陪该如何处理？

答：（1）用餐前3小时以上提出换餐要求，导游应与餐厅联系，并尽量给予满足；

（2）在接近用餐时提出换餐，一般不应接受要求，但应做好解释工作；

（3）解释无效，游客们坚持换餐，可以告诉他们相关规定，西餐费用自理，中餐费用不退。

13. 游客办理完入住之后，要求调换房间，地陪该如何处理？

答：（1）首先应问清游客是什么原因要求换房；

（2）如果是旅行社提供的房间低于合同标准，旅行社应给予调换，确有困难调换不了时，应说明原因，并提供补偿；

（3）如果是房间卫生设施、卫生条件不良，应要求饭店修理和改善，如有空房给予调换，并向游客致歉；

（4）如果是游客要求入住高于合同标准的客房，如有房可以满足，但游客要交付原定饭店损失费和房费差价。

14. 在某入境旅游团到达南昌后，有一位游客要求让其在昌亲友随团活动，导游该如何处理？

答：（1）先了解双方关系及亲友情况，再征得领队和旅游团其他成员同意；

（2）联系旅行社，得到同意后，予以协助，尽量满足其要求；

（3）办理入团相关手续，缴纳旅游费用。

15. 由于天气原因飞机不能按时起飞，推迟到晚上十点，之后机场又宣布取消当日航班，游客十分不满，地陪该如何处理？

答：（1）做好解释安抚工作，地陪应向游客道歉并说明这是由于天气原因造成的，请游客给予理解，稳定游客情绪；

（2）做好人、物安顿工作，尽快解决游客的食宿问题，并安排行李等事项；

（3）及时获取与传递信息，立即问清第二天飞机班次、起飞时间，同时通知游客第二天起床、早餐、行李及发车时间、地点，并通过旅行社计调部门通知下一站。

16. 部分入境游客以之前去过滕王阁为由提出不想随团去参观，而想去商场购物，地陪该如何处理？

答：（1）应尽量动员他们随团去参观，并介绍滕王阁的一些新变化；

（2）若游客仍坚持自己意见，可向旅行社报告，征得同意后，让游客写离团申请书；

（3）可征求领队、全陪意见先送他们去商场，并告知集合时间、地点，以便返程时接他们回宾馆，并把自己的联系方式告诉他们以便随时联系；

（4）最好能留全陪带队，随他们去购物，以确保安全。

17. 某旅游团原定航班将比预订计划提前 6 小时到达，接到通知后，地陪该如何处理？

答：（1）联系、落实团队用车、用房、用餐；

（2）与领队/全陪商谈日程，若需增加项目并涉及费用，需征得对方同意；

（3）适当延长当地景点游览的时间，以充实旅游行程。

18. 地陪接机时晚到半小时，地陪该如何处理？

答：（1）应诚恳地向游客赔礼道歉；

（2）实事求是地说明交通情况；

（3）热情主动做好导游服务工作，以取得游客的谅解。

19. 地陪上午十点去机场接团，到达机场后得知该航班飞机晚点 4 个小时，地陪该如何处理？

答：（1）立即向机场询问处查询该航班晚点的时间、原因，确认后地陪应重新安排接待事宜；

（2）通知旅行社，变更餐饮、入住宾馆时间，告诉旅游车司机飞机抵达的时间和接站车辆站点做准备工作；

（3）由于飞机晚点，必须调整下午和晚上的活动安排，并对修改事宜做好落实工作。

20. 从昌北机场接一旅游团抵达江西饭店后，发现一位游客没有拿到他的行李，地陪该怎么办？

答：（1）应在旅游团住房内寻找，看是否行李员送错了房间或是本团游客拿错了行李；

（2）如果未找到立即与司机、领队或全陪、饭店行李员联系查清原因；

（3）如仍未找到，地陪应向旅行社汇报，请示处理办法；

（4）如果是旅行社的原因，请失主填写一份丢失行李物品及全部清单，地陪写一份情况说明，由旅行社向保险公司申请索赔；

（5）地陪应写出书面事故报告存档。

21. 由于遇到暴风雪，机场关闭，旅游团需要在本市继续游览一天，请问导游如何处理？

答：（1）向旅行社汇报，重新安排该旅游团的用餐、住店、用车等事项；

（2）调整接待计划，酌情增加旅游景点，适当延长主要景点的游览时间，晚上安排文娱活动，使游客更加尽兴；

（3）与机场保持联系，以便及时将旅游团送走。

22. 接待一俄罗斯旅游团，按计划今晚将去剧院观看歌舞剧，但部分游客要求去乘坐游轮夜游赣江，地陪该如何处理？

答：（1）如果时间允许，可请旅行社给予调换；

（2）如果无法安排，导游要耐心解释，明确告知剧票已订好，不能退换，请他们谅解；

（3）若这部分游客坚持去夜游赣江，导游应协助他们退票，但费用自理；

（4）与司机商量，如果顺路，尽量为少数游客提供方便，如果是两个不同方向，则应为他们安排车辆，但费用自理。

23. 从井冈山前往瑞金的途中，一位游客发觉自己的金项链遗忘在酒店，地陪该怎样处理呢？

答：（1）问清款式、放置地点；

（2）通知井冈山所入住的饭店总台，协助查找；

（3）根据行程长短，安排派人送还，或请接待饭店设法将遗失物品转送到瑞金入住的酒店，由地陪转交。

24. 地陪正准备按计划去机场接团，突然接到社里电话该团推迟一天抵达，地陪应做好哪些工作？

答：（1）首先通知饭店退掉当日的食宿，并安排好第二天的食宿和车辆；

（2）重新制定旅游行程安排，尽量保留原定的主要旅游景点。

25. 由于旅游旺季，机票紧张，旅游团改乘加班飞机推迟离开本地，地陪该怎样做？

答：（1）首先求得全陪和领队的配合，说明更改的原因，取得他们的谅解和支持；

（2）分头做好团内有影响人物的工作，使引起的后果淡化到最低程度；

（3）如实向全团说明缘由，并讲清要采取的补救措施，使游客心理上缓和地接受这一事实；

（4）充分利用有效时间安排游客参观本地主要项目，将更改计划通知组团社和接团社；

（5）征得旅行社领导同意后，可安排用餐或向游客赠送小礼品，以示歉意。

26. 游客请地陪利用自由活动的时间陪同购物，地陪该怎么办？

答：（1）如果时间允许，且不影响为其他游客提供服务的情况下，可以陪同前往；

（2）如果不能陪同前往应表示歉意，并为游客前往购物提供方便（如：发送商店的定位、预购商品名称等）；

（3）提醒游客外出购物注意安全并及时返回。

27. 如果遇到游客对导游讲解提出异议时，应该怎么办？

答：（1）耐心听取游客意见，从中吸取合理成分；

（2）不要与游客争辩，并感谢游客的提醒；

（3）将游客的观点作为一个"新的观点"暂时承认，过后再予以确认；

（4）如果游客的观点是错误的，可以私下交换意见。

28. 用餐过程中，游客要求加菜，导游该如何处理？

答：（1）向游客说明合同规定的餐饮标准，加菜产生的额外费用由加菜的游客自付；

（2）协助游客与餐厅联系，满足加菜要求；

（3）如果餐厅无法满足要求，应及时向客人说明并表示歉意。

29. 一外国老年游客因心脏病突发需住院治疗，导游该如何处理？

答：（1）立即安排紧急抢救，抢救过程中，领队和旅行社领导应到现场；

（2）脱险后仍需住院时，应及时办理延期签证和分离签证手续，协助办理出境回国事宜；

（3）住院费用由患者自理，住院期间游客未享受到的旅游服务，综合服务费应按合同结算，予以退还。

30. 在旅游过程中有不明身份的人与游客搭讪、兜售商品，地陪应该如何处理？

答：（1）及时予以制止不明身份的人，并劝阻游客不予理睬；

（2）如果不明身份的人持续纠缠，地陪应该与景区治安人员联系，请他们出面制止；

（3）在适当的时候向游客宣传解释，并告知不要上当受骗，以防万一。

31. 全陪对旅游日程提出小的修改意见时，地陪该如何处理？

答：（1）及时向旅行社有关部门反映，对"合理而又可能"的项目，应尽力予以安排；

（2）需要加收费用的项目，地陪要事先向全陪或游客讲明，按有关规定收取费用；

（3）对确实有困难而又无法满足的要求，地陪要详细解释、耐心说服。

32. 一缅甸佛教旅游团正在东林寺游览，一位游客告诉你，他的护照丢失了，你作为地陪如何处理？

答：（1）帮助其一起回忆可能遗落的地方并寻找；

（2）确实找不到护照，可协助该游客填写申请，由旅行社出具补办临时护照证明；

（3）持旅行社证明、本人照片，由游客到当地公安机关外国人出入境管理处报失，由公安机关出具证明，持公安机关证明去所在缅甸驻华使领馆申请办新护照；

（4）领到新护照后再去公安机关办理签证手续。

33. 我国公民出境旅游时遗失护照，作为领队应该怎么办？

答：（1）由当地旅行社出具证明；

（2）向当地公安局（厅）报案，并索取遗失证明；

（3）去我国驻外使领馆或驻港澳办事处申请补发新的证明；

（4）持护照者还需到所在国移民局办理签证。

34. 在人多拥挤的景点，地陪该怎样组织游览以防止游客走失？

答：（1）告诉游客停车地点，车牌号和所乘车辆的醒目标志；

（2）提前设定并告知集合地点和集合时间；

（3）与全陪、领队配合，注意清点人数，提倡互相帮助，关心老幼伤残；

（4）介绍游览路线和大致所用时间，公布自己的电话信息并建立临时沟通微信群，提醒游客一旦发现离队就发送位置信息。

35. 盛夏酷暑，一位游客突然中暑晕倒，地陪该如何处理？

答：（1）赶紧将患者移至阴凉通风处，让其平躺，解开上衣衣扣，松开腰带，使其全身放松；

（2）用湿凉毛巾帮游客擦汗，用扇子为游客扇风解热；

（3）如有可能，可以让游客多喝些含盐的凉开水或矿泉水补充体内消耗的水分；

（4）找一些公认的常用解暑药（如：十滴水、藿香正气液等），按照用药说明让其服用，或为其在太阳穴、前额等处涂些清凉油、风油精等外用药；

（5）对昏迷不醒的重度中暑的游客要按人中穴、合谷穴进行急救，并迅速送往医院救治。

36. 某旅游团入住赣州一宾馆时突发火灾，导游应如何处置？

答：（1）做好提醒工作。导游在带团前，要掌握相关的火灾应急知识。在带团中要提醒游客不携带易燃、易爆物品；提醒有吸烟需求的游客要在规定的地方吸烟，不乱扔烟头和火种，不要躺在床上吸烟；不在托运行李中夹带容易引起火灾的违禁物品等。

（2）组织和疏散工作。一旦起火，不要惊慌失措，如果火势不大，应迅速采取有效措施控制和扑救火灾。如果火势较大，要及时拨打火警电话，稳住游客的情绪，组织游客有序从安全通道逃生。

37. 导游应如何提升治安事故应急处理能力？

答：（1）加强防范意识。导游在带团过程中要时刻提高警惕，多提醒游客有关注意事项，比如提醒游客不要随便将自己的房间号告诉陌生人，更不要让陌生人随便进入房间，以防意外；同时在旅游过程中时刻提醒游客保管好贵重物品。

（2）提高防范能力。导游要加强工作责任，加强对事故的预测，做到防患于未然。若遇到歹徒向游客行凶、抢劫，导游应临危不惧、毫不犹豫地挺身而出，奋力与坏人拼搏，勇敢地保护游客。绝不能置身事外，临阵脱逃，发现不正常的情况，要立即采取行动。比如，在智慧旅游时代，可以通过智慧景区综合管控平台赋能景区安防，利用摄像机、检票闸机、Wi-Fi 系统来统计客流量情况，从而提高安全防范的能力。

38. 旅途中遇到山洪暴发时，导游该如何处理？

答：（1）保持冷静，迅速判断周围环境，选一高处地或高处的山洞且离洪道较远的地方休息、呼救；

（2）带上食物火种以及必需品并保存好；

（3）不要沿着行洪道方向跑，而要向两侧快速躲避；

（4）切不可涉水过河，特别不可在水已到腰深的水中行走；

（5）一旦被洪水冲走，要保持绝对冷静，尽量使头部露出水面，保护呼吸和身体平衡；

（6）要尽力冲出水面，抓住岸边的树枝、石头、水中漂浮物等任何可救命的物品。

39. 导游带团在山区游览过程中突遇泥石流，导游应如何应对？

答：（1）导游员应沉着冷静，召集团员向泥石流卷来的两侧（横向）稳定区撤离或向未发生泥石流的高处逃避，不要在低洼的谷底或险峻的山坡躲避停留，要迅速转移到安全的高地，切不可向泥石流的下游跑；

（2）留心周围环境，特别警惕远处传来的土石崩落、洪水咆哮等异常声响；

（3）泥石流过后，不要急于返回沟内住地拿东西，应待一段时间再前往。

40. 某旅游团正在参观游览时突然发生地震，导游应如何引导游客自救？

答：（1）应迅速引导游客撤离建筑物、假山，集中在空旷开阔地带；

（2）室外避险切忌乱跑乱挤，不要扎堆，应蹲或趴下，用手或包等保护头部；

（3）提醒游客远离高大建筑物、高压线及石化、化学、煤气等有毒工厂和设施。

三、文明旅游引导问题及处理

（一）文明旅游引导概述

文明旅游是指游客及旅游从业人员在旅游活动过程中遵守旅游公共秩序，其言谈举止符合法律法规和道德行为规范的行为表现。在某种程度上说，游客的文明行为其实也代表了国家或地区的文明程度和公民的修养与素质。游客不文明旅游现象的发生，不仅影响国际形象，也会给我国旅游业的发展带来负面影响。造成这种现象的原因是复杂的、多元的，但有一部分确实与导游在旅游过程中没能正确引导有关。因此，导游在做好游客旅行服务的同时，应该在文明旅游的引导方面积极作为。

导游应兼具为游客提供服务与引导游客文明旅游两项职责。应具备从事导游工作的基本专业知识和业务技能；掌握我国旅游法律、法规、政策以及有关规范性文件关于文明旅游的规定和要求，基本的文明礼仪知识和规范；熟悉旅游目的地法律规范、宗教信仰、风俗禁忌、礼仪知识、社会公德等基本情况；掌握必要的紧急情况处理技能。在工作期间应以身作则，遵纪守法，恪守职责，体现良好的职业素养和职业道德，注重仪容仪表、衣着得体，为游客树立榜样，展现导游职业群体的良好形象；自觉、主动对游客不文明行为进行相应提醒、警示、劝告，引导应诚恳、得体，注意与游客充分沟通，秉持真诚友善原则，增强与游客之间的互信，增强引导效果，对游客的正确批评和合理意见，导游应认真听取，虚心接受。

（二）文明旅游引导知识及问题处理

1. 导游引导文明旅游的基本内容有哪些？

答：（1）法律法规。将文明旅游的有关法律规范和要求向游客进行提示和说明；

（2）风俗禁忌。引导游客尊重他人权益，尊重当地风俗习惯、宗教禁忌；

（3）绿色环保。向游客倡导绿色出游、节能环保，引导游客爱护旅游目的地自然环境，保持旅游场所的环境卫生；

（4）礼仪规范。提醒游客仪容整洁、言行得体、遵序守时，不大声喧哗、违规抽烟；

（5）诚信善意。引导游客保持良好心态，尊重他人、遵守规则、恪守契约、包容礼让。

2. 导游引导文明旅游的路径有哪些？

答：（1）合同引导：熟读旅游法等涉及旅游合同管理的相关法律，利用合同来引导游客文明旅游；

（2）讲解引导：在游览过程中，用简洁明快的语言、风趣幽默的形式，见机传达文明旅游规范信息；

（3）专项引导：通过游客不文明旅游的负面案例进行宣传，或针对部分游客的不文明行为进行重点引导。

3. 导游应如何利用"行前说明"来引导游客文明旅游？

答：（1）讲解基本的文明旅游规范，将旅游目的地的法律法规、宗教信仰、风俗禁忌、礼仪规范等内容系统、详细告知游客，为文明旅游做好准备；

（2）告知旅游产品特殊安排，如乘坐的廉价航班上不提供餐饮、入住酒店不提供一次性洗漱用品的，导游应向游客事先告知和提醒；

（3）重申文明旅游注意事项，在旅游出发地机场、车站等集合地点，导游应将文明旅游事项向游客进行重申；

（4）不便于召集行前说明会或导游不参加行前说明会的，导游宜向游客发送电子邮件、微信或通过电话沟通等方式，将文明旅游的相关注意事项和规范要求进行说明和告知。

4. 在登机（车、船）与出入口岸时，导游如何引导文明旅游？

答：（1）提醒游客依法依规：提醒游客提前办理检票、安检、托运行李等手续，引导游客主动配合机场、车站、港口以及安检、边防（移民局）、海关的检查和指挥，不携带违禁物品，携带需要申报的物品，应主动申报；

（2）引导游客有序礼让：组织游客依序候机（车、船），提醒游客不抢座、不占位，并优先安排老人、未成年人、孕妇、残障人士和带婴幼儿的游客；

（3）与工作人员沟通协调：与相关工作人员友好沟通，避免产生冲突。

5. 带领游客乘坐公共交通时，导游如何引导文明旅游？

答：（1）利用乘坐交通的时间，将文明旅游规范要求向游客进行说明；

（2）提醒游客遵规守序，保障交通工具安全有序运行（如乘机时应按照要求使用移动电话等电子设备，不强行开启安全舱门）；

（3）提醒游客遵守基本礼仪，尊重他人（如乘机/车/船时不长时间占用通道或卫生间，不强行更换座位）；

（4）提醒游客避免不文雅的举止，不无限制索要免费餐饮等；

（5）提醒游客保护环境，保持交通工具内的环境卫生，不乱扔乱放废弃物。

6. 导游如何在安排游客住宿时引导文明旅游？

答：（1）提醒尊重他人：提醒游客尊重服务员；

（2）提醒爱护设施：指引游客爱护和正确使用设施设备，注意维护客房和公用空间的整洁卫生；

（3）提醒绿色消费：引导游客减少一次性物品的使用，减少环境污染，节水节电；

（4）提醒举止文明：提醒游客在客房区域举止文明（如：在走廊等公共区域衣着得体，出入房间应轻关房门，不吵闹喧哗，调小电视音量，不在酒店禁烟区域抽烟）；

（5）提醒诚信消费：提醒游客在客房内消费的，应在离店前主动声明并付费。

7. 就餐时，导游如何引导文明旅游？

答：（1）提醒游客有序就餐，避免高声喧哗干扰他人；

（2）引导游客适量取食，避免浪费，提醒游客自助餐区域的食物、饮料不能带离就餐区；

（3）集体就餐时，应提醒游客正确使用公共餐具；

（4）提醒游客如需在就餐时抽烟，应到抽烟区域就座，如就餐区禁烟的，应遵守相关规则；

（5）就餐环境对服装有特殊要求的，导游应事先告知游客，以便游客准备。

8. 在游览过程中，导游如何引导文明旅游？

答：（1）特殊要求提前告知：如教堂、寺庙、博物馆、皇宫等游览区域对游客着装有要求的，导游应提前一天向游客说明；

（2）讲解时：将文明旅游的内容融合在讲解词中，进行提醒和告知；

（3）参观游览时：提醒游客，依序文明游览，爱护环境、不攀折花草、不惊吓伤害动物、不进入未开放区域；爱护公物、保护文物，不攀登骑跨或胡写乱画；室内场所保持安静，不随意触摸物品；

（4）拍照摄影时：提醒游客，规范使用摄影摄像设备，讲求先后有序，不妨碍他人，如需拍摄他人肖像或与他人合影，应征得同意。

9. 导游如何在娱乐中引导文明旅游？

答：（1）提醒游客安全、有序、文明、理性参与娱乐活动；

（2）观看体育比赛时：提示游客尊重参赛选手和裁判，遵守赛场秩序；

（3）观赏演艺、比赛类活动时：提示游客遵守秩序，根据要求使用摄像摄影设备，慎用闪光灯；

（4）参加涉水娱乐活动：提示游客听从工作人员指挥，注意安全，爱护环境；

（5）参加互动活动时：提示游客文明参与、大方得体，并在活动结束后对工作人员及参与者表示感谢，礼貌话别。

10. 导游如何在购物上引导文明旅游？

答：（1）在购物活动前，应提醒游客购物活动结束时间和集合地点，避免游客迟到、拖延而引发的不文明现象发生；

（2）提醒游客理性、诚信消费，适度议价，善意待人，遵守契约；

（3）提醒游客遵守购物场所规范，保持购物场所秩序（如：不哄抢喧哗，试吃试用商品应征得同意，不随意占用购物场所非公共区域的休息座椅，尊重购物场所购物数量限制）。

11. 导游如何在如厕上引导文明旅游？

答：（1）提示规范如厕：在旅游过程中，导游应提示游客正确使用卫生设施，在如厕习惯特别的国家或地区，或卫生设施操作复杂的，还要向游客进行相应说明；

（2）提示文明如厕：提示游客适度取用公共卫生用品，不随意占用残障人士专用设施，维护卫生设施清洁，在野外无卫生间等设施设备的情况下，引导游客在适当的位置如厕，避免污染水源或影响生态环境，并提示游客填埋、清理废弃物；

（3）提示礼让如厕：在游客众多的情况下，引导游客依序排队使用卫生间、并礼让急需的老人、未成年人、残障人士；

（4）适时提示如厕：在乘坐长途汽车前，提示行车时间，提醒游客提前上卫生间；游览过程中，适时提示卫生间位置，尤其注意引导家长带领的未成年人不随地大小便。

12. 导游如何体现一岗双责？

答：（1）导游应兼具为游客提供服务与引导游客文明旅游两项职责；

（2）导游在带团过程中应体现服务态度、坚持服务原则，在服务过程中引导游客文明旅游。

13. 针对无出境记录的游客，导游如何引导其文明旅游？

答：（1）特别提醒旅游目的地的风俗禁忌和礼仪习惯；

（2）提醒出入海关、边防（移民局）的注意事项。

14. 导游如何通过率先垂范来引导文明旅游？

答：（1）职业素养引导：以身作则，遵纪守法，恪守职责，体现良好的职业素养和职业道德榜样；

（2）仪表形象引导：注重仪容仪表、衣着得体，展现良好形象；

（3）言行举止引导：言行规范，举止文明，为游客做出良好示范。

15. 对于游客因无心之过而出现与旅游目的地礼仪规范不协调的行为，导游该如何处理？

答：（1）应及时提醒和劝阻；

（2）必要时协助游客赔礼道歉。

16. 出境团游客采取拒绝上下机（车、船）、滞留等方式非理性维权的，导游该如何处理？

答：（1）导游应与游客进行沟通、晓以利害；

（2）必要时应向驻外使领馆或当地警方等机构报告，寻求帮助。

17. 对未成年人较多的团队，导游应如何引导游客文明旅游？

答：（1）应侧重对家长的引导；

（2）要特别关注未成年人特点，避免损坏公物、喧哗吵闹等不文明现象发生。

18. 一名游客抱怨等候观光车的时间过久，与调度人员发生争执、冲突，导游该如何处理？

（1）及时制止劝说；

（2）正确引导，做好解释工作；

（3）与调度部门沟通协调，做好和解工作。

19. **对于违反社会公德或严重影响其他游客权益的行为，导游该如何处理？**

答：（1）努力劝阻和制止；

（2）对于不听劝阻的，向旅行社报告，根据旅行社的指示，导游可代表旅行社与其解除旅游合同。

20. **对从事违法活动，不听劝阻、影响恶劣、后果严重的游客，导游该如何处理？**

答：（1）将相关情况向旅行社进行汇报；

（2）主动向相关执法机关报告，寻求帮助，依法处理；

（3）通过旅行社将该游客的不文明行为向旅游管理部门报告；

（4）经旅游管理部门核实后，纳入游客不文明旅游记录。

附录一　江西省行政区划

（截至 2023 年 6 月）

1. 南昌市（6 区 3 县）

东湖区、西湖区、新建区、青云谱区、青山湖区、红谷滩区，南昌县、进贤县、安义县。

2. 赣州市（3 区 2 市 13 县）

章贡区、南康区、赣县区，瑞金市、龙南市，石城县、安远县、宁都县、寻乌县、兴国县、定南县、上犹县、于都县、崇义县、信丰县、全南县、大余县、会昌县。

3. 上饶市（3 区 1 市 8 县）

信州区、广丰区、广信区，德兴市，鄱阳县、婺源县、铅山县、余干县、横峰县、弋阳县、玉山县、万年县。

4. 九江市（3 区 3 市 7 县）

浔阳区、濂溪区、柴桑区，瑞昌市、共青城市、庐山市，武宁县、彭泽县、永修县、修水县、湖口县、德安县、都昌县。

5. 吉安市（2 区 1 市 10 县）

吉州区、青原区，井冈山市，吉安县、永丰县、永新县、新干县、泰和县、峡江县、遂川县、安福县、吉水县、万安县。

6. 抚州市（2 区 9 县）

临川区、东乡区，南丰县、乐安县、金溪县、南城县、资溪县、宜黄县、广昌县、黎川县、崇仁县。

7. 萍乡市（2 区 3 县）

安源区、湘东区，莲花县、上栗县、芦溪县。

8. 景德镇市（2 区 1 市 1 县）

珠山区、昌江区，乐平市，浮梁县。

9. 鹰潭市（2 区 1 市）

月湖区、余江区，贵溪市。

10. 宜春市（1 区 3 市 6 县）

袁州区，丰城市、樟树市、高安市，铜鼓县、靖安县、宜丰县、奉新县、万载县、上高县。

11. 新余市（1 区 1 县）

渝水区，分宜县。

附录二　江西省主要旅游资源名录

（截至 2023 年 6 月）

1. 世界遗产（5 处）

庐山（1996 年以"世界文化景观"列入《世界遗产名录》）、三清山（2008 年以"世界自然遗产"列入《世界遗产名录》）、龙虎山和龟峰（2010 年以"世界自然遗产"列入《世界遗产名录》）、铅山武夷山（2017 年以"世界文化与自然双遗产"列入《世界遗产名录》）。

2. 世界地质公园（4 处）

庐山（2004 年被列入世界地质公园名录），龙虎山—龟峰（2008 年被列入世界地质公园名录），三清山（2012 年被列入世界地质公园名录）。

3. 国际重要湿地（1 处）

鄱阳湖湿地（1992 年加入国际湿地公约）。

4. 国家 5A 级旅游景区（14 处）

庐山风景名胜区、井冈山风景名胜区、三清山风景名胜区、龙虎山风景名胜区、景德镇古窑民俗博览区、瑞金共和国摇篮旅游区、婺源江湾景区、大觉山景区、龟峰景区、三百山景区、明月山旅游区、庐山西海风景名胜区、滕王阁旅游区、武功山风景名胜区。

5. 国家级风景名胜区（18 处）

庐山风景名胜区、井冈山风景名胜区、三清山风景名胜区、龙虎山风景名胜区、仙女湖风景名胜区、三百山风景名胜区、梅岭—滕王阁风景名胜区、龟峰风景名胜区、高岭—瑶里风景名胜区、武功山风景名胜区、云居山—柘林湖风景名胜区、灵山风景名胜区、神农源风景名胜区、大茅山风景名胜区、瑞金风景名胜区、小武当风景名胜区、杨岐山风景名胜区、汉仙岩风景名胜区。

6. 中国历史文化名城（5 处）

景德镇市、南昌市、赣州市、瑞金市、抚州市。

7. 全国重点寺观（5 处）

九江市能仁寺、庐山东林寺、永修县真如寺、青原山净居寺、龙虎山天师府。

8. 国家级旅游度假区（4 处）

新余市仙女湖七夕文化旅游度假区、赣州市大余县丫山旅游度假区、上饶市三清山金沙旅游度假区、宜春市明月山温汤旅游度假区

9. 红色旅游经典景区（11 处）

（1）南昌市红色旅游系列景区（南昌八一起义纪念馆，方志敏纪念馆，南昌新四军军部旧址，江西革命烈士纪念堂）

（2）赣西红色旅游系列景区（萍乡市、宜春市铜鼓县、九江市修水县秋收起义纪念地系列景点，萍乡市安源路矿工人运动纪念馆；宜春市万载县湘鄂赣革命根据地旧址，上高县抗日会战遗址；新余市罗坊会议纪念地）

（3）井冈山红色旅游系列景区

（4）赣州市，吉安市，抚州市中央苏区政府根据地红色旅游系列景区

（5）上饶市上饶集中营革命烈士陵园

（6）赣东北红色旅游系列景区（上饶市横峰县闽浙皖赣革命根据地旧址群，玉山县中国工农红军北上抗日先遣队纪念馆，铅山县石塘镇新四军整编旧址；景德镇市浮梁县新四军瑶里改编及程家山旧址，乐平市红十军建军旧址，赣东北革命委员会旧址，方志敏旧居）

（7）吉安市红色旅游系列景区（东固革命根据地，永新三湾改编旧址，泰和县马家洲集中营，遂川县工农兵政府旧址）

（8）九江市红色旅游系列景区（庐山会议旧址及领袖旧居群，98 抗洪精神教育基地，共青城创业史陈列馆，八一起义策源地暨叶挺九江指挥部旧址纪念馆）

（9）赣州市红色旅游系列景区（宁都县中央苏区反"围剿"旧址及纪念馆，大余县南方红军三年游击战旧址及纪念馆）

（10）南昌市新建区小平小道陈列馆

（11）吉安市永新县湘赣革命根据地中心旧址

10. 国家级旅游休闲街区（3 处）

饶州古镇旅游休闲街区（鄱阳县）、万寿宫旅游休闲街区（南昌市西湖区）、望仙谷岩铺老街旅游休闲街区（上饶市广信区）

11. 国家工业旅游示范基地（3 处）

萍乡市安源景区（国家工业遗产旅游基地）、资溪面包食品产业城、仙客来灵芝园景区（九江市柴桑区）

12. 国家非物质文化遗产（88项）

民间文学（1项）：解缙故事（吉水）

传统音乐（7项）：兴国山歌、于都唢呐公婆吹、万载得胜鼓、武宁打鼓歌、九江山歌（九江县）、花镲锣鼓（丰城市）、龙虎山正一天师道道教音乐

传统舞蹈（11项）：南丰跳傩、乐安傩舞、婺源傩舞、永新盾牌舞、丰城岳家狮、鲤鱼灯舞（吉安县）、古陂蓆狮、犁狮（信丰县）、宜黄禾杠舞、黎川舞白狮、萍乡耍傩神、吉水鳌鱼灯

传统戏剧（17项）：赣南采茶戏、宜黄戏、广昌孟戏、弋阳腔、婺源徽剧、青阳腔（湖口县）、万载开口傩、赣剧、西河戏（星子县）、高安采茶戏、抚州采茶戏（临川区）、德安潘公戏、东河戏（赣县）、永修丫丫戏、江西目连戏、吉安采茶戏、宁河戏（修水县）

曲艺（6项）：萍乡春锣、客家古文（于都县）、永新小鼓、南昌清音（东湖区）、都昌鼓书、江西莲花落（萍乡市）

传统体育、游艺与杂技（1项）：井冈山全堂狮灯

传统美术（11项）：萍乡湘东傩面具、婺源三雕、瓷板画（南昌市）、瑞昌剪纸、瑞昌竹编、湖口草龙、新干剪纸、东固传统造像（吉安青原区）、莲花打锡（莲花县）、夏布绣（新余市）、贵溪錾铜雕刻

传统技艺（21项）：景德镇传统瓷窑作坊营造技艺、铅山连四纸制作技艺、歙砚制作技艺（婺源县）、金星砚制作技艺（星子县）、景德镇手工制瓷技艺、萍乡烟花爆竹制作技艺（上栗县）、夏布织造技艺（万载县）、万载花炮制作技艺、鄱阳脱胎漆器髹饰技艺（鄱阳县）、吉州窑陶瓷烧制技艺（吉安市）、古戏台营造技艺（乐平市）、庐陵传统民居营造技艺（泰和县）、赣南客家围屋营造技艺（龙南县）、赣南客家擂茶制作技艺（全南县）、绿茶制作技艺（婺源县）、修水贡砚制作技艺、石城砚制作技艺、甲路纸伞制作技艺（婺源县）、宁红茶制作技艺（修水县）、文港毛笔制作技艺（进贤县）、景德镇瓷业水碓营造技艺（浮梁县）

传统医药（1项）：樟树中药炮制技艺

民俗（12项）：全丰花灯（修水县）、石城灯会、樟树药俗、上坂关公灯（南昌市湾里区）、西山万寿宫庙会（新建区）、稻作习俗（万年县）、赣南客家匾额习俗（会昌县）、吉安中秋烧塔习俗（安福县）、赣南客家唱船习俗（南康区）、渼陂彩擎（吉安市青原区）、德安义门陈家训传统（德安县）、赣南客家服饰（定南县）

参考文献

［1］黄明亮，李志强．导游实务［M］．南昌：江西科学技术出版社，2014．

［2］吴文峰，梅毅．游遍江西500问［M］．南昌：江西人民出版社，2002．

［3］朱虹．江西旅游战略［M］．南昌：二十一世纪出版社集团，2017．

［4］廖荣隆．四川省全国导游人员资格考试口试复习资料［M］．北京：中国旅游出版社，2012．

［5］王晓峰，田勇．江西省旅游精品线导游词精粹［M］．南昌：江西科技出版社，2011．

［6］田勇．赣鄱百景［M］．百花洲文艺出版社，2007．

［7］李志强．模拟导游实用教程［M］．南昌：红星电子音像出版社，2017．

［8］李志强．导游实务［M］．北京：外语教学与研究出版社，2014．

［9］李志强．导游人员要处理好的几个关系［N］．中国旅游报，2009 – 02 – 16（10）．

［10］李志强．导游讲解三要点［N］．中国旅游报，2011 – 03 – 14（11）．

［11］李志强．导游人员资格考试面试技巧［N］．中国旅游报，2012 – 09 – 03（10）．

［12］李志强．导游如何引导游客文明旅游［N］．中国旅游报，2015 – 03 – 16（011）．

［13］李志强．新形势下对导游资格考试面试的思考［N］．中国旅游报，2015 – 08 – 12（B03）．

［14］李志强．对全国导游人员资格考试教材的思考［N］．中国旅游报，2017 – 03 – 01（004）．

［15］王忠武．江西导游新编［M］．南昌：江西科技出版社，2008．

［16］叶娅丽．导游业务［M］．上海：上海交通大学出版社，2021．

［17］陈洪宏．导游业务［M］．北京：清华大学出版社，2019．

［18］杜炜，张建梅．导游业务［M］．北京：高等教育出版社，2018．

［19］范志萍，张丽利．导游词创作与讲解［M］．北京：中国旅游出版社，2019．

后 记

导游是"文化传播的形象大使"。在当前旅游新形势下，社会对导游的素质和涵养提出了更高的要求，编写一本好的导游考试面试教材，是我们旅游工作者为促进江西旅游业高质量发展要做的一项基础性工作。

教材由江西科技师范大学李志强博士拟定编写提纲并担任主编，李志强教授编写过多版导游面试教材，连续多年承担导游考试面试评审工作，并多次担任全国导游大赛江西代表队总教练，指导江西选手参加全国导游大赛并获得优异成绩，有着丰富的实践经验和深厚的理论功底。另外，江西科技师范大学旅游管理博士刘传喜、全国优秀导游揭震昆、江西环境工程职业学院教师李雅霖、江西众弘旅游服务有限公司总经理张良生、景德镇艺术职业大学教师李佩佳承担了本书的重要编写工作。其中：第一章和第二章由李志强、李佩佳编写；第三章由刘传喜编写；第四章由揭震昆、张良生编写；第五章由李雅霖编写，前言、附录及后记部分由李佩佳编写。本书由李志强、李佩佳负责统稿，最后由李志强定稿。本书较好地体现了"以考生为本，为考生服务"的原则，全面对接了全国导游人员资格考试大纲要求，是集体不懈努力和辛勤创造的结晶，体现了集体合作的成果。在本书的编写过程中，编写组参考并吸收了不少学界、业界同仁的成果，得到了许多同仁的大力支持，在此表示衷心感谢！

由于编写人员学识水平及时间有限，不足之处在所难免，恳请专家学者与读者赐教、指正！在此还要特意感谢湖南师范大学出版社的有关同志对本书的支持与帮助！

《导游服务能力》编写组

2023 年 7 月